청소년 문화론

백현옥

박영story

머리말

2012년 12월 30일, 제1회 청소년끼페스티벌이 열리던 날, 화려하거나 전문성이 뛰어나진 못했지만, 무대에 올라선 청소년들의 긴장과 설렘이 뒤섞인 표정을 보는 내 가슴은 벅차게 뛰고 있음을 확인할 수 있었습니다. 비록 여러 사정상 2018년 7회를 마지막으로 막을 내렸지만 광주에서 많은 청소년 동아리가 설 수 있는 무대를 만들어줬던 경험은 어디서나 자랑할 수 있는 추억거리가 되었습니다. 어쩌면 광주에서 청소년 문화의 한 축에 내가 기여를 하지 않았을까 약간의 과정을 보태어 생각하고는 합니다.

약 15년 전부터 내가 살아가는 삶의 목표이자, 운영하는 법인의 비전은 '청소년이 행복한 세상 만들기'입니다. 과연 청소년이 행복한 세상을 만드는 방법은 무엇이 있을까 많은 고민을 하였습니다. 청소년들에게 진로에 대한 교육을, 어려움을 해결해 주는 상담을, 더 나은 환경을 위해 부모교육을 진행하였지만 늘 부족함이 있었습니다. 그러다 생각하게 된 것이 "청소년끼페스티벌"을 기획, 운영하는 것이었습니다. 그러면서 생각보다 더 많은 청소년들의 관심분야에 놀랐던 기억이 어제처럼 생생합니다.

책을 쓰면서 문화에 대해 고민해 보게 되었습니다. 문화란 한 사회가 공유하는 양식입니다. 그 문화에는 그 사회에서 살아가는 사람들의 삶, 생각, 생활방식, 가치관, 사회적 배경 등 다양한 면모들이 반영되어 있습니다. 그래서 그 사회에 살아가는 사람들을 정확하게 이해하기 위해서는 그 사회에서 공유되는 문화를 제대로 이해하는 것이 필요합니다. 그렇기 때문에 청소년을 이해하기 위해서는 그들이 가지고 생활하는 문화에 대해 알고 이해하는 것이 최우선 과제라 생각이 듭니다.

청소년문화는 변화무쌍합니다. 시대에 따라, 지역에 따라, 성별에 따라, 또 관심분야에 따라 각기 다른 문화를 가지고 청소년들은 살아가고 있습니다. 하지만 청소년 행사를 운영하면서, 또 상담을 하면서, 만나게 되는 청소년들은 과거와는 다르게 문화를 소비하는 존재로 머무르지 않습니다. 현재를 사는 청소년들은 스스로 새로운 문화를 만들고, 소비하고, 즐기는 주체적인 존재로 성장하고 있습니다. 특히 잘 발달된 인터넷과 스마트폰을 포함한 가상세계 안에서 자신들만의 영역을 구축하고, 문화를 단순히 소비하는 것이 아니라 재창조함으로써 자신의 진로를 개발하고, 또 다른 놀이 문화를 찾는 등 비교적 명확하게 스스로에 대해 표현하는 방법을 알아가고 있습니다.

이 책을 쓰면서 그 많은 문화들 중에서 어떤 내용을 담아야 하나 많은 고민을 했습니다.

1장에서는 청소년의 개념과 특징을 간략하게나마 작성하여 청소년에 대해 대략적이나마 정의할 수 있도록 하였습니다.

2장에서는 문화와 사회에 대한 내용을 작성하여 문화의 특성과 관련된 개념에 대해 이해하고, 문화가 만들어지는 배경인 사회에 대해서도 이해는 장으로 정리하였습니다.

3장에서는 청소년문화에 대해 정리하여 청소년지도사로서 할 수 있는 역할에 대한 고민과 필요성을 생각해볼 수 있는 장으로 정리하였습니다.

4~12장 실제 청소년들이 가지고 느끼고 있는 문화로, 각 문화의 개념과 현황, 특징 등을 확인하고, 문제점과 발전방안을 찾아보는 장으로 구성하였습니다. 각 문화들은 청소년 사이버문화, 청소년 참여 문화, 청소년 학교문화, 청소년 대중문화, 청소년 성문화, 청소년 여가문화, 청소년 소비문화, 청소년 언어문화, 청소년 또래문화로 분류하였습니다.

13장에서는 청소년문화와 관련된 발전과제와 전망에 대해 정리하여 청소년문화가 더 발전하고 풍부해질 수 있는 방안을 함께 고민하는 장으로 구성하였습니다.

각 장의 마지막에는 2020년부터 2022년까지 3년에 걸친 청소년지도사 필기 기출문제를 주제에 맞게 분류해 놓았습니다.

이 책에서는 청소년문화를 청소년의 시각으로 살펴보고 청소년지도사로서 이해해보고자 합니다. 그 시선을 바탕으로 더 많은 청소년지도사가 청소년의 문화를 이해하고 더 발전시킬 수 있는 다양한 시도를 해볼 수 있다면 좋겠다는 생각을 하게 되었습니다. 비록 부족한 글이지만 여러분의 공부에 도움이 되기를 바랍니다.

2022년 12월
송원대학교 상담심리학과 백 현 옥

차례

> 청소년: 어른(청년)과 어린이의 중간 시기로서, 청소년에 대한 연령규정은 법규마다 다르지만
> '청소년기본법'에서의 청소년은 9세 이상 24세 이하의 사람으로 규정
>
> 네이버 지식백과

1. 청소년의 개념

청소년이란 성인의 시기에는 도달하기 전이자 아동기를 막 지나온 중간단계에 있는 사람을 뜻한다. 이는 시기적으로나 발달 단계적으로도 중간단계에 있는 시기로 신체적 · 인지적 · 사회적 · 정서적으로 미성숙함에서 점차 성숙해져 가는 과정을 겪고 있다는 뜻이기도 하다. 이러한 과정들은 청소년들에게 심리적으로 어려움을 겪게 하기도 한다. 그러나 모든 과정들이 일괄적으로 나타나는 것이 아니라 각기 다른 개인차를 보이기 때문에 특정한 시기나 과정을 규정짓기에는 어려움이 따른다. 그래서 청소년의 개념을 다음과 같이 살펴보고자 한다.

1) 법률적 개념

우리나라에서는 '청소년기본법'에서 9세 이상 24세 이하의 사람을 청소년이

라 정의한다. 대략 초등학생에서부터 대학생까지의 범위를 포함하고 있다. 하지만 또 다른 청소년관련 법에서도 연령이 각기 달라진다. '청소년활동진흥법'과 '청소년복지지원법'에서는 청소년기본법과 같은 9세 이상 24세 이하의 사람을 청소년이라고 정의하지만, '청소년보호법'에서는 19세 미만의 사람을 청소년이라고 정의한다.

청소년을 정의하고 있는 법은 청소년 관련법뿐 아니라 다양하게 존재한다. 단지, 청소년을 정의하는 명칭과 연령이 달라질 뿐이다. 먼저, '아동복지법'에서는 아동을 18세 미만의 사람으로 정의하고 있다. 우리가 흔히 사용하는 미성년자는 '민법'에서 쓰는 명칭으로 19세 미만의 사람을 뜻한다. 또 근로기준법에서는 연소자라는 명칭으로 불리며, 연령은 15세 이상 18세 미만으로 규정되어 있다. 많은 논쟁을 낳고 있는 '소년법'의 소년과 '형법'의 형사미성년자는 각각 19세 미만의 사람과 14세 미만의 사람으로 정의되어 있다.

관련 법	명칭	연령
청소년기본법 청소년활동진흥법 청소년복지지원법	청소년	9세 이상 24세 이하
청소년보호법	청소년	19세 미만
아동복지법	아동	18세 미만
민법	미성년자	19세 미만
소년법	소년	19세 미만
근로기준법	연소자	15세 이상 18세 미만
형법	형법미성년자	14세 미만

2) 용어적 개념

청소년은 '청년＋소년'으로, 아동기의 사람을 이르는 소년과 성인 초기의 사람을 이르는 청년의 합성어이다. 과도기적 단계를 단어로 표현한 것이다. 청소년을 지칭하는 영어단어로는 'adolescent'와 'puberty', 'youth', 'teenager'가 있다. 가장 먼저 'adolescent'는 '성장하다, 성숙에 이른다'라는 의미를 가지고 있는 라틴어 'adolescere'에서 유래되었다. 이 어원을 통하여 청소년기에는 신체적, 심리적으로 성장과 성숙한다는 측면과 관련 있다는 것을 유추할 수 있다. 영어단어로 사춘기라는 뜻을 지닌 'puberty'는 라틴어 'pubertas'의 성인다운 연령, 모발의 성장 등의 뜻에서 유래되어 이 역시 청소년기가 성인으로 성장하는 과정, 신체적으로 성장하는 뜻을 지녔다는 것을 쉽게 추측할 수 있다.

미국 드라마 등에 자주 등장하는 'teenager'의 경우 10대들이 공유하며 창출해 나가는 사회문화와 함께 발전해온 개념이다. 10대들이 가지는 대중문화와 생활양식을 함축하여 표현된 용어로 그 개념이 확장, 발전되어 왔다. 현대사회에 들어서면서 사이버 매체와 매스미디어가 발달됨에 따라 청소년이 단순한 소비자가 아닌 스스로 문화를 창조하고 소비하는 주도적 존재로 떠오르고 있다. 다시 말하면, 청소년을 adolescent와 puberty는 생리학적 접근으로, teenager와 youth는 사회 · 문화적 접근으로 이해해야 하며, 시간의 흐름에 따라 청소년이 갖는 역할이나 지위, 그들이 만들어 내는 문화의 특징을 중심으로 발전되어온 의미를 갖는다고 할 수 있다(백사인 외, 2015).

2. 청소년기의 특징

청소년이란 사춘기로 시작되어 성인 초기 전까지 지속적으로 성장해 가는 존재이다. 성장의 영역에는 신체적, 정서적, 인지적 등 다양한 특성이 미성숙한 상태에서 성숙한 상태로 변화하는 과도기에 있는 사람을 뜻한다. 이 시기에 있는 청소년에는 어떤 특성이 있는지 다음과 같이 설명할 수 있다(한상철, 1998).

1) 청소년의 신체적 변화

청소년기의 신체적 변화는 크게 두 가지로 구분할 수 있다. 하나는 신체의 성장이 가속화되는 '성장 급등기'와 청소년기의 시작이자 성적인 성숙이 이루어지는 '사춘기'로 구분할 수 있다.

먼저 성장 급등기는 청소년기의 신장과 체중, 신체 비율이 달라지는 것을 말한다. 성장 급등기는 10대 초반에 시작되는데 대개는 남자 청소년보다 여자 청소년의 시작이 더 빠르다. 청소년기가 시작되는 초기에는 여자 청소년의 성장 속도가 훨씬 빠르고, 신장이 매우 빠르게 성장하는데, 이에 비해 팔과 다리는 성장이 느려 일시적으로 신체비율이 불균형을 이룬다.

다음으로는 사춘기라고 불리는 성적 성숙이다. 2차 성징이라고도 불리는 이 증상은 남자 청소년과 여자 청소년에 따라 각기 다른 양상을 보인다. 남자 청소년은 남성 호르몬인 테스토스테론과 안드로겐이 분비되면서 음경과 고환이 발달하여 몽정을 경험하기도 한다. 다른 증상으로는 근육이 발달하여 어깨가 벌어지고, 후두가 확장되면서 성대가 두꺼워져 목소리가 바뀌는 변성기를 겪기도 한다. 겨드랑이와 성기 주변에 체모가 나기 시작하며, 피지선이 발달하여 여드름이 생기기도 한다.

여자 청소년은 여성호르몬인 에스트로겐이 분비되면서 가슴과 자궁, 골반이 발달하여 출산이 가능한 여성으로 성숙하게 된다. 특히 난소가 발달하면서 월경(초경)과 배란을 겪게 된다. 또 남자 청소년과 마찬가지로 겨드랑이와 성기 주변에 체모가 나기 시작하며 신체적·성적으로 성숙을 이루게 된다.

이와 같은 청소년의 신체 변화와 성적 성숙은 자신을 성인에 가까워지는 존재로 느끼게 한다. 특히 청소년이 언제 성적 성숙이 시작되는지에 따라 성별로 차이를 나타낸다. 성적 성숙을 빠른 시기에 겪는 것을 조숙이라고 하고, 반대로 성적 성숙을 늦게 겪게 되는 것을 만숙이라고 한다. 조숙을 겪는 남자 청소년의 경우에는 또래보다 신체적으로 더 크고, 근육이 발달하며, 균형이 빠르게 잡히기 때문에 스포츠나 리더십에 매우 유리하고 긍정적으로 작용하는 경우가 대부분이다. 그러나 부정적인 면을 살펴보면 술, 담배, 가출 등의 청소년 문제에 빠르게 노출되는 측면도 있다. 반대로 만숙을 겪는 남자 청소년은 또래보다 신체적으로 작고, 다양한 영역에서 인기나 매력이 떨어지기 때문에 자존감에 부정적인 영향을 끼치는 경우가 대부분이다.

조숙을 겪는 여자 청소년의 경우에는 또래보다 신체적으로 더 크고, 성적으로 빠르게 성숙되어 성적인 경험이나 놀림을 당하는 경우가 많아 오히려 자존감에 부정적인 영향을 끼치는 경우가 많다. 또한, 남자 청소년과 마찬가지로 청소년 문제(술, 담배, 가출 등)에 빠르게 노출되는 측면도 있다. 반면 만숙을 겪는 여자 청소년은 어린아이 취급을 당하는 경우가 있어 불쾌한 정서를 갖기도 하지만 조숙한 친구들에 비해 덜 비난 받는 경우가 대부분이다.

2) 청소년의 인지적 발달

청소년의 인지발달은 앞선 발달단계와 다르게 추상적 사고, 사고과정에 대한 사고, 가능성에 대한 사고, 가설연역적 사고 등 다양한 인지적 기능이 발달한다. 이는 인지발달이론 중에서 가장 대표적인 피아제의 인지발달단계에서 형식적 조작기에 해당하는 단계이기도 하다. 사고력이 한 단계 발전하는 경험을 하면서 정보를 처리하는 능력이 향상되는데 이를 청소년이 어떻게 활용하는지 확인해볼 필요가 있다.

(1) 피아제의 인지발달단계

피아제는 인간의 인지발달단계를 4단계로 구분하며, 인지발달을 설명하는 대표적인 학자이다. 피아제는 출생부터 청소년기까지의 인지발달을 각 단계의 특징별로 정리하였다.

출생하면서 생후 2년까지의 인지발달 단계로는 '감각운동기'로 말한다. 이 시기의 영아는 인지라고 할 수 있는 능력보다는 감각이나 반사 능력을 통해 주변을 알아가는 시기이다.

생후 2세부터 7세까지의 단계는 전조작기로, 쉽게 표현하면 조작을 할 수 있는 단계의 전 단계라는 의미를 내포하고 있다. 여기에서 조작은 논리적 사고를 뜻하므로, 전조작기에도 논리적 사고는 어렵다는 의미이기도 하다. 이 시기가 가지는 특징으로는 물환론적 사고, 자기중심적 사고, 직관적 판단, 상징적 도식의 발달 등을 이야기할 수 있다. 물활론적 사고란 이 시기의 아동들은 모든 물체에 생명이 있다고 생각하는 것이다. 대표적인 예로, 영화 '토이스토리'가 물활론적 사고를 중심으로 장난감들이 살아 있는 상상력을 이야기로 잘 풀어내었다고 생각한다. 또 이 시기의 아동들은 자신이 좋아하는 장난감이 살아 있는 것처럼 같이 밥을 먹고, 대화를 하는 모습을 보기도 한다. 자기중심적 사고는 아동이 자신의 생각을 다른 사람과 구분하지 못하는 것으로 이기적이거나 개인주의적인 것과는 다르다. 이 특징의 예로는 내가 좋아하는 장난감을 엄마가 좋아할 것이라 생각하여 선물로 주는 행동을 들 수 있다.

구체적 조작기는 7세부터 12세까지의 단계로, 조작적 사고가 가능해지는 단계이다. 단, 이 시기의 조작적 사고는 실제로 제시된 것이거나 아이가 구체적으로 경험한 적이 있는 대상으로 국한된다. 또한, 한 가지 측면밖에 보지 못했던 시기를 벗어나 동시에 여러 측면을 고려할 수 있는 탈중심화 능력이 생기기도 한다. 예로, 바닥이 넓고 길이가 짧은 컵에 있는 물이, 바닥이 좁고 길이가 긴 컵에 있는 물과 양이 같을 수 있다는 것을 인지할 수 있게 되는 것이다. 또, 자기중심화에서 벗어나 내가 아닌 다른 사람의 입장을 고려할 수 있는 시기이다.

12세 이후에 해당하는 형식적 조작기는 가장 마지막 단계이자 청소년기를 포함하고 있다. 이 단계에서는 형식적인 부분, 즉 실제로 제시되지 않거나 경험한 적이 없는 것에 대해서도 가설 검증을 할 수 있게 된다는 의미에서 형식적 조작기로 명명하였다. 이 시기에는 추상적 사고, 가능성에 대한 사고, 가설연역적 사고, 사고에 대한 사고가 가능해진다.

(2) 자기중심성

청소년기의 인지적 발달은 아동기와는 또 다른 자기중심성이 발달하게 되는 것을 포함한다. 자기중심성은 크게 '상상 속의 청중'과 '개인적 우화'로 구분할 수 있다. 상상 속의 청중은 자신의 주변에 있는 모든 사람들이 자신에게 관심을 가지고 지켜보고 있다고 느끼는 것을 뜻한다. 실제로는 주위 사람들 중에서 청소년에게 관심을 갖는 경우가 많지 않으나 청소년 혼자 그렇게 생각하는 것으로 계속해서 거울을 들여다보며 외모에 신경을 쓰거나 지나가는 사람들을 의식해 과장된 행동이나 말투를 사용하는 것을 볼 수 있다. 개인적 우화는 청소년들이 자신이 가지고 있는 생각이나 감정은 본인만 가지고 있는 것이기 때문에 아무도 자신의 경험을 이해하지 못한다고 생각한다는 의미이다. "다른 사람은 오토바이를 타면 사고가 날 수 있지만 나는 절대 그럴 일이 없을 것이다", "다른 사람은 자해행위를 하면 죽을 수도 있지만 나는 반복적으로 해도 죽지 않을 것이다"와 같은 생각을 하게 된다. 주변에서 청소년에게 너도 다른 사람과 다르지 않고, 같은 경험을 하게 된다는 식의 조언을 하게 되면 자신을 이해하지 못한다고 생각하거나 반항적인 태도를 보이게 된다.

(3) 콜버그의 도덕적 사고발달

콜버그는 도덕적 사고발달이 총 3수준 6단계로 세분화되어 있으며 성숙해 간다는 이론을 발전 시켰다. 이 이론은 〈하인즈의 딜레마〉 이야기를 듣고, 주인공의 행동에 대한 생각과 생각에 대한 이유를 질문하여 기록한 것을 토대로 나오게 되었다.

하인츠의 딜레마

한 부인이 희귀한 암으로 죽어가고 있었다. 그런데 그 부인이 사는 마을에서 한 약사가 그 암을 치료할 것으로 기대되는 신약을 개발했다. 약사는 그 약을 만들기 위해 200달러를 투자했으며, 약 한 알에 2,000달러의 가격을 책정하였다. 죽어가는 부인의 남편 하인츠 씨는 있는 힘을 다해 돈을 융통하고자 애썼지만, 결국 1,000달러 정도밖에는 모으지 못했다. 하인츠 씨는 약사를 찾아가서 아내가 죽어가고 있으니 제발 약값을 절반으로 깎아 달라고 애걸했지만, 약사는 이를 거절했을 뿐만 아니라 나중에 나머지 절반을 갚겠다는 요청까지도 거절하였다. 절망한 하인츠 씨는 결국 그날 밤 약사의 연구실에 침입하여 신약을 훔치게 되었다. 하인츠 씨는 왜 그래야만 했을까? 또는, 왜 그래서는 안 되었을까? 그의 판단에 대해서 어떻게 생각하는가?

하인츠의 딜레마를 듣고, 남편의 행동에 대한 옳고 그름과 그가 그런 행동을 할 수밖에 없었던 이유, 행동에 대한 책임, 약사가 가지는 권리 등 다양한 관점에서 바라볼 수 있도록 질문한다.

1수준 – 인습이전 수준
자신이 한 행동의 결과에 따라오는 보상 또는 처벌을 근거로 옳고 그름을 판단하거나 물리적인 권위에 따라 도덕성을 판단
1단계 〈처벌과 복종 지향〉
행위의 물리적 결과에 의해 옳고 그름을 판단함
2단계 〈도구적 상대주의 지향〉
욕구를 도구적으로 충족시키는 것을 옳은 것으로 판단
2수준 – 인습 수준

질서를 유지하고 지지하며 집단이나 구성원들에게 동일시하고 충성하는 것에서 가치를 느낌

3단계 〈대인간 조화 또는 착한 소년, 소녀 지향〉

타인을 기쁘게 하거나 도와주며 인정 받는 것이 옳은 행동이라 판단

4단계 〈법과 질서 지향〉

사회적 질서를 유지하며, 자신의 의무를 다하는 행동이 옳은 행동이라 판단

3수준 - 인습 이후 수준

도덕적 가치와 원리를 규정하려는 노력을 함

5단계 〈사회적 계약과 합법성 지향〉

사회적 약속은 대다수 구성원의 보다 나은 이익을 위해 바뀔 수 있는 것으로 융통성을 가지게 됨

6단계 〈보편적인 윤리적 원리 지향〉

자신이 선택한 윤리적 원리와 일치하는 양심에 의해 옳은 행동을 판단

3) 청소년의 성격 발달

성격(personality)은 어원적으로 탈, 가면이라는 뜻을 가진 라틴어 페르소나 (persona)에서 기인하였다. 이는 겉으로 드러나는 사람들의 개인적 모습이나 특성을 나타낸다. 다른 사람의 성격을 평가할 때 많은 사람들이 가장 먼저 겉으로 드러나는 부분에 대해서 평가하는 것과도 연결된다.

사람의 성격을 외형적인 모습으로 먼저 판단하기도 하지만, 성격의 뜻 자체는 개인이 가지고 있는 고유의 성질이나 품성을 의미한다. 성격의 한자를 살펴보면 성품의 성 性자와 격식의 격 格자로 이루어져 내적인 성품이 외적인 격식을 차리고 있음을 뜻한다. 즉, 외적인 요인과 내적인 요인을 모두 포함한 개념으로, 성격은 다른 사람에게 나타나는 개인적 인상이라고도 볼 수 있다(한국청소년개발원, 2004).

성격은 다양한 정의를 가지고 있는데, 이를 속성으로 정리하면 다음과 같다(민경환, 2002).

첫째, 성격은 직접 관찰할 수 없는 내적 속성이다. 어떠한 속성들이 있는지

직접 관찰할 수는 없지만 외적으로 나타나는 특징들을 관찰함으로써 간접적으로 유추할 수 있다.

둘째, 성격은 정신적 체계들의 통합된 표상이다. 사람은 환경에 적응하기 위해 독특하게 결정하는 인지, 감정, 행동이 통합적이고 역동적으로 움직이며 특정한 패턴을 만들어 내게 되는데, 이를 성격이라고 표현한다.

셋째, 성격은 개인이 가지는 고유한 것이다. 성격은 개인마다 다르게 나타나며, 다른 사람과는 다른 고유한 패턴을 지니고 있다.

넷째, 성격에는 일정한 패턴이 있다. 성격은 쉽게 변화하지 않는 속성을 가지고 있다. 아예 변하지 않는 것은 아니지만 대체로 일관성을 지니고 안정적인 형태를 나타내며, 어떠한 상황이 와도 비슷한 행동 패턴을 보이게 된다.

다섯째, 성격은 내·외적으로 역동적이다. 성격은 내적 역동성과 외적 역동성을 모두 지닌다. 대표적인 내적 역동성 이론으로는 프로이트의 정신분석이론(정신역동이론)이 있다. 프로이트의 이론에 따르면, 사람의 마음은 원초아(id), 자아(ego), 원초아(super ego)로 구성되어 있고, 이들 간의 역동이 사람의 활동에 영향을 끼친다고 본다. 외적인 역동성은 외부와 관계되어 표출되는 것으로 성격과 상황이 서로 영향을 주고받으며, 시간에 따라 그 관계가 변화하는 것을 역동적 관계라고 한다.

성격이 형성되는 이론들에는 성격의 단면적인 상태를 이해하고자 하는 특성이론과 성격이 형성되고 발달되는 과정을 이해하고자 하는 과정이론이 있다. 이 단원에서는 청소년의 성격이 형성되어 가는 과정을 이해하기 위해 대표적인 프로이트의 정신분석이론을 살펴보고자 한다.

(1) 프로이트의 정신분석이론

정신분석이론은 다양한 성격이론에 많은 영향을 끼친 이론이라 할 수 있다. 프로이트에 의해 시작된 정신분석이론은 무의식의 개념과 리비도(성충동)를 핵심으로 두고 이론을 형성하고 있다. 정신분석이론은 과거의 기억이 현재에 영향을 미친다고 본다. 이는 청소년이 하는 행동들이 과거에 했던 경험을 통해 바라보면 좀 더 잘 이해될 수 있다고 본다. 또한 리비도라는 비합리적인 힘에 따라 움직인다는 측면은 청소년들이 사춘기에 들어서면서 증가하는 성적 욕구를 바탕으로 무의식적이고 충동적으로 움직인다는 것을 대변하기도 한다.

프로이트는 사람의 의식을 빙산에 비유하였는데, 빙산은 대부분 수면 아래에 잠겨 있고, 일부만 수면 위로 떠올라 있는 구조이다. 이를 의식에 적용하면 수면 위에 떠올라 있는 일부분이 '의식', 수면 아래 잠겨 있는 큰 빙산이 '무의식'으로 구분될 수 있다. 의식은 자신이 알아차리는 생각, 감정 등을 의미하며, 반대로 무의식은 심리적으로 억압되어 있어 알아차리기가 어려운 생각, 감정 등을 의미한다. 빙산에서 수면과 수면 위를 왔다 갔다 하는 일정 부분을 '전의식'이라고 표현하였는데, 전의식의 부분은 평소에는 잘 인식하기 어렵지만 집중하면 자각할 수 있는 무의식보다는 의식에 가까운 부분이라 정의하였다.

위에서 살펴본 의식의 수준은 성격이 존재하는 공간을 구성하는 요소라고 한다면, 프로이트는 성격의 구조를 구성하는 요소로 원초아(id), 자아(ego), 초자아(super ego)를 제시하였다. 원초아는 출생 시 성격의 원초적인 부분으로 본능에 따라 즉각적이고 직접적인 만족을 원하는 성격이다. 자아는 현실적인 상황을 고려하며 원초아를 조절하는 역할을 하게 된다. 초자아는 주변 사람들로부터 물려받은 기대와 가치, 규준 등을 내재화하고 옳고 그름을 판단하며, 원초아와 자아를 감시하고 제지하는 역할을 한다.

프로이트가 강조하였던 성적 에너지인 리비도는 성격의 발달에 큰 영향을 미치는 것이기도 하다. 인간이 성장하면서 리비도가 어느 부위에 집중되어 있는지에 따라 성격발달 단계가 결정되고, 이를 얼마나 잘 해소하느냐에 따라 성격적 특성이 결정된다고 보았다. 프로이트는 리비도가 집중되는 신체부위에 따라 구강기, 항문기, 남근기, 잠복기, 성기기의 다섯 단계로 구분하였다. 이 단계를 구체적으로 살펴보면 다음과 같다.

먼저 구강기는 출생 시부터 약 1세까지의 시기로, 리비도가 입에 집중되어 입을 통한 쾌감으로 만족감을 느낀다. 이 구강기를 어떻게 보내느냐는 장차 성격 특질 형성에 큰 영향을 준다. 이 시기에 고착된 성격을 구강형 성격이라고 하는데, 구강기에 욕구가 과잉 충족되거나 과잉 결핍되면 후일 성장하여 의존적이거나 자기중심적인 구강형 성격이 되며, 폭음, 흡연, 과식 등 입에 관련된 문제 행동적 특성을 나타낸다. 그러나 요구가 적절하게 충족될 경우 자신감, 관대함, 신뢰감, 독립성의 안정된 성격 특질을 갖게 된다.

두 번째로, 항문기는 약 2~3세에 해당되며 리비도가 항문 근처에 집중되어 배변이나 배뇨와 같은 본능적 욕구가 쾌락의 근원이 된다. 배변훈련이 순조롭게 진행되지 않으면 아동은 배변훈련에서 느끼는 좌절감에 대해 두 가지 방식으로 반응할 수 있다. 먼저 부모가 금지한 시간과 장소에 고의적으로 배변을 함으로써 부모의 요구를 거절하는 것이다. 만약 아동이 이러한 행동을 좌절을 감소시키기 위한 대안적인 행동으로 여기고 자주 하다보면 항문공격형 성격을 발달시키게 된다. 아동이 배변훈련의 좌절에 반응할 수 있는 두 번째 방식은 배설을 보유하는 것이다. 배변을 자신의 신체 내에 보유함으로써 만족을 느끼고 부모를 통제하고자 하는 아동은 후일 고집이 세고 구두쇠와 같은 특성을 나타내는 항문 보유형 성격으로 자라나게 된다.

이 시기에 배변훈련이 적절하게 이루어지면 자율적이고 창조적인 성격이 형성되어 긍지감이 높고, 독립적이며, 수치심이 없고, 자기주장을 하는 원만한 성격이 된다. 그러나 배변훈련을 너무 빨리 시작하거나 지나치게 엄격하면 오히려 완고하고, 완벽을 추구하며, 고집스럽고, 때로는 지나친 순종을 보이는 등 항문 고착형 성격을 갖게 된다.

세 번째로, 남근기는 약 4~6세에 해당되는 시기로서 리비도가 생식기에 집중된다. 이 단계에서 아동은 자신의 성기를 만지거나 환상을 통해 쾌감을 느낀다. 남근기의 갈등은 아동이 반대 성인 부모에 대해 지니고 있는 무의식적 근친상간의 욕망과 관련이 있다. 남근기의 발달이 순조롭지 않으면 남아의 경우 거세불안이 해결되지 않아 권위에 지나치게 복종하고 두려워하거나 매사에 경쟁적이 된다. 여아의 경우에도 남근선망에 의한 열등감이 해소되지 않아 지나친 경쟁심을 보이기도 한다. 그러나 이 시기를 원만하게 넘기면 건강한 성정체감을 확립하게 되고 성적 호기심을 생산적으로 사용할 수 있게 된다.

네 번째로, 잠복기는 약 7~12세에 해당되는 시기로 잠재기라고도 한다. 아동의 관심은 외부 세상과 인간관계로 옮겨간다. 본능적 욕구가 잠재화되므로 이성에 대한 관심은 감소하고 오히려 동성의 친구들과 어울리게 되는 사회화가 이루어진다. 정신 에너지는 자아를 발달시키는 데 사용되어 학업에 관심을 쏟고 장차 삶을 영위하는 데 필요한 기술 습득과 훈련에 집중된다. 또한 아동의 관심은 가족들로부터 벗어나 외부 환경으로 확대되어 친구들과 교사, 지역사회 내 타인들에게 관심을 갖게 된다. 학교활동, 취미, 스포츠, 우정관계 등을 통해 성적 충동을 승화시킨다.

이 시기를 무난히 넘기면 학업이나 활동에 있어서 성취감을 느끼고 대인관계도 원만해져 자신감과 적응능력이 높아진다. 그러나 이전 발달단계의 과제들이 미해결상태로 남아 성적, 공격적 충동이 잘 제어되지 못한다면 학업에 지장을 받게 되고, 누적된 학업 실패는 열등감을 유발한다. 또한 두려운 나머지 내면의 충동들을 과도하게 제어하다 보면 오히려 성격발달을 정체시키게 되고, 외현상 조숙한 듯 보이지만 실제로는 심각한 강박적 성격으로 발전할 가능성이 높다.

마지막으로, 성기기 혹은 생식기는 사춘기 이후 시기를 일컫는데 사춘기에 시작되어 성인기 내내 지속된다. 이 단계에서 나타나는 청소년의 발달 특징은 급격한 신체적 성장에 따른 호르몬의 변화다. 따라서 이전 단계에 잠재되어 있던 리비도가 다시 활성화되어 성적 욕구가 강해지고 이성에 대한 관심과 인식이 증가한다.

또한 부모로부터 심리적으로 독립하여 독자적인 주체성을 확립하고 급격한 신체발달을 정신적으로 원만하게 통합해야 하는 발달과제를 갖고 있다. 성인기를 준비하기 위해 부모로부터 심리적 독립을 추구하고 근친상간이 아닌 성숙한 이성관을 확립하며, 독자적인 정체성을 모색하고, 자신에게 부여된 역할을 맡아 실험적으로 수행해 나가는 시기다.

4) 청소년의 정서적 발달

정서의 개념은 하나의 정의로 규정하기에는 어려움이 있다. 어원적으로 살펴볼 때에도, 정서(emotion)는 행동을 뜻하는 motion과 밖으로 향한다는 뜻을 지닌 e-, 가 합쳐진 말로, 밖으로 표현되는 기분, 감정 등으로 정의할 수 있다.

정서의 개념을 학자들이 제시한 다양한 정의를 종합해 보면 정서란 특정한 맥락에서 일어나는 자극, 즉 구체적인 사건이나 사람, 장소 등과 같이 다양한 종류의 자극에 의해 일어나며, 특정한 대상이나 목표에서 가까워지거나 멀어지려는 행동을 동반하는 개인의 심리적 특성이라고 할 수 있다(정명화 외, 2005).

정서는 기분, 감정과 같은 용어와 함께 사용되기도 하지만 이 용어 간에는 약간의 차이가 있다(정옥분 외, 2007). 정서와 기분의 차이를 비교하면 다음과 같다.

첫째, 정서의 유발은 상황에 따라 달라진다. 예시를 살펴보면 정서는 여유로운 주말의 아침보다는 등교, 출근에 바빠 시간적으로 쫓기는 평일의 아침에 실수로 떨어뜨린 컵으로 인해 어질러진 상황을 보게 되면 더욱 화가 나게 된다. 이때 기분은 정서를 자극시키는 최소한의 세기를 변화시키는 기능을 가진다. 다시 말하면 정서는 유발되는 상황과 당시의 기분에 따라 영향을 받는다.

둘째, 정서의 유발은 대상에 의해 유발된다. 예를 들어 자격증 시험에 불합격한 것에 대해 속상한 것처럼 정서는 대상 지향적인 반응이다. 기분은 특정한 대상보다는 일상생활에서 일어나는 사건, 포괄적인 대상을 향하는 경우가 대부분이다.

셋째, 정서는 비교적 쉽게 변한다. 어떠한 상황이나 특정 대상에 의해 바로바로 변화하는 것이 정서이고, 기분은 오래 지속되는 특성을 가지고 있다.

그렇다면 청소년기의 정서는 어떻게 변화할까? 이를 구체적으로 살펴보면 다음과 같다.

첫째, 청소년 초기의 정서는 불안정하고 일관성이 없으며 정서적 기복이 심하고 격렬하게 나타는 특징을 가지고 있다. 막 사춘기가 시작되는 시기로 신체적 성장과 성적 성숙으로 인해 성에 대한 관심과 이성에 대한 호기심이 생기는 시기이다. 그와 동시에 그러한 관심에 수치심을 느껴 오히려 이성에 대한 반발을 표출하기도 하는 이중적인 정서를 갖게 된다.

둘째, 청소년 중기(중학교 후반부터 고등학교 정도)의 정서는 매우 격렬하지만 직접적인 표출은 잘 드러나지 않는다. 정서는 오히려 다양하고, 격하게 느껴지지만, 의식적으로 표현하는 것을 억제한다. 그러나 이러한 억제가 오히려 열등감이나 우울감 같은 불안정한 정서를 자극시키는 요인이 되기도 한다.

셋째, 청소년 후기의 정서는 사회적으로 안정성을 지니게 된다. 이상적인 사상을 가지고 있지만 현실에 적응하기 위해 노력하며 자신을 통제한다. 즉, 이 시기의 청소년들은 완성된 자아의식을 갖기 위해 현실과 이상, 개인과 사회의 통합을 발전시켜나간다.

이와 같은 정서적 변화는 한 개인의 인생관을 수립하는 데 큰 기여를 하게 된다.

그렇다면 청소년기에 나타나는 정서적 유형은 어떤 것들이 있는지 살펴보고자 한다. 청소년기에는 긍정적인 정서보다는 부정적인 정서로 우울, 불안, 분노, 공포, 죄책감들을 느끼게 된다. 이를 중심으로 살펴보면 다음과 같다.

① 우울과 불안

우울은 불행하고 슬픈 감정이다. 이러한 상태가 긴 시간 지속되어 일상생활에 지장을 끼치게 되면 우울증으로 진단할 수 있다. 청소년들은 자신의 기대가 좌절되거나 어려움을 겪게 되면 우울을 경험하기도 한다. 청소년의 우울 증상은 대부분 성인이 느끼는 양상과 비슷하게 보이지만, 자살시도가 상대적으로 더 많고, 반사회적 행동, 가출, 공격성, 학업 부진 등 다양한 행동으로 표출되기 때문에 진단이 어렵고 오히려 다른 문제가 있는 것으로 볼 가능성이 높다. 또, 우울 증상은 대체로 남자청소년보다 여자청소년에게서 더 많이 나타난다. 이를 잘 해결하지 못하면 청소년기를 지나 성인기에도 지속될 위험이 있다. 우울 증상이 장기간 지속되면 사회적, 인지적, 정서적 기능의 손상을 보이는 우울 장애로 발전될 수 있기 때문에 초기에 우울을 치료하는 것이 필요하다.

청소년이 느끼는 불안정서는 정확한 원인은 없으나 미래에 대한 두려움, 긴장, 걱정 등의 불쾌감을 주는 정서를 경험하는 상태로 특정되는 대상이 존재하지는 않지만 두려움이나 위협을 느끼는 정서 상태를 뜻한다. 불안은 다양한 원인으로 유발되는데, 이 정서를 해소하지 못하게 되면 강박적 행동, 상황에 대한 부적절한 반응의 표출 등으로 나타나고 우울증, 자살시도 등의 다른 형태로 진행될 가능성도 가지고 있다.

② 공포

공포는 특정 위협에 직면했을 때, 그를 벗어나고자 하는 상황에서 나타나는 정서를 말한다. 공포를 느끼는 대상으로는 특정 동물, 자연환경, 특정한 상황 등으로 다양하게 나타난다. 청소년기에는 시험, 대인관계, 외로움 등에 대해 공포를 느낀다. 그러면서도 자신이 공포를 느끼는 것에 대해 알리고 싶어하지 않는다.

③ 분노

청소년의 분노는 사회적으로 무시를 받거나 부정적인 자기 평가를 받게 된 경우, 자신이 선택하는 것에 대해 좌절되는 경우에 나타난다. 즉, 개인의 요구가 방해 받을 때 불쾌감을 제거하기 위해 나타나는 반응이라고 할 수 있다.

5) 청소년의 발달과업

발달과업이란 한 개인이 환경에 적응하기 위해 필요한 기술, 지식, 기능, 태도 등을 포함하며, 신체적으로 성숙하거나 사회적 기대, 개인의 노력을 통해 획득하게 된다. 각 단계에서 발달과업이 잘 이루어지지 못하면, 다음 단계의 발달에도 어려움을 겪을 수 있다.

발달과업에 대해 제시한 학자로는 해비거스트와 에릭슨을 이야기할 수 있다. 먼저 해비거스트가 제시한 발달과업은 다음과 같다.

① 본인의 신체에 대한 인정과 각자의 성역할을 수행
② 이성, 동성의 친구와 관계를 수립
③ 부모를 포함한 성인으로부터 정서적 자립 가능
④ 경제적 자립의 필요성 확인
⑤ 스스로 직업에 대한 준비와 선택
⑥ 유능한 시민으로 필수적인 지적 기능과 개념 획득
⑦ 사회적으로 책임있는 행동을 실천
⑧ 결혼과 가정생활을 준비

⑨ 정확하고 과학적인 세계관에 맞추어 가치체계 형성

에릭슨은 청소년기의 발달과업으로 자아정체감을 형성하는 것을 필수로 이야기하였다. 이 시기의 청소년들은 스스로에 대한 확신을 갖지 못하기 때문에 자신이 소속된 집단에 대한 동일시 경향이 매우 강해진다. 이 시기에 정체감을 형성하느냐 형성하지 못하느냐는 앞으로의 삶에 있어서도 큰 위기를 겪을 수 있는 중대한 사안이 되기도 한다.

Chapter 02 | 문화와 사회의 이해

> 문화: 한 사회의 개인이나 인간 집단이 자연을 변화시켜온 물질적·정신적 과정의 산물
> 사회: 일정한 경계가 설정된 영토에서 종교·가치관·규범·언어·문화 등을 상호 공유하고 특
>   정한 제도와 조직을 형성하여 질서를 유지하고 성적 관계를 통하여 성원을 재생산하면서
>   존속하는 인간집단
>
> 네이버 지식백과

1. 문화에 대한 이해

문화생활, 문화시설, 문화유산, 문화재, 문화인, 동양문화, 서양문화, 음식문화, 화장실문화, 교통문화, 대중문화 등 우리는 일상생활을 하면서도 다양한 문화에 대해 듣고 사용하고 있다. 그렇다면 과연 문화란 무엇일까?

문화는 사회가 발전하면서 공유되는 지식, 신념, 행위의 총합으로, 인간이 환경을 살아가면서 형성하는 생활방식이라고 볼 수 있다. 좁은 의미로는 화장실문화, 음식문화 등 특정한 대상을 지칭할 수도 있고, 넓은 의미로는 연령별, 시대별, 지역별로 나타나는 독특한 생활방식을 지칭하여 사용되기도 한다. 문화에는 다양한 구성요소를 가지고 있는 특징도 있다. 문화의 구성요소로는 언어, 생각, 신앙, 예술, 규범, 영화, 음악, 의식주, 취미활동 등 광범위하게 포함되어 있다. 이와 같이 우리는 구성원들 사이에서 공유되고 있는 행위와 그 산물을 문화

라고 부른다.

사람들은 끊임없이 특정한 문화를 만들고 변형시키고 물들어가고 있다. 이러한 문화에 대한 학자들의 정의를 살펴보고자 한다(한상철, 2007).

첫째, 타일러(Tyler)는 사회구성원으로서 인간이 획득한 지식, 예술, 도덕, 관심을 포함한 모든 능력과 기능을 포함하는 총체라고 규정하였다. 문화는 후천적으로 획득되는 것으로 인간이 사회적 존재이기에 지니는 것으로 문화를 이해한다.

둘째, 해리스(Harris)는 집단을 이루는 사람들이 사회적으로 갖게 되는 삶의 방식 총체라고 정의한다. 사회구성원이 지니는 생각, 감정, 행동방식이 반복되어 유형화되면 문화로 규정한다고 보았다.

셋째, 클락혼(Kluckhon)과 켈리(Kelly)는 드러나거나 드러나지 않거나 합리적이거나 합리적이지 않거나와 상관없이 특정 시대에 인간행동의 잠재적 지침으로 존재하는 모든 생활의 설계라고 보았다.

넷째, 윌리엄스(Williams)는 삶의 방식 전체이자, 자연이나 과학으로 구분되는 세 가지로 정의하였다. 문화는 지적인 것, 특히 예술활동으로서의 문화가 있다. 이러한 경우 발레, 연극, 오페라, 문학 등 지적이고 예술적인 활동이나 작품으로 이루어진 것으로 생각하게 된다. 다른 의미로 문화는 특정한 삶의 방식으로서의 문화가 있다. 사람이 살아가면서 부딪히는 갈등에 효율적으로 해결하는 방식으로 사회 곳곳에 퍼져있는 삶의 방식을 문화로 정의하였다. 마지막으로 지적, 정신적, 심미적 능력을 계발하는 과정으로서의 문화이다. 인간이 의도적으로 작용하는 사회화의 한 과정을 문화로 규정한다.

이처럼 문화의 개념은 다양하게 정의되고, 강조점에 따라 다르게 접근되어 왔다. 문화의 개념은 각기 다르지만 어느 것도 옳거나 틀린 것은 없으며, 서로 견해를 달리하고 있는 것으로 이해해야 한다.

1) 문화의 유형

우리는 음력 1월 1일이나 8월 15일이 되면, 가족, 친인척들이 모여 떡국을 끓여 먹거나 송편을 빚어 먹고, 차례를 지내며, 윷놀이나 다른 민속놀이를 하거나 그동안 보지 못하며 있었던 이야기를 나눈다. 크리스마스가 가까워져 오면 트리를 장식하거나 캐롤을 틀어 놓고 선물을 주고받는 등의 행동을 하기도 한다. 앞에서 제시한 예시는 민속문화의 한 형태이다. 전통 사회에서 지니고 있던 음악, 그림, 춤 등을 포함한 다양한 민속적인 예술뿐만 아니라 예로부터 지속되어 온 특정한 시기에 행해지는 특정한 행위도 민속문화라고 이야기할 수 있다.

현대사회에서는 다양한 매체에서 쏟아져 나오는 광고, 음악, 드라마 등이 있다. 이는 특정한 집단이 형성되어 있지 않지만 불특정 다수에 의해 유지되는 문화를 뜻한다. 불특정 다수이기 때문에 집단을 형성하기 어렵고 자신이 연결된 존재라 인식하기 어렵기 때문에 고립된 존재로 인식하여 주체성을 가지기 어려워진다. 때문에 문화에 대한 피드백이 어려워지고 획일화되기 쉽다. 이를 문화 컬처라고 명명한다.

반대로 많은 사람들에게 넓게 확산되어 있으며, 그들에게 동의된 문화로 파퓰러 컬처라는 단어가 있다. 이는 현대의 기술이나 화폐경제에 의하여 민속문화가 변질되어 나타나는 문화형태로, 중립적이거나 긍정적인 의미를 지닌다. 다수에 의해 인기가 있기 때문에 문화에 대한 소비나 수용성이 높고, 직접적으로 참여하는 참여자의 비율이 높은 편이다.

다른 문화들에 비해 심미적 기준을 강조한 예술을 위한 예술, 엘리트 문화도 존재한다. 이는 대중성에 기준을 두지 않고, 자기표현을 최고로 유지하고자 한다. 대중성을 무시하지는 않지만 그렇다고 해서 대중에 대한 동의를 추구하지 않는다.

네 가지 유형은 따로 구분되어 존재하지는 않는다. 다음 유형들은 연속선상에 놓여 있고, 그 경계는 중복되어 나타날 수 있다. 대중들은 이 모든 문화에 참여할 수 있고, 그 양식은 사회 내에서 공존할 수 있다.

2) 문화의 특징

문화는 인간이 살아가면서 갖게 되는 생활양식이다. 이러한 생활양식에는 시대, 사회를 뛰어넘는 공통적인 요소가 존재한다. 예를 들어 어디에서든 결혼을 하게 되면 결혼식에 대한 문화가, 장례를 치르게 되면 장례식에 대한 문화가 존재한다. 이를 문화가 가지는 보편성이 있음을 이야기한다. 반대로 보편적으로 결혼에는 결혼식을 하는 문화가 있지만, 나라마다, 사회마다, 시대마다 결혼식을 진행하는 방식이나 의상, 예절 등은 다양함을 알 수 있다. 각 사회마다의 문화는 그 사회를 구성하는 인간의 다양한 사고방식과 관습 등의 영향을 받아 독특한 형태를 띠게 되는 것으로 이를 다양성이 있다고 이야기를 한다.

　　문화는 인간에 의해 창출되는 역사적 산물이다. 다시 말해 오랜 역사 속에서 인간이 창조해낸 산물이자 경험의 축적이다. 즉, 하루 이틀 만에 만들어진 것이 아니라 수년, 수백년에 걸쳐 만들어진 사회적 유산이다. 즉, 문화는 사회성을 지니며 사회 구성원이 합의해서 만들어낸 사회제도라고 할 수 있다. 사회성을 지닌 문화는 사회구성원들에 의해 공유되고 학습된다. 사회구성원들은 혼자만의 힘으로 집단의 문화를 바꾸어 놓을 수 없다. 개인이 문화라고 주장한다고 하더라도 개인의 행동이지 문화로 간주해 주지 않는다. 문화는 구성원들이 공유하여 다른 집단과 다르게 독특하게 나타나는 특성을 뜻하기 때문이다. 또, 문화는 선천적인 것이 아니기 때문에 학습해야 하는 것이다. 사람들은 자신이 접한 다양한 요인에 의해 학습해 나간다. 사람은 자신이 속한 사회의 맥락 안에서 문화를 습득하고, 학습의 과정을 거치면서 다음 세대로 전승한다. 이러한 과정을 사회화 혹은 문화화 과정이라고 부른다. 이러한 특성을 반영하는 것이 문화의 축적성이다. 문화는 한 세대에서 다음 세대로 전승하며, 시간이 지나면서 세대마다 이루어진 지식이 추가되며 문화가 이어져간다. 축적성의 예로는 문자가 만들어지게 되며, 문서가 기록되어 문서나 책이 저장되었고, 축적이 용이해졌다. 또 인터넷이 발달하면서 다양한 지식정보가 사이버상에 저장되고 있다.

　　문화는 하나의 체계를 이룬 요소들의 관계라고 부를 수 있다. 문화를 구성하는 요소들은 긴밀한 관계를 유지하여 전체로 표현된다. 다른 요소들과 동떨어져 혼자만 존재한다면 문화라고 부르기 어렵다. 이를 바탕으로 문화는 체계성을 가진다고 이야기한다. 또한 문화는 저장되어 있는 것이 아니기 때문에 끊임없이 변화하고 흘러간다. 이는 문화의 가변성을 뜻한다. 인간의 관계가 유지되면서 문화는 서로 다르게 변화하고 계승되며 늘 변화하는 특성을 지닌다.

3) 문화의 변동

문화는 늘 변화하고 있다. 그러나 현대사회의 특성에 맞추어 매우 빠르고, 급진적으로 변화하고 있다. 문화는 끊임없이 움직이고 변화한다. 한 번 형성된 문화라 해도 주변 상황과 상호작용하면서 변해 가는데 이를 문화의 변동이라고 한다.

① 문화접변

서로 다른 문화 간의 접촉이 일어날 때, 특정문화 유형이 다른 문화유형과의 상호작용이 일어나며 제3의 문화를 만들어 내는 현상을 말한다. 예를 들어 우리나라 음식재료인 '고추장'과 서양의 음식인 '파스타'가 만나 '고추장 파스타'가 만들어지는 것을 말한다.

문화 접변은 크게 두 가지로 구분할 수 있는데, 이민을 간 사람들이 그 문화를 익히는 경우처럼 문화가 지속적인 접촉을 통하여 자연스럽게 변화하는 문화공존의 경우와 일제 강점기 시대처럼 지배를 하는 사회의 문화가 피지배사회에 강제적으로 전파되는 문화 동화의 경우로 구분할 수 있다.

② 문화전계

한 인간이 세상에 태어나 자신이 속한 사회의 문화를 습득해 가는 과정으로, 새로운 세대는 항상 이전 세대가 가지는 문화를 학습을 통해 습득하며, 특정 문화가 세대와 세대에 걸쳐 이어져나가는 현상을 말한다. 문화의 전계는 사회가 가지는 문화를 이어나가는 데 필수적인 역할을 한다.

③ 문화 이식

한 사회의 문화가 다른 사회에 급속도로 전해지는 현상을 말한다. 대부분의 경우 강제적인 방법(전쟁, 식민 지배 등)이 사용되어 나타나는 현상이기도 하다.

④ 문화결핍

사회구성원으로서 가져야 하는 행동의 준거가 되는 문화가 부족하거나 박탈되어 나타나는 상태이다. 많은 경우 출신 가정이 경제적으로 어렵거나 사회적인 지위가 낮은 가정의 청소년에게 많이 발생한다. 행동에 대한 준거가 부족하기 때문에 비행, 학업부진, 학업중단 등의 문제가 발생하기도 한다. 문화가 결핍된 사람은 사물이나 사람, 사회에 대해 부정적인 태도를 취하거나 반감을 갖는 경우가 많다.

⑤ 문화지체

문화를 물질문화와 비물질문화로 구분하였을 때, 문화가 변화하는 과정이 물질문화가 변해가는 속도에 비해 비물질문화가 천천히 변해감에 따라 문화를 구성하는 요소 간의 변동 차이로 인해 문화요소 간의 차이가 점차 벌어지는 현상을 뜻한다. 예를 들어 전동킥보드의 사용이 늘어남에 따라 교통문화가 따라가지 못해 교통사고가 늘어나는 것을 예로 들 수 있다. 기술은 한참 앞서 나가고 그것을 이용하는 사람들의 의식이나 가치, 교육 등은 한참 뒤쳐져 있는 현상이 나타난다. 이와 같은 문화지체 현상은 현대 사회에서 나타나는 큰 특징이자 문제 중 하나이며 이를 극복하기 위해 가치관과 의식 개선을 위한 캠페인, 교육, 법과 제도의 개선을 시도할 필요가 있다.

⑥ 문화확산

문화가 한 사회에서 다른 사회로 서서히 전해지는 현상을 말하는데, 사회 내부가 아닌 외부에서 온 타 문화 요소로 인한 변화를 뜻한다. 우리나라의 K-pop이나 한국 드라마가 해외에서 인기가 높아짐에 따라 다양한 의복, 음악, 메이크업 등의 문화가 세계로 퍼져 나가는 것을 사례로 들 수 있다.

4) 문화에 대한 관점

문화를 바라보는 시간은 다양하게 존재한다. 특히 한 사회의 문화 속에 있는 사람이 다른 문화를 바라볼 때에는 더욱 그 시각이 두드러지게 나타날 것이다. 문화에 대한 관점을 간단하게 살펴보고자 한다.

① 문화의 총체론적 관점

인간은 살아가기 위해 다양한 생활방식이 필요하다. 그 생활방식에는 정치, 경제, 법률, 종교, 예술, 관습 등의 각각 다른 영역들이 있다. 이런 영역은 각각 다르게 별개의 요소처럼 보이지만 한 영역에서 변화가 생기면 다른 부분도 함께 변화하게 된다. 간단한 예시로, 레고를 조립할 때 한 부품을 다른 부품으로 대체하게 되면 전체적인 모습이 달라지는 것을 볼 수 있다. 이처럼 한 사회의 문화를 이해하기 위해서는 그 사회의 생활방식, 생각, 대인관계 등 그 나라에서 가지는 방식을 전반적으로 파악해야 한다.

② 문화의 상대론적 관점

한 사회가 가지는 문화는 그 나름대로 가치를 지닌다. 그 문화를 다른 문화와 비교하여 옳고 그름을 따지거나 기준을 두고 평가해서는 안 된다. 다시 말해, 문화를 바르게 이해하는 방법은 문화가 가지는 상대성을 인정하고, 사회 전반에 걸친 맥락을 함께 이해함으로써 문화가 어떻게 형성되었는지를 보아야 한다. 이러한 태도를 문화 상대주의라고 부르는데, 이러한 태도야말로, 모든 문화를 객관적으로 볼 수 있고, 나와 다른 문화를 편견 없이 이해할 수 있는 태도라 할 수 있다.

③ 문화의 비교론적 관점

문화는 각기 다른 특성을 가진다. 특히 한 사회의 문화가 다른 사회의 문화와 비교될 때 그 특성은 두드러지게 나타난다. 그렇게 때문에 한 사회의 기준으로 다른 사회의 문화를 평가하는 것을 옳지 않다. 또, 문화를 볼 때 객관적인 관점을 가지고 이해한다는 것도 결코 쉬운 일이 아닐 것이다. 그러나 문화를 다른 문화와 비교하여 특성을 확인한다면 그 문화가 가지는 특성을 보다 명확하게 이해할 수 있다.

문화를 이해할 때에는 문화에 대한 판단의 기준이 다를 수 있다는 것을 간과해서는 안 된다. 예를 들어 우리나라의 문화를 바탕으로 다른 나라의 문화를 바라볼 때 분명히 드러난다. 각 문화가 지니는 보편성과 특수성을 기준으로 하면 다른 문화에 대해 이해하기 어려울 수 있다.

2. 사회에 대한 이해

인간은 집단으로 사회를 구성하며 살아가고, 사회는 다양한 종교, 가치관, 규범, 언어 등에 의해 더 다양한 문화를 포함하게 된다. 인간은 사회를 떠나서는 살아가기 어려운 존재이며, 사회 속에서 인간다운 삶을 살아가며 인간으로서의 가치를 발휘할 수 있다. 사회는 인간의 삶의 터전이자, 삶을 규정하고, 가치관, 규범 등의 생활양식을 구성하며, 인간의 능력을 개발하는 계기를 마련한다(이인성, 2009).

1) 현대사회의 속성

현대사회는 문명사적 전환이라고 불릴 만큼 변화의 속도나 양상이 급진적이고 전면적이다. 현대사회의 속성들을 살펴보면 다음과 같다(김문조, 2018).

① 초시간성: 현대사회에서는 작업수행뿐 아니라 정보교류, 의사결정과 같은 모든 활동들에서 빠르게 행동하는 사람이 우대되며, 속도가 성공의 필수조건이다.

② 탈공간성: 다양한 여건들로 인하여 재택근무나 원격근무가 늘어나게 되고, 인터넷 쇼핑이나 Zoom 등을 이용한 화상회의와 같이 공간의 경계가 없어지고 있다.

③ 유연성: 창의성을 지닌 인재에 대한 사회의 요구, 환경에 대한 적응과 대인교섭력이 높으면서도 비판적 판단을 함께 할 수 있는 인물을 필요로 한다.

생산자이자 소비자의 역할을 하는 프로슈머나 학습과 놀이를 함께 활용하는 에듀테인먼트와 같은 용어로 표현할 수 있다.

④ 접속성: SNS와 같이 빠르고 간편하게 교류할 수 있는 접속적 연결성이

대면하는 관계를 대체하고 있다.

⑤ **혼종성**: 세계화가 빠르게 진행됨에 따라 국제 이주자들이 늘어나고 다문화가 확산됨에 따라 사회·문화의 혼합, 혼성, 변성 등을 특징으로 한다.

⑥ **가상성**: 메타버스를 포함한 가상공간이 확산되면서 현실적인 상황에 벗어나고자 하는 사람들의 욕구를 자극시킨다.

⑦ **경박성**: 경직된 것을 부드러운 것이 지배하는 시대로 진입하면서 다양한 분야에서 스마트함을 추구하고 있다.

⑧ **개체성**: 현대인은 정보를 빠르게 생산하고 소비하는 능동적 존재로, 자신만의 새로운 세계를 가상공간에 구축하기도 한다.

2) 현대사회의 특징

현대사회는 정보화 시대라고 부를 수 있다. 정보화 시대란 정보가 가장 큰 무기가 되는 사회로, 정보의 생산, 유통이 중요한 요소이자 사회발전을 가능하게 하는 수단이 될 수 있는 사회를 뜻한다. 정보화 시대가 시작되면서 우리는 급속도로 달라지는 과학기술과 하나의 '지구촌'을 이루는 세계를 살아가고 있다. '지구촌'의 개념은 매클루언(McLuhan, 2012)이 20세기 초반 사용하면서 시작되었다. 매체가 발전하고 그 영향에 따라 지구 전체의 생활방식이 달라지는 세계화가 진행되었고, 그 세계화는 세계의 모든 국가를 하나로 묶는 지구촌으로 연결하는 결과를 가져왔다. 세계화는 지난 역사에서 지속적으로 발생해왔고, 사회적, 문화적, 경제적 요소들과 함께 진행되어 왔다. 세계화는 다양한 각 사회의 정체성을 인정하고, 문화의 다양성을 오히려 촉진하고 있다. 이러한 세계화 속에서 우리는 문화의 세계화를 경험하고 있다. 문화적 세계화는 매우 복잡하고 다양한 고민들을 포함하고 있다. 우리나라의 K-pop이나 한류 드라마처럼 세계화 시대에서 다양한 문화적 컨텐츠가 연결되고 교류되고 있다. 이를 통해 독자성을 유지하던 각 나라의 문화가 문화간의 교류를 통하여 경쟁하고 재조직되며 새로운 문화를 형성하는 데 기여하고 있다. 이렇게 진행되고 있는 문화의 세계화 현상을 자세히 살펴보고자 한다.

첫째, 지역문화의 정체성을 발전시킨다. 세계화 기류에서 국가들의 문화를 동질화하려는 경향에 반하여 지역문화를 보존해야 한다는 입장이 나타나고 지역 정체성이 강조되고 있다. 문화의 세계화는 지역문화의 정체성과 함께 진행되고 있다.

둘째, 문화의 특수성과 보편성을 강화한다. 문화의 세계화는 모든 국가의 문화를 하나로 만들고자 하는 것처럼 보이지만 실제와는 다르다. 문화의 세계화 속에서는 세계적인 것은 결국 지역적인 것이고, 지역적인 문화는 결국 세계문화의 한 부분을 구축한다. 다시 말해, 특정 문화로 흡수되는 것을 방지하기 위하여 고유의 문화의 특수성을 지키기 위해 자신들의 문화를 강화하고 정체성을 지키려 하는 것으로 지역문화가 강화되고, 또한 문화의 세계화 역시 영향을 받게 된다.

셋째, 다중심화와 혼융화된다. 문화의 세계화는 각기 다른 문화를 인정하고 포용하는 다중심화가 진행된다. 세계화가 진행됨에 따라 문화는 분화와 영토를 넘어선 채 진행되고 있다. 이는 문화가 상호침투됨에 따라 민족문화가 소멸되고, 또 그에 대한 반발로 지역, 민족적 문화의 정체성이 다시 강화되는 구조를 가지고 있다.

문화 컨텐츠가 원격통신에 의해 빠르게 세계 시장에 공급되고, 이는 다양한 문화가 동시다발적으로 확산되는 현상으로 나타나고 있다. 이는 점차 대중문화가 중요하게 되고, 자유로워진 해외여행과 외국문화를 접하는 기회가 늘어나는 원인이 되기도 했다.

또한, 정보화 사회의 측면에서 살펴보면 다양한 특징을 나타내고 있다.

첫째, 문화에서의 변화이다. 정보화 시대가 도래하며 많은 직장이 자동화가 이루어지고 노동시간이 단축됨에 따라 인간은 더 많은 여가 시간을 갖게 되었다. 여가 시간이 늘어남에 따라 또한 개별적으로 문화를 누리는 시간이 증가하게 되었다. 또한 화상회의, 비대면 진료, VOD 구매 증가 등으로 삶의 질 향상을 누르게 되었다.

둘째, 상호 소통성이 증가하였다. 정보화 사회가 되면서 쌍방에서 소통하는 매체가 늘어남에 따라 상호 소통성이 증가되었다. 팬데믹 시대를 맞아 많이 진행되었던 비대면 수업, 화상회의 등이 대표적인 사례이다. 또한, 전문가에게 쉽게 다가설 수 있는 계기도 되었다. 예전에는 직접 찾아가야만 하는 한계가 있었다면 현재는 인터넷 등을 통해 쉽게 접근이 가능하며, 그 영향력이 확대되었다.

셋째, 다품종 소량 생산의 확대로 변화되었다. 산업사회에서는 물건도 대량 생산, 대량 소비를 지향하고, 정보 전달 역시 신문, 잡지 등을 통하여서만 가능하였다. 하지만 정보화 시대를 맞이하여 누구나 손쉽게 정보를 접할 수 있고, 정보에 대한 생산과 소비 역시 가능하다보니 다양한 품종을 소량 생산하는 것으로 바뀌어 가고 있다.

넷째, 정보화로 인한 사회문제가 대두된다. 정보화시대에 들어서면서 사회적 불평등이 심화되고 있다. 정보의 생산과 유통이 가속화됨에 따라 정보를 보유하지 못하는 사람들은 계속해서 뒤처지는 결과를 초래한다. 또한 정보망의 발달은 사생활의 침해를 유발할 수도 있다. 기술을 가진 특정 세력에서 개인 신상에 대한 정보를 관리하면서 사생활을 침해하거나 인권을 침해하는 결과를 불러올 수도 있다. 또한, 개인주의가 극단화될 가능성도 무시할 수 없다. 인터넷을 통한 자택근무는 긍정적인 사례로 볼 수 있지만, 반대로 개인주의적 성향을 극대화시켜 이기주의가 심화될 가능성도 있다.

우리는 이미 생활에서 많은 측면을 인터넷과 스마트폰에 의지하면서 살아가고 있다. 국내의 정보뿐 아니라 국외의 다양한 영역의 정보들도 손쉽게 찾아볼 수 있는 시대가 온 것이다. 세계화와 정보화 시대가 급속화되는 것에 대한 긍정적인 결과를 이어나가기 위해서는 지금 이 시대에 대한 올바른 이해와 가치관을 정립할 필요성이 있다.

3. 다문화에 대한 이해

1) 다문화사회의 개념

다문화는 다양한 문화의 공존을 뜻한다. 문화적인 다양성은 국가 안에서 인종, 언어, 역사, 문화가 같은 공동체가 여럿 존재하는 현상을 뜻한다. 비록 그 안에서 갈등이 벌어지고 있다고 하더라도 말이다. 우리나라에서도 점차 문화적 다양성이 늘어나고 있다. 다시 말하면 우리나라도 다문화적 성격을 가지고 있다는 뜻이다. 다문화사회는 정부가 다문화주의를 공공정책 이념으로 채택한 국가라는 뜻인데, 이러한 국가에서는 민족적인 다양성을 기본으로 받아들이고, 이를 사회가 발전하는 데 긍정적인 힘으로 작용하도록 한다.

그렇다면 우리나라의 문화다양성은 어떠할까? 우리나라에는 결혼이민자, 유학생, 재외동포, 외국인 근로자, 북한이탈주민 등 국내에 다양한 거주민이 급증함에 따라 다양한 갈등적 상황을 경험하고 있다. 우리사회가 다문화 사회로 성장하고 발전하는 과정에 있지만 아직 많이 부족한 것은 사실이다.

2) 청소년과 다문화사회

여성가족부에서는 이주배경청소년(9~24세)을 [청소년복지지원법] 제18조에 따라 [다문화가족지원법] 제2조 제1호에 따른 다문화가족의 청소년과 그 밖에 국내로 이주하여 사회, 문화 적응 및 언어 학습 등에 지원이 필요한 청소년으로 정의하였다. 이들은 문화, 언어, 사회적 편견 등의 문제로 인해 부적응을 경험하고 있다. 특히 이주배경 청소년들은 개인적으로는 새로운 환경에 적응해야 하는 심리적 어려움을 가지고 있으면서도 외적으로는 부모님과의 갈등이나 또래집단에 속하기 어려운 점 등으로 지지 기반이 매우 취약하다.

우리나라에는 다양한 이주배경을 가진 청소년들이 존재한다. 먼저 다문화 청소년이다. 흔히 다문화하면 가장 먼저 떠오르는 청소년들로, 전형적으로는 부모 중 한 쪽이 외국출신이고 다른 한 쪽은 한국 출신인 가정의 청소년을 말한다. 이 외에도 한국인 부모에게서 태어났으나 부모가 한국인이 아닌 사람과 재혼한 경우나 외국인 근로자 부부 사이에서 태어난 청소년을 포함한다. 다음으로는 탈북청소년(북한이탈 청소년, 새터민 청소년)으로 북한에서 출생하였지만 현재는 한국에서 살고 있는 청소년과 외국인 가정에서 태어난 청소년을 포함한다.

또 중도입국 청소년으로 결혼이민자가 한국인과의 혼인 전에 출산한 아이가 한국인과 재혼하는 과정에서 어머니를 따라 동반 또는 추후 입국하는 청소년

다문화가정 학생 수, 비율(단위 명(%))

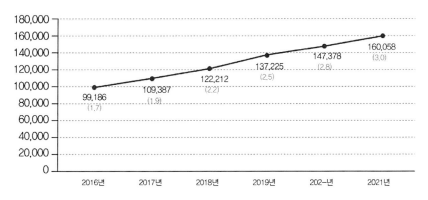

자료: 교육부(각 년도), 다문화지원계획

을 뜻한다. 이 외에도 일자리를 구하거나 학업을 위해 입국한 무연고 외국인 청소년(난민) 등 다양한 배경이 존재한다. 다른 청소년들과 달리 중도입국 청소년은 부모와 장기간 떨어지게 되는 경험, 그 기간 동안의 교육공백, 가정이 해체되거나 방임, 방치, 재결합되는 과정을 겪는 경험을 하게 되며 이미 익숙해진 자국의 언어와 문화를 뒤로하고 새롭게 한국어를 배우거나 문화에 적응하는 과정을 겪어야 한다.

위의 그래프는 2016년부터 2021년까지 다문화가정을 가진 학생의 비율이다. 그래프에서 살펴보듯이 다문화가정을 가진 청소년들은 지속적으로 증가하고 있는 추세이다. 특히 2017년부터는 10만 명이 넘는 다문화가정의 학생들이 우리나라에 존재하고 있음을 알 수 있다.

1 문화의 유형에 관한 설명으로 옳지 않은 것은?

① 정신문화는 인간의 가치나 신념 등으로 유지되는 문화이다.

② 심미적 문화는 문화, 예술 등과 같이 인간의 정신적 삶을 풍요롭게 하는 문화이다.

③ 물질문화는 정신적 문화가 가시적 형태로 표현되어 나타나는 문화이다.

④ 내재된 문화는 청소년들의 독특한 복장이나 머리형태에 부여된 의미 등과 같이 직접적으로 관찰하기 어려운 문화이다.

⑤ 중핵문화는 특정 소수의 사람들이 만들고 그들만이 향유하는 문화이다.

2 물질문화의 변동속도를 비물질문화가 쫓아가지 못하는 문화변동의 형태는?

① 문화지체   ② 문화접변   ③ 문화전계   ④ 문화결핍   ⑤ 문화이식

3 다음이 설명하는 문화의 특성은?

> • 문화는 국가별, 지역별, 개인별로 여러 유형의 문화가 나타난다.
> • 사회마다 독특한 문화가 있다는 것을 전제하고 문화적 상대성을 인정한다.

① 가변성   ② 공유성   ③ 축적성   ④ 다양성   ⑤ 학습성

4 다음이 설명하는 후프스(D. Hoopes)의 문화 간 학습과정 단계는?

> 다른 문화가 가진 삶의 방식이 자신의 문화와 부합하지 않더라도 다른 문화가 가진 나름의 삶의 방식을 있는 그대로 인정해가는 단계

① 수용 및 존중 단계   ② 자민족중심주의 단계   ③ 인식 단계

④ 이해 단계   ⑤ 음미 및 가치부여 단계

2021년 청소년지도사 필기 기출문제

1 다음의 설명과 관련된 문화이론은?

- 체제 존속을 위해 부분 체계가 존재한다고 가정한다.
- 청소년은 사회가 원하는 인재로 자라나야 하고, 청소년문화는 사회를 유지하기 위해 발전되어야 한다.
- 뒤르켐(E. Durkheim)에 의해 본격적으로 발전되었다.

① 갈등론   ② 체계론   ③ 교환론   ④ 진화론   ⑤ 구조 기능론

2 다음이 설명하는 것은?

- 개인이 직면할 사회변동에 대비하는 것
- 자신이 속하게 될 집단의 규범이나 행동양식을 미리 습득하는 것
- 미래의 직업을 위해서 현재 갈고 닦아야 할 자신의 숨겨진 역량을 이끌어내는 것

① 재사회화   ② 학습가능성   ③ 사회전승화

④ 예기적 사회화   ⑤ 사회적 역량화

3 다문화가족지원법상 아동·청소년 보육·교육에 관한 내용에 속하지 않는 것은?

① 차별하여서는 아니 된다.

② 학교생활에 신속히 적응할 수 있도록 교육지원대책을 마련해야 한다.

③ 학과 외 또는 방과 후 교육 프로그램 등을 지원할 수 있다.

④ 문화적 다양성을 인정하고 존중할 수 있도록 다문화 이해교육을 실시해야 한다.

⑤ 18세 미만인 사람의 초등학교 취학 전 보육 및 교육 지원을 위하여 노력해야
한다.

4 다음과 같이 문화를 설명한 학자는?

문화는 예술과 예술활동으로서의 문화, 삶의 방식으로서의 문화, 과정과 발전으로
서의 문화로 구분하여 정의할 수 있다.

① 윌리엄스(R. Williams)   ② 오그번(W. Ogburn)

③ 타일러(E. Tyler)   ④ 푸코(M. Foucault)

⑤ 부르디외(P. Bourdieu)

5 문화변동의 형태와 사례의 연결이 옳은 것은?

① 문화전계 - 가정교육을 통해 전통과 규율을 지도함

② 문화접변 - 풍부한 경험을 갖지 못하여 저소득층 아동의 학업이 부진해짐

③ 문화이식 - 의학의 발달로 노인인구는 늘어가지만, 노인복지 대책은 미흡함

④ 문화결핍 - 일제강점하에서 일본 정부의 강요로 신사참배와 창씨개명을 함

⑤ 문화지체 - 김치와 스파게티를 융합하여 김치스파게티를 만들어 판매함

6 포스트모더니즘의 특징이 아닌 것은?

① 상대성   ② 반리얼리즘   ③ 탈해체성

④ 전위적 실험   ⑤ 탈중심성

7 문화를 바라보는 시각 중 구조체계로서의 문화에 관한 설명으로 옳은 것을 모두 고른 것은?

> ㄱ. 문화의 제일성(齊一性)을 견지한다.
> ㄴ. 청소년문화를 청소년이 갖고 있는 예의, 가치, 규범 등의 종합으로 본다.
> ㄷ. 인간관계의 구조적 틀은 시간과 공간을 초월하여 일정하게 나타난다.
> ㄹ. 문화는 사람의 행동과 사회관계를 규제하는 틀이다.
> ㅁ. 청소년문화는 기성문화와 크게 다를 것이 없다.

① ㄱ, ㄷ   ② ㄴ, ㄷ, ㄹ   ③ ㄴ, ㄹ, ㅁ

④ ㄱ, ㄷ, ㄹ, ㅁ   ⑤ ㄱ, ㄴ, ㄷ, ㄹ, ㅁ

2020년 청소년지도사 필기 기출문제

1 문화의 특성에 관한 설명으로 옳지 않은 것은?

① 사회구성원에 의해 공유된다.

② 축적되지 않고 생성되었다가 소멸한다.

③ 정체되어 있지 않으며 변화한다.

④ 유전에 의해 결정되는 것이 아니라 후천적으로 습득된다.

⑤ 하나의 전체(a whole) 또는 체계(system)를 이룬다.

2 다음에서 설명하는 문화의 특성은?

> • 특정 집단의 구성원들은 서로 유사하다고 느끼며, 비슷한 생활습관을 보인다.
> • 사회구성원들에 의해 공통적으로 나타나며, 인정되는 경향을 문화라고 한다.
> • 개인의 특수한 행동이나 습관은 문화라고 부르지 않는다.

① 창조성　　　　　　② 축적성　　　　　　③ 체계성

④ 다양성　　　　　　⑤ 공유성

3 (　　)에 들어갈 용어를 순서대로 나열한 것은?

> • (　　)문화는 사회의 특정한 집단이나 영역에서 나타나는 문화를 의미한다.
> • (　　)문화는 기성세대 문화를 거부하며 앞선 세대와는 다른 삶의 방식을 추구한다.

① 주류, 비행　　　　② 하위, 대항　　　　③ 하위, 비행

④ 주류, 대항　　　　⑤ 비행, 대항

4 다문화정책의 방향으로 옳지 않은 것은?

① 다문화가정의 기초생활 지원 강화

② 서로 다른 집단과의 상호교류 강화

③ 다문화 지원 사업 방향의 획일화

④ 다문화이해교육의 강화

⑤ 다문화 관련 전문인력 양성

5 ( )에 들어갈 용어를 순서대로 나열한 것은?

> 문화의 존재 양식에 따라 ( )는 문화적 가공물, 문화재 또는 쉽게 관찰 가능한 행위이며, ( )는 문화재와 행동에 부여된 의미나 가치, 상징 등과 같이 직접적으로 관찰이 불가능한 영역의 문화이다.

① 이상문화, 내재된 문화　　　② 표현문화, 이상문화

③ 물질문화, 실재문화　　　　④ 표현문화, 내재된 문화

⑤ 물질문화, 비물질문화

6 다음과 같이 문화의 개념을 설명한 학자는?

> • '윙크하기'의 예를 사용하여 의미체계로서의 문화 개념을 설명하였다.
> • 특정한 사회적 사건이나 상황에 부여하는 의미를 문화 이해의 중요한 핵심으로 보았다.

① 미드(M. Mead)　　　　　② 기어츠(C. Geertz)

③ 파슨스(T. Parsons)　　　④ 홀(S. Hall)

⑤ 베네딕트(R. Benedict)

7 문화를 바라보는 시각으로 다음이 설명하는 것은?

> • 구체적으로 관찰된 행위 그 자체(patterns of behavior)가 아니라 그런 행위를 규제하는 규칙의 체계(patterns for behavior)가 곧 문화이다.
> • 우리가 관찰할 수 있는 행동을 하게끔 하는 기준, 표준, 규칙을 문화라고 부른다.
> • 청소년이 갖고 있는 가치, 규범, 예의 등을 청소년문화로 본다.

① 적응체계로서의 문화　　　② 상징체계로서의 문화

③ 관념체계로서의 문화　　　④ 의미체계로서의 문화

⑤ 구조체계로서의 문화

8 특정 문화유형이 다른 문화유형과 상호작용을 거쳐 또 다른 제3의 문화유형을 만들어 내는 문화변동의 형태는?

① 문화접변   ② 문화이식   ③ 문화전계

④ 문화실조   ⑤ 문화지체

9 의미를 나타내는 대상물이나 몸짓, 소리, 색깔, 디자인 등을 말하는 문화의 구성 요소는?

① 규범   ② 가치   ③ 상징   ④ 언어   ⑤ 이데올로기

청소년문화의 이해

1. 청소년기의 개념

청소년기라는 용어는 20세기 초 스탠리 홀(Stanly Hall)이 처음 제시한 것을
시작으로, 많은 학자들에 의한 연구를 거듭한 결과 최근 들어 별도의 발달단계
로 인정하고 있다. 전통적인 관점에서는 청소년을 미성숙한 존재, 불완전한 존
재, 삶에 대한 이해를 하지 못하고 성인에 비해 존재 가치가 덜한 존재로 여겨졌
으나 시대의 흐름에 따라 청소년의 존재가 점차 중요하게 인식되고 있다.

청소년기를 딱 구분지어 언제부터 언제까지라고 명명하기는 어렵다. 청소년
기에 대한 다양한 정의를 살펴보고자 한다.

① 브리태니커 백과사전(Britannica)에 의하면, 청소년기는 아동기와 성인기
　사이에서 성장하고 발달하는 중간단계를 말한다(노병일·노대겸, 2019).

② 정신분석용어사전(미국정신분석학회, 2002)의 정의에 의하면 청소년기는

사춘기와 함께 시작되며, 성숙을 위한 변화를 수용하기 위해 심리적 재구조화가 피룡한 기간을 말한다. 이 기간은 성적 성숙에 적응하는 과정이 발생하는 기간이다.

③ 한국청소년정책연구원(2007)에 의하면 청소년기란 자의식이 형성되기 시작하는 사춘기에서부터 독립된 인격체로서의 성인이 되기 전까지를 지칭한다.

2. 청소년문화의 개념과 특성

청소년은 인종, 성별, 인령, 교육, 지역, 그 외 특수성 등 배경에 따라 집단적 가치와 표현방식이 다르다. 이러한 집단적 방식을 반영하는 청소년문화는 그 자체적으로 고유하고 독특한 특성을 나타낸다.

1) 청소년문화의 개념

청소년과 문화의 개념과 마찬가지로 청소년문화 역시 한마디로 정의하기 어렵다. 청소년을 나타내는 특정 시기와 한 집단의 전반적인 삶의 방식을 다루는 문화를 정의하기 어렵듯이 말이다. 여기에서는 일반적으로 사용하는 개념에 대해 정리해보고자 한다(조용수, 2001).

첫째, 청소년문화란 청소년 집단만이 가지는 고유한 문화로서 청소년들이 살아가는 총체적 삶의 유형을 뜻하는 말로 사용된다.

둘째, 대부분 한 집단의 구성원들의 생활에서 공유하는 가치관, 윤리, 규범, 언어, 몸짓, 패션, 음식, 음악, 행동, 인간관계, 오락 및 여가생활 등 그들의 내면적인 사고방식과 더불어 외면적인 생활양식까지 모두 포함하는 말로 사용된다.

셋째, 신세대가 기성세대로부터 전수받은 문화의 전통적 특성을 토대로 나름대로 독특한 문화적 특성을 가미해 만들어낸 결과물이다.

2) 청소년문화의 일반적 특성

청소년문화는 전체사회의 주류문화를 벗어나지 않는 선에서 그 영향을 받아 하나의 독특한 방식으로 발전해 나가는 주변문화이다. 이 때문에 공존성과 모순적인 면모를 모두 지녔다고 할 수 있다. 때문에 청소년은 사회의 주류문화의 특성을 사회 전반의 구성원들과 함께 공유하면서도 자신들이 속해 있는 청소년 집단의 독특한 문화적 특성을 가지고 있다. 그 특성에 대해 알아보고자 한다(정재민, 2007).

① 개인주의적, 현실주의적, 물질주의적 성향을 가지고 있다.

우리가 살아가고 있는 사회에서 살아가는 삶의 방식 중 하나로 개인 중심의 문화가 점점 발전하고 있다. 청소년들이 즐겨 찾는 코인노래방, 룸카페 등 소규모의 집단이 모여 놀 수 있는 문화공간이 제공되고, 스마트폰, 태블릿 PC 등의 개인별 보급으로 인해 문화생활은 개인적이거나 소집단화되는 경향이 있다. 개인적이거나 소집단화된 문화활동은 스스로의 문화생활은 전문화된다는 장점이 있는 반면, 사회성 함양과 같은 공동체 문화활동은 점차 줄어들어 공동체 의식 형성을 어렵게 한다는 단점이 있다. 또, 청소년문화 활동은 대부분 단순 스트레스 해소용 소비문화일 가능성이 크다. 특히 레저활동, 음악, 콘서트, 팬덤 활동 등의 다양한 문화를 소비하면서 새로운 소비자 집단으로 등장하였다. 이렇게 청소년문화에서 대중문화 시장이 변화하기 시작하였다.

② 학교의 규범이 청소년문화에 영향을 미친다.

대부분 청소년을 떠올리면 같은 의미로 학생을 떠올리게 된다. 즉, 청소년은 학교라는 환경과 밀접하게 관련성을 맺고 있다는 반증이기도 하다. 청소년문화는 학교의 영향을 받으면서도 그들만이 가지는 독특한 문화적 특징을 유지하려 한다. 그들이 유지하고자 하는 문화적 특징은 학교에서 정한 규범이나 사회적 기준에서 벗어나는 경우가 많다. 그로 인해 청소년의 학교문화와 청소년문화 간의 차이가 발생할 수 있으며, 이 차이가 커지게 되면 대립적인 관계가 되거나 학교를 이탈하는 청소년이 늘어나게 될 것이다. 현재 학교문화는 입시 위주의 제도로 청소년들이 스트레스를 받는 주요 원인이자 청소년들의 가치판단을 어렵게 하는 혼란의 중심이기도 하다.

③ 사이버문화의 주체적 존재이다.

청소년문화는 대부분 기호성문화인 경우가 많다. 특히 입시 위주의 학교생활을 하는 경우에는 문화활동을 하는 시간이 매우 짧기 때문에 인터넷, 게임, 스마트폰을 이용한 문화를 소비하는 경우가 많다. 특히 디지털기기와 정보망을 이용하는 경우 청소년 세대는 문화를 단순히 소비하는 존재가 아닌, 주체적으로 생산하며 이끌어 나가는 존재로 발돋움하고 있다.

④ 청소년문화는 새로운 문화로 볼 수 있다.

청소년문화를 단순히 기성세대에 대한 반문화나 하위문화로 보는 경향성에서 벗어나 그 자체로의 정체성을 만들어갈 수 있는 가능성을 확인한다. 청소년문화가 청소년의 발달적 특성을 반영하는 것으로 자신이 존재하는 위치와 이유에 대해 의문을 가지고 자신의 존재를 확인하고자 하는 욕구에 의해 청소년 문화가 형성된다고 본다. 이는 청소년문화에 대한 새로운 해석으로 청소년문화를 사회의 한 문화로서 인정하고 그 문화를 통한 산업을 창출해 낼 수 있는 기반을 만들어야 한다.

3. 청소년문화의 구성요소와 유형 및 기능

청소년문화는 언제나 존재해 왔지만 그 존재가 인정받기 시작한 것은 얼마 되지 않았다. 사실 청소년 자체도 아동, 소년, 미성년자, 학생, 신세대, X세대, MZ세대 등 다양한 명칭으로 불리기도 했으며 청소년 문화가 인정받기 전에는 단지 기성세대에 대한 반문화 또는 일탈문화 등으로 취급되었다.

이러한 청소년문화가 가지는 구성요소와 속성, 기능 등을 살펴보고 청소년들만이 갖는 고유한 특징을 확인해 보고자 한다.

1) 청소년문화의 구성요소

청소년문화는 청소년들이 공유하고 있는 가치관, 생활방식, 상징, 감정, 규범 등을 말하며, 그 자체가 구성요소가 된다.

① 가치

어떤 집단이든 그 구성원들은 그들이 추구하는 것들이 존재한다. 그들이 추구하는 것은 구성원들이 생각하는 올바른 것, 아름다운 것, 바람직한 것인데, 그에 대한 기준과 신념체계를 가치라고 한다. 이러한 가치는 인간이 행동하는 방식을 결정하기도 하기 때문에 청소년이 지향하는 가치는 그 사회의 청소년이 행동하는 방식을 나타내는 중요한 지표가 되기도 한다.

② 상징

상징이란 언어, 의상, 소리, 색깔, 악세사리 또는 특정한 표현 등으로 고유한 의미를 지닌 것이다. 상징의 가장 대표적인 표현으로는 언어가 있다. 언어는 단순히 의사소통을 하는 수단으로서의 기능을 넘어 구성원들의 생각에 영향을 미치는 기능을 하게 된다. 상징으로서 의상은 그 시대상과 구성원들의 개성을 나타내게 된다. 이 외에도 소리, 색깔, 액세서리 등의 표현들은 그들이 사용하는 다양한 상징으로서 청소년문화를 이해하는 데 도움이 된다.

③ 생활양식과 행동양식

청소년들은 그들만이 가지고 있는 생활 또는 행동양식이 있다. 예를 들어 인터넷이 발달한 이후 온라인에서 만나 친구가 되거나 연인이 되는 행동도 자연스럽게 이루어지고, 여가시간을 보내는 것 역시 온라인을 이용하는 경우가 많다. 또 청소년의 특징을 반영하여 새로운 것을 찾아다니거나 스릴을 선호하는 것, 자극적인 것을 추구하는 것 등을 바탕으로 한 행동양식을 찾을 수 있다.

④ 규범

규범이란 사람이 지켜야 할 규칙들을 의미한다. 규범에는 사람들이 특정한 상황에서 해야 할 것과 또는 해서는 안 되는 것이 존재하며, 그 기준을 파악하게 되면 상대방이 나의 말과 행동에 어떻게 반응할 것인가를 예측하여 행동할 수 있다. 앞서 제시된 가치는 추상적으로 행동의 방향을 설정해 주었다면 규범은 규체적인 지침을 제공한다. 청소년들은 대부분 학생의 역할을 가지고 있기 때문에 학교에서 정한 규범을 따르게 된다.

⑤ 매스컴과 인터넷

청소년들은 매스컴과 인터넷을 선호하면서도 그 자체를 생활로 인식하는 경향이 있다. 먼저 매스컴은 대중문화로 특정한 가수, 배우, 운동선수 등을 우상화하는 팬덤문화를 형성하고 따르거나 특정한 장르에 열광하도록 한다. 인터넷은 청소년의 사고와 행동에 큰 영향을 미치고 있는 것으로, 인터넷 강의를 듣거나 친구들과의 소통, 여가 생활 등을 위해서는 인터넷이 필수적인 시대가 되었다.

2) 청소년문화의 특성

청소년문화는 청소년들의 가치관, 생각, 생활방식 속에서 여러 가지 특성들을 바탕으로 개인주의적 성향, 현실주의적 성향, 자기표현주의, 영상세대로서의 특징을 가지고 있다고 제시하였다(최윤진, 1992).

첫째, 개인주의적 성향이다. 사회가 변화함에 따라 가치관이 변화되고 있다. 특히 인생관이나 가치관에 있어 개인중심적인 가치가 점차 중요하게 자리 잡고 있다. 인생의 목표가 자신의 인생을 보람차고 즐겁게 사는 것으로 삼는 청소년들이 점점 증가하고 있다. 직업에 대한 추구 역시 생계유지보다는 자기개발과 자아실현이 가능한 직업을 찾는 경우가 더 많아지고 있다.

둘째, 현실주의적 성향이다. 기성세대에서 강조하던 절약, 성실, 인내 등의 가치는 점차 퇴색되어 가고 현재의 삶과 즐거움을 먼저 추구하는 성향이 강해지고 있다. 이러한 특징들이 반영되어 보수가 높아도 3D 업종을 기피하거나 주 5

일제 근무하는 회사를 추구하는 등 직업, 여가, 인생 등의 전반적인 분야에서 나타나고 있다.

셋째, 자기표현주의이다. 현대사회의 청소년들은 자신의 취향, 개성에 따른 욕구 추구 및 충족 등 모든 면에서 개별화의 특성을 나타내고 있다. 예를 들어 여성이 삭발을 하거나 남성이 장발의 헤어스타일을 하고 다니거나 남녀 구분이 적어진 의상, 남성용 메이크업 도구가 나오는 등의 과감한 표현을 지향하고 있다.

넷째, 영상세대로서의 특징이다. 인터넷과 TV 등 영상매체의 다분한 영향을 받아온 청소년들은 매우 창의적이고 감수성이 뛰어나며 멀티태스킹이 가능한 특징을 가진다. 오래 생각하거나 한 곳에 길게 머무르는 것보다는 재미있고 즉각적인 활동을 선호하게 된다. 또, 인터넷을 통한 가상현실에서의 생활 역시 하루가 다르게 발전하고 있다.

오윤선과 황인숙(2016)은 청소년문화의 특성을 다음과 같이 정리하였다.

첫째, 느낌의 문화이다. 청소년은 느낌과 끼로 존재하며 개성과 다양성을 추구하는 세대이다. 기성세대들은 권위주의적이고 수직적인 문화를 강요 받아왔지만 현대사회를 살아가는 청소년은 합리적이고 감성을 중요시한다. 특히 다양한 매체들이 함께 성장하고 있는 지금 청소년들은 자기표현이 과감해지고 감각적이고 즉각적인 반응을 추구한다. 이러한 특성은 포스트모더니즘과도 잘 연결되어 있다. 포스트모더니즘 역시 사고보다는 느낌을 중시하는 경향이 있다.

둘째, 유비쿼터스 문화의 특성을 갖는다. 유비쿼터스의 어원을 살펴보면 '도처에 있다', '언제, 어디서나 존재한다'는 의미를 가지고 있다. 이 용어는 어디서든 접할 수 있는 공기나 시공을 초월한 신적인 존재를 상징할 때 사용되어 왔다. 현대사회에서는 인터넷을 이용하여 시간과 장소 관계없이 자유롭게 접속할 수 있는 네트워크 환경을 뜻한다. 유비쿼터스 시대의 청소년은 가상공간에서 대인관계를 형성하고 소통하고 공유하며 학습하고 공유하는 특징을 가진다. 메타버스를 통하여 현실세계와 같은 다양한 생활을 체험할 수 있으며, 스마트 앱을 통해 원하는 것을 시청하고 관람할 수 있다.

셋째, 소비문화의 특성이다. 청소년은 인터넷과 스마트폰을 통하여 음악, 영화, 영상, 만화 등을 생산하고 있음에도 불구하고 대부분은 문화의 소비자 역할을 수행하고 있다. 청소년들에게 메이크업 도구, 브랜드 음료, 그들이 추구하는 브랜드의 의상, 팬덤문화를 통한 연예인의 소장물품 등 다양한 소비형태를 지니게 된다. 또한 다양한 형태의 광고를 통해 청소년들의 소비를 부추기고 있다.

다섯째, 모방문화의 특성이다. 청소년은 정체성을 확립해 나가는 과정에 있는 존재로 다양한 캐릭터들을 모방해 봄으로써 자신에게 맞는 모습을 형성해 가는 특성이 있다. 다른 사람의 행동이나 외형을 쉽게 따라하고 그것을 자신의 모습으로 확정지으려는 경향이 나타난다. 또한 자신이 좋아하는 스타에게 대리 만족을 구하려는 성향도 나타난다.

여섯째, 소외문화의 특성이다. 현대의 청소년들은 과거에 비해 신체적, 정신적으로 성숙하지만 입시 위주의 사회제도에서 벗어나지 못하고 학교에서 시행하는 문화활동을 제외하고는 입시 이후로 유예하는 상황을 강요받는다. 이러한 상황 속에서 청소년들은 무력감, 무의미감, 무규범감, 사회적 고립을 호소하거나 불안, 우울, 분노 등의 이상행동과 정신건강에 이상을 경험하게 된다.

3) 청소년문화의 유형

문화는 기준에 따라 다르게 분류할 수도 있으나 크게 주류문화와 하위문화, 물질문화와 비물질문화, 표현문화와 내재문화, 이상문화와 실재문화로 분류할 수 있다. 각각의 내용은 다음과 같다(오윤선 외, 2020).

① 주류문화와 하위문화

주류문화는 지배문화라고도 하며, 사회적으로 지배층에 속하는 집단에 의해 공유되는 문화이다. 반대로 하위문화는 사회의 특수한 집단이나 영역에 한정되어 나타나는 문화이다. 하위문화는 연령(특히 청소년), 사회적 계층, 특정 직업, 지역 등에 따라 형성될 수 있는데, 이러한 하위문화는 그 문화를 지닌 집단의 정체성을 알려주는 문화로 삶의 방식을 확인할 수 있다.

② 물질문화와 비물질문화

물질문화는 우리가 살아가는 데 필요한 물질(집, 음식, 의상 등)을 만드는 도구나 그 도구를 만드는 기술을 말한다. 반대로 비물질문화는 물질적이지 않은 정신적인 것을 제시해주는 것을 뜻한다. 예를 들어 물질문화인 전동킥보드의 대중화로 비물질문화인 전동킥보드를 타기 위한 규칙이 생겨나거나 비물질문화인 버스킹이 유행하면서 물질문화인 공연거리가 생겨나는 것을 알 수 있다. 예시와 같이 물질문화와 비물질문화는 서로 끊임없이 영향을 주고받게 된다.

③ 표현문화와 내재문화

표현문화는 외적으로 드러나 관찰이 가능한 형태인 의상, 머리형태, 언어 등을 말한다. 반대로 내재문화는 직접적으로 관찰은 불가능하지만 표현문화에서 나타나는 것을 바탕으로 추측할 수 있는 것들을 뜻한다.

④ 이상문화와 실재문화

이상문화는 이상적으로 바라는 이념적인 문화이다. 반대로 실재문화는 현실에서 드러나는 양상으로 일상생활에서 행하는 것이다. 예를 들어 예의 지키기, 효도하기, 어른 공경하기 등이 이상문화라면 어른이 지나가도 모른척 지나가거나 예의를 지키지 않는 모습 등은 실재문화이다.

이러한 분류를 보면 청소년문화는 이전까지는 하위문화로 취급을 받았지만, 그 성격을 벗어나 주류문화로 진입하고자 하는 특성을 보이고 있다. 또한 물질문화, 비물질문화, 표현문화, 내재문화, 이상문화, 실재문화의 각각의 특성을 모두 보유하고 있는 형태로 존재한다.

4) 청소년문화의 기능

청소년문화의 기능은 일반적인 문화의 기능과 같은 선상에서 볼 수 있다. 문화를 형성하는 주체는 특정한 집단이지만 문화는 실제로 존재하면서 모든 구성원들에게 각기 영향력을 행사한다. 이러한 문화의 기능은 다음과 같다(오윤선 외, 2020).

① 문화는 사회구성원의 욕구를 충족시키는 기능을 한다. 사람들은 문화를 공유함으로써 스스로가 특정 집단에 속해 있음을 확인하고 소속감과 더불어 다양한 욕구를 충족하는 활동을 하게 된다.

② 문화는 사람들에게 사회화 과정을 활성화하는 촉매제 기능을 한다. 문화 활동은 사람들이 개개인이 갖는 역할과 지위를 확인하고 그에 따른 사회적 책임과 권한을 갖게 된다.

③ 문화는 사회구성원들의 행동에 기준을 제시하는 기능을 한다. 사회구성원들은 문화를 통해 자신의 행동이 정당한가를 확인하는 기준으로 활용한다. 즉, 문화적 기준은 개인의 행동에 지지나 제재를 가함으로써 그를 구성원으로 받아들을 수도 있고 그렇지 않을 수도 있다.

④ 문화는 사회를 변화시키는 원동력이 된다. 세대 간 갈등에서 확인할 수 있듯이 세대 간의 차이에서는 늘 새로운 형태의 사회적 변화가 나타난다.

문화는 사회구성원들이 가지는 생활, 사고, 행동, 취향, 음식, 의상 등의 모든 분야에 영향력을 미치고 있으며, 개인의 삶의 방향에도 영향을 미친다는 점에서 중요한 역할을 하고 있다고 본다. 또한 청소년문화 역시 문화의 기능과 마찬가지로 청소년에게 같은 기능을 하고 있다.

4. 청소년문화의 관점

청소년문화 자체나 그 구성요소 등이 매우 다양한 것처럼 청소년문화를 바라보는 시각도 매우 다양하다. 김미윤(2002)은 청소년문화에 대한 시각을 세 가지로 제시하였다. 첫째, 문제적 시각이다. 흔히 말하는 청소년문화가 사회적으로 일탈적이고 문제적인 소지가 다분하다고 바라보는 시각이다. 단순히 기성세대의 문화와 다르고 어울리지 않는다는 이유로, 청소년문화 자체를 문제시하는 경향이 있다. 둘째, 저항적 시각이다. 청소년문화가 기성세대의 문화에 대한 하위문화로 바라보는 시각으로, 기성세대의 문화에 대립하여 형성되었다고 보는 것이다. 청소년문화가 가지는 고유한 특성보다는 기성세대와의 차이점이나 공통점을 중요하게 본다. 셋째, 새로운 시각이다. 청소년문화를 문제적이거나 저항적으로 보는 것이 아니라 그 자체를 독자적이고 새로운 문화로 인정해주는 것이다.

앞에서 언급한 것처럼 대부분은 청소년문화를 하위문화로 보는 경향이 있다. 청소년 문화를 하위문화로 보는 시각에는 어른들의 시각에 비친 모습이 미숙문화, 비행문화, 저항문화 또는 반문화로 이해한다(김신일, 1992).

첫째, 청소년문화를 미숙한 문화로 보는 시각이다. 청소년문화는 언제나 모자라고 미숙하며 사회적 규범을 깨뜨리는 것으로 즐거움을 느끼고 규범적 질서를 파괴하고자 한다고 생각한다. 이러한 시각의 배경으로는 청소년기가 성인으로 성장하는 과정 중에 있다는 발달단계에서, 성인기는 완성된 시기라 정의하고 청소년기는 완성되지 못한 시기로 이해하는 것이다.

둘째, 청소년문화를 비행문화로 보는 시각이다. 이러한 시각을 가진 성인들은 청소년을 규칙을 지키지 않고 문제아적 행태를 보인다고 생각한다. 그렇기 때문에 청소년은 늘 부모나 교사, 성인 등의 감독 아래에 있어야 한다고 믿는다. 실제로 산업화가 진행되면서 청소년비행문화가 심각한 도시문제가 되기도 하였고, 현대사회에서 청소년폭력이나 일탈행동 등이 관련 시각을 부추기고 있다.

셋째, 기성세대의 문화를 주류문화로 인정하고, 청소년문화를 비주류문화로 생각하면서 청소년들이 주류문화에 대항하거나 반대한다고 생각하는 시각이다. 이러한 시각은 어떤 시대에서든 청소년들은 기성세대의 문화를 무조건 반대하고 자기들만의 문화를 형성하고자 하였다는 것이다. 가장 뚜렷하게 나타나는 시대는 1960년대의 소위 히피문화로, 그들은 기존의 사회 체제와 그 이념, 가치관 등을 전면으로 부정하고 자신들의 가치관을 대안적 문화로 인식하였다.

이와 같이 청소년문화를 하위문화로 인식하거나 저항적인 문화로 인식하는 경향이 대부분이었다. 그러나 시대가 변화하고 청소년문화가 발전해 나감에 따라 청소년문화를 바라보는 시각도 대체로 바뀌어가고 있다. 대표적으로 청소년문화를 포스트모더니즘적 측면에서 파악하는 시도를 하고 있고, 그 결과로는 다음과 같은 시사점을 갖는다(송선희 등, 2018). 첫째, 청소년들은 포스트모더니즘적 문화의 창출자이자 소비자로 변화해가고 있다는 것이다. 현대사회에서 청소년문화의 특징은 소비사회, 영상사회 등으로 나타날 수 있고, 감각적 행복의 추구, 대중문화와 고급문화의 경계를 파괴하는 것 등이 포스트모더니즘의 문화적 특징과 비슷하다. 둘째, 포스트모더니즘의 문화 논리 속에서 생활하고 있는 청소년들은 기성세대와 다른 방식으로 다가가야 한다. 이를 위해서는 포스트모더니즘 사고를 이해하고 그 방법을 터득하는 것이 우선이 되어야 한다. 오늘날 청소년들은 소통의 내용보다는 소통하는 수단에 더 많은 관심을 가지고 있다는 것을 이해하고 그들의 언어를 알고 있어야 한다. 다른 감각에 비해 시각을 우선시하고, 정해져 있는 규범이나 기준을 지키는 것보다 새로운 기준을 세우려는 시도를 많이 하는 경향에 대해 배울 필요성이 있다.

포스트모더니즘은 감성적, 무합리적, 비구상적, 탈경전적, 탈텍스트적인 특징을 지닌다. 또한 익명성, 타자지향성을 보장하고 모더니즘 안에서 무시되어 왔던 가치들을 인정하는 측면이 강하다.

1 다음에서 설명하는 청소년문화 관점은?

> • 사회 문제는 사회의 구조적 모순에서 발생된다고 보고, 사회구조적 모순의 해결에 초점을 둠
> • 사회는 구성원의 동의나 합의에 의해서가 아니라 모종의 세력에 의해서 강제적으로 유지됨
> • 청소년문화 자체의 문제가 아니라 문화를 표현해 내는 형상, 사회구조 등이 문제임

① 진화론적 관점   ② 갈등론적 관점   ③ 기능주의적 관점
④ 상대주의적 관점   ⑤ 생태학적 관점

2 청소년문화를 바라보는 시각에 관한 설명으로 옳지 않은 것은?

① 비행문화 관점은 청소년들이 문제행동이나 비행을 지향한다고 보는 관점이다.
② 미성숙한 문화 관점은 청소년문화가 기성세대의 문화적 수준과 차이가 없다는 관점이다.
③ 하위문화 관점은 청소년문화가 하나의 하위문화를 이룬다고 보는 관점이다.
④ 대항문화 관점은 청소년문화가 기성세대의 문화를 거부하고 개혁과 변화를 요구한다고 보는 관점이다.
⑤ 다양한 문화 중 하나의 문화 관점은 청소년이 그들만의 독특한 문화를 만들어낸다고 보는 관점이다.

3 상징체계로서의 청소년문화 관점에 해당하지 않는 것은?

① 문화를 집단 구성원 간의 의사소통의 한 방식으로 본다.

② 문화를 집단 내 사람들이 경험을 나누고 특정한 삶의 방식으로 유도, 규제하기 위한 소통 체계로 간주한다.

③ 청소년문화는 사회 · 경제 · 문화적으로 소외된 청소년 계층이 사회환경에 부적응하여 나타내는 행위의 총체이다.

④ 청소년문화는 청소년 나름의 독특한 은어나 속어, 패션스타일 등을 공유하며 소통한다.

⑤ 기성세대와 청소년세대는 서로 다른 의사소통방식으로 인해 소통의 한계에 부딪치기도 한다.

4 다음에서 설명하는 청소년문화의 구성요소는?

- 사회를 구성하는 특정 조직인의 구체적인 체계를 지원하는 신념
- 문화의 근본문제에 대한 방향 지시적 역할을 담당
- 구체적인 사회 체계에 대한 강한 태도나 신념

① 상징　　② 이데올로기　　③ 언어　　④ 규범　　⑤ 가치

5 우리나라 청소년문화의 특징으로 옳지 않은 것을 모두 고른 것은?

| ㄱ. 물질주의적 경향이 강하다. | ㄴ. 이상주의적 경향이 강하다. |
| ㄷ. SNS에 대한 의존도가 높다. | ㄹ. 문화의 획일성이 증가한다. |

① ㄱ, ㄴ　　② ㄴ, ㄷ　　③ ㄴ, ㄹ　　④ ㄷ, ㄹ　　⑤ ㄱ, ㄷ, ㄹ

6 현대사회와 청소년문화의 특징에 관한 설명으로 옳지 않은 것은?

① 소비뿐만 아니라 생산을 주도한다.

② 최신 기술산업 발달과 무관하다.

③ 지역의 경계나 국경을 넘어 확대되고 있다.

④ 지속적으로 변화한다.

⑤ 복합적인 성격을 보인다.

2021년 청소년지도사 필기 기출문제

1 다음과 같이 주장한 학자는?

- 인간의 발달에 영향을 미치는 문화의 영향은 특정 문화권에서 아동기와 성인의 역할이 얼마나 유사하고 차이가 있는가에 따라 달라진다.
- 역할에 대한 문화적인 기대의 차이가 클수록 청소년들은 갈등을 더 많이 경험하게 된다.

① 베네딕트(F. Benedict)　　② 베블렌(T. Veblen)

③ 뱅크스(J. Banks)　　④ 벤야민(W. Benjamin)

⑤ 기어츠(C. Geertz)

2 청소년활동 진흥법상 청소년문화활동의 지원내용을 모두 고른 것은?

ㄱ. 전통문화의 계승　　　　　ㄴ. 청소년축제의 발굴지원
ㄷ. 청소년문화활동의 진흥　　ㄹ. 청소년문화활동의 기반 구축
ㅁ. 청소년자원봉사활동의 활성화

① ㄱ, ㄴ　　　　　② ㄱ, ㄴ, ㅁ　　　　　③ ㄷ, ㄹ, ㅁ

④ ㄴ, ㄷ, ㄹ, ㅁ　　　⑤ ㄱ, ㄴ, ㄷ, ㄹ, ㅁ

3 청소년문화 연구에 관한 설명으로 옳은 것은?

① 코헨(S. Cohen)과 영(J. Young)은 청소년문화에 낙인이론을 적용하였다.

② 윌리스(P. Willis)는 유한계급론에서 청소년의 소비문화를 분석하였다.

③ 콜맨(J. Coleman)은 청소년문화라는 용어를 처음으로 사용하였다.

④ 파슨스(T. Parsons)는 상징적 상호작용론을 토대로 청소년문화를 설명하였다.

⑤ 터너(V. Turner)는 차별접촉이론으로 청소년문화를 연구하였다.

2020년 청소년지도사 필기 기출문제

1 청소년활동 진흥법 제2조에 명시된 "청소년문화활동"을 모두 고른 것은?

| ㄱ. 예술활동 | ㄴ. 수련활동 | ㄷ. 봉사활동 | ㄹ. 교류활동 |

① ㄱ, ㄴ　　② ㄱ, ㄷ　　③ ㄱ, ㄹ　　④ ㄴ, ㄷ　　⑤ ㄷ, ㄹ

2 다음에서 설명하는 여성가족부 청소년문화활동 정책사업은?

- 문화활동 체험의 공간이며, 지역주민과 청소년 만남의 장
- 문화감수성 함양과 역량개발을 지원하는 시설 및 조직, 프로그램으로 구성된 지역적 공간

① 창의예술캠프　　　　　　② 청소년방과후아카데미
③ 청소년동아리활동　　　　④ 청소년어울림마당
⑤ 예술꽃 씨앗학교

청소년의 사이버 문화

> 사이버 문화: 통신, 엔터테인먼트, 비즈니스를 위한 컴퓨터들을 이용하는 문화
>
> 네이버 지식백과

  현대사회를 살아가면서 인터넷과 스마트폰을 이용한 가상세계를 이용하는 것은 우리의 삶에서 떼려야 뗄 수 없는 현상이 되었다. 과거처럼 오프라인에서만 누군가와 만나고 관계를 맺고, 학습을 하거나 회의를 진행하고, 쇼핑이나 무언가를 만드는 일상적인 행동들도 시간과 공간의 제약을 전혀 받지 않은 채 사이버 공간 안에서 이루어지고 있다. 인터넷과 스마트폰의 사용은 연령과 상관없이 이루어지고 있다. 특히 기성세대 역시 인터넷이나 스마트폰을 활용한 게임, 쇼핑, 회의 진행 등을 충분히 소화하는 사람들이 있을 정도로 우리의 삶과 밀접하다고 할 수 있다.

  기성세대에 비해 아주 어린 시절부터 미디어와 인터넷에 노출되어온 청소년들에게는 사이버 세계는 곧 청소년들이 살아가는 세계와 크게 다르지 않다. 다시 말해 사이버 공간은 청소년들이 살아가는 삶의 공간이자, 청소년들이 가지고 있는 문화적 배경이 된다. 그러나 청소년들은 사이버 공간에서는 유해한 환

경에 무방비로 노출되기 쉽다. 4장에서는 다양한 사이버 문화에 대해 알아보고, 그 문제점과 개선방안을 통해 청소년들의 사이버 공간에서의 생활이 건전한 윤리 의식을 통해 잘 자리매김할 수 있도록 하고자 한다.

1. 사이버 문화의 개념과 특징

1) 사이버 문화의 개념

사이버 문화는 인터넷 문화라고도 하며, 컴퓨터를 이용한 통신, 인터넷을 이용한 게임, 디지털 컨텐츠를 활용한 문화를 말한다. 다시 말해 사이버 문화는 정보기술(인터넷, 스마트폰 등)의 바탕 위에서 전개된다. 사이버 문화는 컴퓨터를 자유자재로 다룰 수 있고, 뉴미디어를 개인적 또는 공적으로 활용할 수 있는 사람이 주축이 되는 것이라고 할 수 있다. 사이버 문화에는 사이버 공간 안에서 사람들이 만들어 내는 행동양식을 포함한다. 우리가 살펴볼 사이버 문화에는 인터넷을 활용한 문화, 인터넷 게임 문화를 포함한다.

(1) 인터넷 게임의 유형(천정웅 외, 2017)

① 싱글플레이 게임

싱글플레이 게임은 게임을 진행하는 사람이 혼자서 컴퓨터에 의해 운영되는 프로그램에 따라 게임을 하는 것이다. 예를 들어 고전적인 아케이드 게임(슈퍼마리오, 갤러그)부터 캐릭터를 키우는 육성시뮬레이션게임(프린세스메이커), 전략시뮬레이션게임(삼국지), 액션게임(로그스피어) 등을 포함하여 장르에 국한되지 않고 혼자할 수 있는 게임을 말한다.

싱글플레이 게임은 개발자가 만들어놓은 시나리오를 바탕으로 플레이어가 따라가며 진행된다. 싱글플레이 게임에서는 개발자의 역할이 중요한데, 재미와 흥미를 유발하면서도 실제와 같은 스토리, 각 레벨에 따른 난이도 조절, 화려한 그래픽 등의 요소가 그 이유이다. 싱글플레이 게임의 특성은 같은 프로그램을 반복적으로 진행하는 데 있다. 플레이어는 같은 단계를 반복적으로 진행할 수 있으므로, 기술을 습득하고 다음 상황을 예측할 수 있게 된다. 또한, 플레이어가 마음대로 멈추고 새로 시작할 수 있는 기능도 있다. 자신이 진행했던 게임이 만족스럽지 않거나 선택을 다르게 하고 싶을 때 새로 시작하는 경우들이 많다.

② 멀티플레이 게임

멀티플레이 게임은 2인 이상의 플레이어가 인터넷에 접속하여 경쟁하거나 협력하는 게임 진행을 바탕으로 한다. 이러한 게임은 실제로 플레이어끼리 상대하여 진행하기 때문에 늘 새로운 결과가 도출된다는 특징 때문에 더 게임에 몰입하게 되는 결과가 생긴다. 멀티플레이 게임은 끝이 날 때 누가 이겼고, 누가 졌는지 승패를 정하는 특성이 있다.

멀티플레이 게임의 대표적인 것은 '카트 라이더'가 있다. 게임을 할 때 다른 플레이어가 어떠한 전략과 기술을 사용할 것인지 심리적으로 읽어내고 예측하며 게임을 진행하게 된다. 이러한 게임은 상대방의 마음을 읽어 내거나 다른 사람과 협력하는 능력을 알아가면서 진행하게 된다. 멀티플레이 게임을 하면서 규칙을 지키거나 매너를 배우는 등 또래관계를 형성하는 데도 도움을 받을 수 있다.

③ 다중사용자 온라인 게임

다중사용자 온라인 게임은 멀티플레이 게임과는 또 다르게 계속해서 진행하면서 다양한 플레이어를 만날 수 있다는 특징이 있다. 앞서 제시된 멀티플레이 게임은 반드시 승패가 가려졌다면, 다중사용자 온라인 게임은 무한히 지속된다. 대표적으로 한국에서 1997년 서비스를 시작한 '리니지'게임은 지금까지도 계속해서 지속되고 있다. 이후, '리니지2', '마비노기', '배틀 그라운드' 등 다양한 게임이 개발되고 운영되고 있다.

다중사용자 온라인 게임은 게임이 끝나지 않기 때문에 사용자들이 자신이 가능한 시간에 게임을 진행하고 그 속에서 자신의 캐릭터를 성장시키며 다양한 관계 맺음을 통하여 동료 및 공동체를 형성할 수 있다. 게임의 아이템들은 실제 현금으로도 거래될 정도로 가치를 발휘하기도 한다.

2) 사이버 문화의 특징

사이버 문화는 그 자체만으로 다양한 특성을 가진다. 그 특성은 다음과 같다.

첫 번째, '익명성'을 지닌다. 익명성은 사이버 문화의 대표적인 특성으로, 아이디 등으로 자신이 드러나지 않도록 하는 것이다. 이 익명성은 사회의 규율과 관습에 저항하거나 무시하는 경향을 띠면서 사이버 문화의 성격을 적극적이거나 진보적으로 혹은 무차별적 폭언이나 악플을 만들어내기도 한다.

두 번째, '양방향 소통'을 하게 된다. 사이버공간에서는 누구나 동등한 권한을 가지고 활동하게 된다. 예전에는 신문, 뉴스, 잡지 등을 통해 정보를 받아들이기만 했다면, 사이버공간에서는 정보를 생산하고 소비하는 사람이 따로 구분되지 않는다. 예를 들어 내가 생각하는 청소년에 대해 내 블로그에 글을 작성하게 된다면, 인터넷을 사용하는 누구나 그 글을 읽고 관련 내용에 대한 논의를 댓글로 작성할 수 있게 된다.

세 번째, '기술의 일반화'가 진행된다. 정보의 공유를 향한 욕망은 통신망의 사회적 기능으로 확장되어 사이버 공간은 누구도 소유할 수 없는, 만인에게 열려있는 기술적 개방성을 특성으로 한다. 사이버 공간은 그것이 물리적으로는 어떤 통신망에 근거하고 있을지라도 이용자들의 정보 공유의 노력으로 수많은 정보들이 입력되고, 이 정보들이 쉬지 않고 흐르며, 그곳에 참여하고 있는 모든 사람들에게 열려 있다. 다시 말해, 인터넷을 통해 많은 정보들이 유입되며 전문가와 아마추어 간의 경계를 허물었다.

네 번째, '자율성'이 전제된다. 사이버 공간 안에서는 스스로 정보를 읽어내고 적절히 반응할 수 있어야 한다. 그렇지 못한 사람들은 대부분 사이버 공간을 활용하는 것이 아니라 타율적 통제의 대상이 된다. 즉, '사이버 공간은 자율적 개인들이 표현의 자유를 만끽하면서 사회 전체의 지적 자원을 확장해 가는 가장 중요한 사회 기술적 환경'이다.

3) 사이버 공간의 영향

(1) 사이버 공간의 긍정적인 영향

사이버 공간은 다음과 같은 점에서 청소년들에게 긍정적인 영향을 미친다.

첫째, 청소년들은 사이버 공간을 활용하여 새로운 기술을 보다 용이하게 얻을 수 있다. 현대사회에서 청소년들은 가상공간에서 새로운 활동을 다양화하고 있다. 코딩을 통한 새로운 기술을 습득하고, 동아리를 조직하고, 문화를 배워나간다. 이러한 사이버 공간에서의 활동은 또래집단 속에서 자기 지위를 격상시켜주는 하나의 능력으로 인식되고 있다.

둘째, 청소년들은 인터넷을 이용함으로써 자신이 원하는 정보를 쉽게 그리고 다양하게 찾을 수 있다. 청소년들은 새로운 사실과 정보를 습득함으로써 자아 정체감을 형성한다. 인터넷에는 청소년들이 활용할 수 있는 무한한 정보가 저장되어 있다. 인터넷은 거의 모든 주제들을 포괄하는 거대한 도서관으로서의 역할을 한다.

셋째, 인터넷을 활용함으로써 청소년들은 국제적 감각을 획득할 수 있다. 사이버 공간은 청소년들이 전 세계에 있는 다른 청소년들과 만날 수 있는 기회를 제공한다. 인터넷 뉴스를 통해 전 세계의 소식을 실시간으로 알 수도 있고, 인터넷 커뮤니티를 통하여 다양한 청소년들과 만남과 토론 또는 논쟁을 일삼기도 한다.

넷째, 청소년들은 인터넷을 통하여 사회적 기술을 획득할 수 있고, 자아정체감을 탐색할 수 있다. 사이버 공간에서는 다양한 연령과 문화적 배경을 가진 사람들을 만나게 된다. 또한 인터넷 게임을 즐기면서 다양한 규칙과 매너를 지키는 방법을 배울 기회를 갖게 된다. 따라서 사이버 공간에서의 활동은 매우 다양한 사람들과 관계를 맺는 방법을 배울 기회가 되는 것이다. 이렇게 얻은 사회적 기술은 실생활에서도 적용될 수 있다. 또한 이들과의 교류를 통하여 청소년들의 관심과 지식의 폭이 넓어질 수 있다.

다섯째, 사이버 공간은 청소년들에게 자기의 정체성을 표현하고, 탐험하고,

실험하려는 요구를 충족시킬 수 있는 다양한 기회를 제공한다. 온라인 익명성의 장점은 현실세계에서는 드러내길 꺼려하던 자아의 측면들을 표현하고 논의할 수 있다는 장점이 있다. 또한 SNS나 블로그를 통해 자신의 생각이나 의견을 작성해 봄으로써 훌륭한 연습의 장으로 활용할 수 있다.

(2) 사이버 공간의 부정적인 영향

사이버 공간이 청소년들의 지식과 사회적 기술을 증진시키는 등 긍정적인 측면이 많지만, 동시에 청소년들에게 부정적인 영향을 미치기도 한다.

첫째, 청소년들이 이용하는 정보가 청소년들에게 항상 유익하지만은 않다는 점이다. 인터넷에는 거의 무한한 정보가 존재한다. 특히 청소년들이 접해서는 안 되는 정보에도 손쉽게 접할 수 있게 된다. 청소년들에게 유익한 정보들이 많은 것은 사실이지만 그 근거가 확실하지 않거나 의도적으로 왜곡된 것도 있고, 자극적인 음란물이나 폭력적인 내용을 담은 정보들도 쉽게 접근이 가능하다.

특히 사회적으로 문제시 되고 있는 약물이 청소년을 통해 유통된다는 사실 역시 그렇다. 청소년들은 호기심으로 그 방법을 찾아내고, 성인보다 더 빠르게 빠져들게 될 것이다. 또한, 정보의 홍수 속에서 이미 자신이 촉법소년이라는 사실을 알고, 쉽게 범죄를 저지르거나 폭력을 행사하는 등의 모습도 종종 찾아볼 수 있다. 이러한 것들은 청소년에게서 분리할 방안을 마련해야 할 것이다. 특히 정보 중에는 금지해야 할지, 허용해야 할지 그 기준이 모호한 것들도 있다. 사이버 공간이 가져온 정보의 홍수는 지식획득의 자유와 정보의 질적 통제, 그리고 정보에 대한 태도 및 가치관의 문제를 제기한다.

둘째, 사이버 공간은 익명성이 보장되어 있는 공간이기 때문에 어떤 청소년들은 대화방에서 상대방에게 모욕적인 말을 하거나 부적절한 성적 표현을 하는 등의 행동을 하기도 반대로 쉽게 당하기도 한다. 청소년들은 자신의 욕구를 쉽게 표출할 수 있는 공간으로 사이버 공간을 택한다. 이는 인터넷이 청소년에게 아무런 통찰이나 심리적 변화를 유발하지 못한 채 단순히 실생활에서 누적된 갈등과 좌절감의 분출구로서만 기능하는 것이다.

셋째, 청소년들이 사이버 공간에서 만날 수 있는 집단이 청소년들에게 유익한 것만은 아니다. 사이버 공간에는 청소년들에게 해로운 집단도 존재한다. 예를 들어 돈을 많이 주는 아르바이트를 소개한다는 명목하에 청소년을 유혹하는 집단이나 가출한 청소년들에게 잠자리나 먹을 것을 제공한다고 하는 집단 등이 여기에 속할 것이다. 또, 사회에 통용되기 어려운 신념이나 믿음을 전파하거나 옳지 못한 정보를 제공하는 등의 집단에 사이버 공간에서는 쉽게 접근하고 빠져들 수 있다.

넷째, 청소년들이 인터넷을 이용할 때 인터넷 중독증에 걸리기도 한다. 사이버 공간은 청소년들의 다양한 욕구를 충족시켜줄 수 있기 때문에 청소년들이 사이버 공간에 중독될 가능성도 배제할 수 없다. 어떤 청소년들은 너무나 오랫동안 인터넷을 하기 때문에 실생활에 지장을 가져오기도 한다.

2. 인터넷의 사용현황

사람들이 인터넷을 얼마나 사용하고 있는지, 관련 서비스를 얼마나 이용하고 있는지 살펴보고자 한다.

1) 인터넷 사용빈도

2020년 청소년의 인터넷 이용 빈도를 살펴보면, 10대 청소년의 98.5%는 하루에 1회 이상 인터넷을 이용하는 것으로 나타났다. 10대 청소년의 하루 1회 이상 인터넷 이용 빈도의 경우, 2015년, 2017년, 2020년에는 전년보다 증가하였다. 20대의 경우, 2020년 99.3%가 인터넷을 하루에 1회 이상 이용하는 것으로 나타났다. 20대 청소년의 하루 1회 이상 인터넷 이용 빈도는 2013년부터 지속적으로 증가하다가 2016년에는 소폭 감소하였고, 2017년부터는 증감을 반복하였다. 인터넷 이용 빈도를 집계한 모든 연도에서 20대의 하루 1회 이상 인터넷 이용 빈도가 10대 청소년보다 높게 나타났다.

인터넷의 주 평균 이용시간을 보면, 2020년 10대 청소년은 27.6시간으로, 2012년과 2013년 14.1시간, 2014년 14.4시간, 2015년 14.5시간, 2016년 15.4시간, 2017년 16.9시간, 2018년 17.8시간, 2019년 17.6시간과 비교하면 지속적으로 증가하였다. 2012년과 비교하면 주 평균 이용시간이 13.5시간이나 증가한 것이다. 20대도 2012년 21.7시간, 2013년 20.3시간으로 전년 대비 감소했다가 2014년 20.5시간, 2015년 21.0시간, 2016년 22.8시간, 2017년 23.6시간, 2018년 24.2시간, 2019년 24.3시간, 2020년 29.5시간으로 계속 증가한 것으로 나타났다. 2020년 주 평균 이용시간은 10대 청소년보다 20대가 1.9시간이 더 많았으며, 이와 같은 현상은 2012년부터 지속적으로 나타났다(여성가족부, 2022).

(단위: %, 시간)

구분		인터넷 이용 빈도				주 평균 이용시간
		하루에 1회 이상	일주일에 1회 이상	한 달에 1회 이상	한 달에 1회 미만	
2012년	10대	97.6	2.4	0.0	0.0	14.1
	20대	98.5	1.4	0.0	0.0	21.7
2013년	10대	95.8	4.1	0.0	0.0	14.1
	20대	99.3	0.7	0.0	-	20.3
2014년	10대	95.2	4.7	0.1	-	14.4
	20대	99.3	0.7	0.0	-	20.5
2015년	10대	96.6	3.3	0.1	0.1	14.5
	20대	99.8	0.2	-	-	21.0
2016년	10대	93.9	5.6	0.3	0.2	15.4
	20대	99.6	0.4	0.0	-	22.8
2017년	10대	98.1	0.9	1.0	-	16.9
	20대	100.0	-	0.0	-	23.6
2018년	10대	98.1	1.2	0.7	-	17.8
	20대	99.9	0.1	0.0	-	24.2
2019년	10대	96.9	2.6	0.5	0.0	17.6
	20대	98.6	0.9	0.4	0.0	24.3
2020년	10대	98.5	1.2	0.0	0.0	27.6
	20대	99.3	0.6	0.1	0.0	29.5

자료: 1) 과학기술정보통신부·한국인터넷진흥원(2017, 2018, 2019, 2020). 인터넷이용실태조사.
　　　2) 미래창조과학부·한국인터넷진흥원(2013, 2014, 2015, 2016), 인터넷이용실태조사.
　　　3) 방송통신위원회·한국인터넷진흥원(2012). 인터넷이용실태조사.

2) 인터넷 이용용도

2020년 청소년의 인터넷 이용용도를 살펴보면, 10대 청소년의 경우, 교육학습이 99.9%로 가장 많고, 그 다음이 여가활동 99.1%, 커뮤니케이션 98.5%, 자료정보검색 95.2%, 홈페이지 운영 64.8% 등의 순이었다. 반면, 20대 청소년의 경우, 자료정보검색이 100%로 가장 많고, 그 다음이 커뮤니케이션 99.9%, 여가활동 99.8%, 홈페이지 운영 87.4%, 교육학습 82.6%, 구직활동 51.5% 등의 순이었다. 10대와 20대 청소년은 인터넷 이용용도가 다소 다른 양상을 보이는 것으로 나타났다. 10대 청소년이 20대보다 교육학습을 위하여 인터넷을 더 사용하는

(단위: %)

구분		자료정보검색	여가활동	커뮤니케이션	거래활동	교육학습	커뮤니티	SW다운로드업그레이드	홈페이지운영	구직활동(직업직장)	파일공유서비스	기타
2012년	10대	91.4	98.0	96.3	58.5	91.2	55.0	9.4	71.3	2.9	25.2	-
	20대	99.8	98.3	99.6	91.1	75.9	71.7	20.7	74.7	28.2	48.0	-
2013년	10대	93.7	97.2	91.9	28.6	56.9	18.1	11.6	45.2	4.3	7.0	-
	20대	99.8	97.6	81.4	62.1	28.7	30.8	22.1	67.3	27.0	14.1	-
2014년	10대	91.0	93.3	94.4	32.0	59.2	-	14.0	-	4.2	8.6	-
	20대	99.8	95.0	99.8	86.2	43.0	-	22.6	-	29.3	18.7	-
2015년	10대	85.3	96.7	95.7	-	58.7	-	-	48.5	6.5	-	-
	20대	99.6	97.4	100.0	-	50.6	-	-	70.3	33.8	-	-
2016년	10대	88.4	97.5	95.1	-	72.4	-	-	51.5	7.9	-	-
	20대	99.8	98.5	99.9	-	60.4	-	-	74.7	42.2	-	-
2017년	10대	92.6	98.9	97.1	-	73.6	-	-	53.8	7.8	-	-
	20대	100.0	99.4	100.0	-	64.3	-	-	78.2	51.3	-	-
2018년	10대	95.6	99.5	98.2	-	83.8	-	-	70.1	7.7	-	-
	20대	100.0	99.7	100.0	-	65.5	-	-	90.9	59.8	-	-
2019년	10대	96.0	99.5	98.6	-	83.5	-	-	69.9	8.9	-	27.3
	20대	100.0	99.7	100.0	-	70.2	-	-	91.8	60.8	-	91.0
2020년	10대	95.2	99.1	98.5	-	99.9	-	-	64.8	9.4	-	37.7
	20대	100.0	99.8	99.9	-	82.6	-	-	87.4	51.5	-	96.2

자료: 1) 과학기술정보통신부·한국인터넷진흥원(2017, 2018, 2019, 2020). 인터넷이용실태조사.
　　　2) 미래창조과학부·한국인터넷진흥원(2013, 2014, 2015, 2016), 인터넷이용실태조사.
　　　3) 방송통신위원회·한국인터넷진흥원(2012). 인터넷이용실태조사.

것을 제외하고는 20대가 10대 청소년보다 인터넷을 다양한 용도로 더 많이 사용하고 있다. 특히 20대는 홈페이지 운영과 직업직장과 같은 구직활동을 10대 청소년보다 훨씬 많이 이용하고 있다. 이처럼 청소년들은 현재 자신의 필요에 따라 인터넷을 이용하고 있다.

10대와 20대 모두 커뮤니케이션을 위한 인터넷 이용용도는 연도별로 증감을 반복하였다. 특히 20대는 2015년, 2017년, 2018년, 2019년에 커뮤니케이션을 위해 인터넷을 이용한다는 응답률이 100%였다. 홈페이지 운영은 10대와 20대 모두 연도별로 증감을 반복하다가 10대는 2019년부터 20대는 2020년부터 감소하는 경향을 보인다. 주목할 것은 교육학습의 경우, 2012년에는 이용 비율이 높다가 2013년에는 급감했으며, 2014년부터 다시 증가하기 시작하다가 2016년에 급증하였고 2020년까지 지속적으로 증가하였다. 또한, 10대의 경우에는 2019년보다 2020년에 16.4%p 증가하였으며, 20대는 2019년보다 2020년에 12.4%p 증가하였다. 이는 인터넷을 교육학습용으로 사용하는 청소년의 비율이 증가하고 있다는 것을 알 수 있다(여성가족부, 2022).

3) 스마트폰의 이용빈도

청소년의 스마트폰 이용빈도를 보면, 2020년 10대 청소년의 경우 '매일'이 95.3%로 가장 많았고, 다음으로는 '1주일에 5~6일'이 2.9%였다. 20대는 '매일'이 96.8%로 가장 많았고, 다음으로는 '전혀 안 봄/이용 안 함' 2.1%였다. 이것은 대부분 청소년이 매일 스마트폰을 이용하고 있다는 것을 보여준다. 2016년부터 2019년까지 매일 스마트폰을 이용한다는 청소년의 경우 10대보다는 20대에서 더 많이 증가한 양상을 보였지만 2020년에는 20대보다는 10대의 증가율이 더 높았다.

10대 청소년은 2016년 매일 스마트폰을 이용한다는 비율이 87.6%에서 2018년에는 91.4%로 3.8%p 증가하였지만 2019년에 88.6%로 전년대비 소폭 감소하였고 2020년에 95.3%로 전년대비 다시 증가하였다. 반면, 20대는 2016년 94.0%에서 2019년 97.7%로 3.7%p 증가하였지만 2020년 96.8%로 전년대비 소폭 감소하였다. 스마트폰을 전혀 안 보거나 이용 안 한다는 비율의 경우 10대

(단위: %)

구분		매일	1주일에 5~6일	1주일에 3~4일	1주일에 1~2일	한 달에 1~3일	2~3달에 1~2일 이하	전혀 안 봄/ 이용 안 함
2016년	10대	87.6	4.4	1.2	0.0	0.0	0.0	6.7
	20대	94.0	2.4	1.9	0.2	0.0	0.0	1.5
2017년	10대	89.2	1.8	1.1	1.2	3.6	0.0	3.2
	20대	95.2	1.8	0.5	1.6	0.4	0.2	0.2
2018년	10대	91.4	4.7	0.1	1.0	0.1	0.1	3.7
	20대	94.2	2.6	0.2	1.2	0.2	0.0	1.6
2019년	10대	88.6	7.6	1.1	1.1	0.0	0.0	1.7
	20대	97.7	1.1	1.0	0.0	0.1	0.1	0.0
2020년	10대	95.3	2.9	0.0	0.2	0.0	0.0	1.6
	20대	96.8	0.7	0.2	0.3	0.0	0.0	2.1

자료: 방송통신위원회(2016, 2017, 2019, 2020). 방송매체이용행태조사.

청소년은 2016년 6.7%에서 2020년 1.6%로 5.1%p 감소한 반면, 20대는 2016년 1.5%에서 2020년 2.1%로 0.6%p 증가한 것으로 나타났다.

4) 스마트폰 이용 시간

음성통화를 제외한 스마트폰 하루 평균 이용 시간은 2020년 10대 청소년의 경우, '2시간 이상'이 77.1%로 가장 많았고, 그 다음이 '1~2시간 미만' 16.4%, '1시간 미만' 6.5%의 순이었다. 20대의 경우, '2시간 이상'이 72.8%로 가장 많았고, 그 다음이 '1~2시간' 21.7%, '1시간 미만' 5.6%의 순이었다. 하루에 '2시간 이상' 스마트폰을 사용하는 청소년의 비율을 보면 10대의 경우 2015년 46.6%에서 2020년 77.1%로 30.5%p가 증가했으며, 증가폭이 20대에 비하면 크다. 20대도 2015년 49.7%에 2020년 72.8%로 23.1%p 증가했다.

음성통화를 제외한 스마트폰 하루 평균 이용 시간은 2020년 10대 청소년은 190.8분이고, 20대는 174.4분으로 나타나 20대보다 10대 청소년이 스마트폰을 16.4분 더 사용했다. 2020년을 제외하고는 20대가 10대 청소년보다 스마트폰을 더 많이 사용했다. 청소년의 스마트폰 하루 평균 이용시간을 보면, 2015년 10대 청소년의 경우 124.4분, 2016년 132.5분, 2017년 132.4분으로 증가와 감소를 반

(단위: %)

구분		1시간 미만	1~2시간 미만	2시간 이상	평균(분)
2015년	10대	28.2	25.1	46.6	124.4
	20대	23.2	27.0	49.7	128.6
2016년	10대	20.6	25.9	53.5	132.5
	20대	15.9	25.8	58.3	149.7
2017년	10대	13.9	31.7	54.5	132.4
	20대	9.4	28.7	61.9	141.1
2018년	10대	13.1	24.5	62.2	140.8
	20대	9.8	25.1	65.2	156.3
2019년	10대	9.8	22.5	67.7	154.7
	20대	9.6	21.1	69.4	176.9
2020년	10대	6.5	16.4	77.1	190.8
	20대	5.6	21.7	72.8	174.4

자료: 방송통신위원회(2015, 2016, 2017, 2019, 2020). 방송매체이용행태조사.

복하다가 2018년 140.8분, 2019년 154.7분으로 지속적으로 증가하였으며 2020
년에는 전년보다 36.1분으로 대폭 증가하였다. 20대는 2015년 128.6분, 2016년
149.7분, 2017년에는 141.1분, 2018년 156.3분, 2019년 176.9분으로 증가와 감
소를 반복하다가 2020년에는 전년보다 2.5분 감소했다(여성가족부, 2022).

3. 사이버 문화의 문제점

사이버 문화가 확산됨에 따라 더 다양하고 질 나쁜 사이버 문화의 문제점
이 늘어나고 있다.

1) 다양한 인터넷 범죄

인터넷과 스마트폰을 활용한 다양한 범죄가 급증하고 있다. 청소년들이 직
접 혹은 간접적으로 연관되어 자신도 모르게 범죄를 저지르는 경우도 늘어나고
있다.

(1) 저작권침해

가장 흔히 저지르는 범죄 중에 하나인 저작권침해는 영화, 드라마, 음반, 프로그램 등을 다운받거나 활용하면서 저지르게 된다. 청소년들은 금전적 이익을 목적으로 알면서도 침해를 하거나 저작권에 대해 잘 모르고 침해하는 경우가 많다. 특히 개인이 만들어 무료로 제공한 자료들이라도 저작권을 확인하고 허락을 받은 후 사용해야 한다.

(2) 개인정보 침해

인터넷에서는 아이디와 패스워드가 나를 지키는 하나의 도구이다. 그런데 청소년들은 아이디와 패스워드를 해킹하거나 조합하여 친구 또는 목표로 한 사람의 개인정보를 알아내는 경우들이 있다. 이를 시도하는 이유로는 게임의 아이템을 훔치거나 약점이 될 만한 개인정보를 확인하고, 공격하기 위해서일 것이다. 또한 SNS 계정을 사칭하여 그 사람의 이미지를 망치는 등의 행위도 포함된다.

(3) 사기

사기는 가장 흔히 발생하는 범죄 중 하나이다. 게임을 좋아하는 청소년들이 자신의 캐릭터를 키우기 위해 필요에 따라 게임 속의 아이템과 사이버 머니를 현금으로 활발하게 거래한다. 그런데 아이템을 거래하면서 돈을 받고 아이템을 주지 않는 사기 범죄가 많은 비중을 차지해왔다. 또한 중고거래가 활성화되면서, 자신이 가지고 있지 않은 물건의 사진을 올리고 입금만 받은 후 연락을 끊어버리는 등의 사기 범죄도 증가하고 있다.

(4) 불법행위

청소년들 사이에서 불법도박, 성매매, 마약유통 등의 범죄가 증가하고 있다. 이는 청소년을 이용하고자 하는 어른들이 만들어내는 사회의 단면이기도 하다. 도박 사이트에서는 친구를 데리고 오면 포인트나 현금을 주는 등 청소년을 중간책으로 활용하여 이용자 수를 늘리며 불법적으로 대출을 해주는 행위를 일삼는다. 이로 인해 고등학교도 졸업하지 못한 상태에서 청소년들이 빚을 지는 경우가 늘어나고 있다. 여자 청소년들의 경우에는 인터넷이나 스마트폰을 이용하여 쉽게 성매매의 유혹에 빠져들게 된다. 특히 익명으로 사용하는 채팅 어플 같은 경우 가출한 청소년이라고 프로필에 올리는 순간 성매매를 위한 접근이 시작되는 것을 볼 수 있다. 가장 최근에 시작된 범죄로는 마약유통이 있다. 청소년들에게 마약을 전달하도록 하는 신종 범죄인데, 전달하는 청소년 역시 불법적인 행위에 가담하는 것이 된다.

(5) 악플로 인한 명예훼손

사이버 공간에서는 서로 얼굴을 마주하지 않은 채 대면하는 장소이기도 하다. 청소년들은 쉽게 공인에 대한 욕설, 음담패설, 확인되지 않은 루머를 퍼뜨리는 등의 행위로 명예훼손을 저지르기도 한다. 이는 한 개인에 대한 심각한 범죄임을 알아야 한다.

2) 음란물과 폭력물에 노출

인터넷을 이용하면서 청소년은 쉽게 정상적인 성의식에 반하는 자극적인 음란물이나 일정수위를 넘어서는 폭력물에 노출되기 쉽다. SNS에 올라오는 다양한 음란 사이트의 광고와 심의를 거쳐 제한 연령이 정해져 있으나 쉽게 접할 수 있는 영화 등이 포함된다. 음란물에 노출된 청소년은 잘못된 성의식을 갖게 되고 정상적인 이성관계에 부정적인 영향을 미치게 된다. 또, 폭력물에 노출된 청소년은 성격이 난폭해지고, 화를 참기 어려워질 가능성이 있다.

3) 신조어 현상

청소년들은 인터넷, 스마트폰을 활용하면서 메시지를 빠르게 전송하기 위해, 혹은 기성세대가 알아보기 어렵게 하기 위해 언어를 압축하거나 암호화하는 현상이 일어나고 있다. 청소년들이 자신들만의 문화를 형성하는 과정으로 보기에는 국어에 대한 성취도나 실생활에서 사용하는 단어를 이해하지 못하는 등 악영향을 받고 있는 것으로 확인되고 있다.

4) 인터넷 중독

청소년들은 인터넷, 스마트폰에 중독되어 일상생활에 어려움을 겪을 수 있다. 수면패턴의 변화로 인한 피로감, 성격변화, 성적저하, 실제 관계 맺음을 어려워하고 온라인 관계에 매달리는 등의 형태가 있다.

인터넷 중독의 특성으로는 청소년기는 급격한 가치관의 혼란시기이므로 사이버 공간에서의 익명성, 신속성, 자극성은 청소년들을 쉽게 인터넷에 몰입하게 한다. 또는 청소년기의 반항성이나 공격성의 표현일 수 있고, 다른 정신과적 문제와 병행될 수 있다.

4. 사이버 문화의 개선방안

4차산업이 도래한 현대 사회를 살펴볼 때, 이미 시급한 문제로 떠오른 일은 '인터넷시대의 바람직한 청소년문화'를 바로 세우는 것이다. 다시 말하면, '인터넷'과 '청소년'과 '문화'의 바람직함을 찾아 각 구성요소 간의 의미에 관해 사회적 합의점을 찾는 것이라고 생각한다. 이 합의점이 찾아진다면, 그 이후에는 더 구체적이고 실현가능한 개인적, 사회적, 정책적인 대안을 함께 논의할 수 있을 것이다. 인터넷을 활용하는 청소년문화의 바람직함을 위해 각 의미를 확인해 보면 다음과 같다.

첫째, '청소년'은 인터넷 시대에 참여하는 주체적 존재로, 자신의 위치를 항상 확인하고 새로운 문화를 만들어 갈 수 있어야 한다. 4차산업과 함께 성장하는 청소년의 역할로, 이미 형성되어 있던 문화를 단순히 수동적으로 받아들이고 학습할 것이 아니라 청소년이 비판적 시각을 가지고, 수용할 것은 수용하고 비판할 것은 비판해 가며 새로운 문화를 만들어 가야 한다는 것이다.

둘째, '인터넷'은 쌍방향으로 이루어지는 의사소통의 장으로, 과거 신문, TV, 잡지와 같이 일방적으로 정보를 전달하는 시대를 벗어나 자유롭게 의사소통이 이루어지는 것을 뜻한다. 인터넷과 스마트폰을 활용하면서 사람들은 시·공간의 제약 없이 자유롭게 쌍방향으로 소통을 진행할 수 있게 되면서 서로 지켜야 할 새로운 문화와 규범들이 생겨났다. 이런 문화와 규범들은 각 상황마다 다양하게 적용될 수 있는 다양성과 융통성을 가질 수 있어야 한다. 다시 말해 인터넷을 통한 우리가 살아가는 전 영역에 걸쳐 빠르고 다양한 의사소통을 통해 우리 사회와 청소년들이 새롭고 다양한 문화를 조성할 수 있도록 하는 방안을 마련해야 할 것이다.

셋째, '문화'는 우리 사회에서 정신적, 정서적 발전을 도모하여 삶의 질을 높이는 역할을 맡고 있다. 문화란 단순히 음악, 미술, 영상 등의 예술적인 것을 지칭하는 것이 아니라, 우리가 살아가는 데 있어 가져야 하는 삶의 양식이라고 할 수 있다. 인간이 살아온 역사를 돌아보면 항상 문화가 함께 발달해 온 것을 볼 수 있다. 인터넷을 활용하는 현대사회에서도 그렇다. 인터넷을 활용한다는 것이 차이일 뿐 인간은 늘 상호작용하고, 상호작용을 통해 자신들만의 방식을 만들어왔다. 그 방식은 그 시대 사람들이 어떻게 행동해야 하고, 그 행동으로 인해 행복한 삶을 살아갈 수 있는지 이정표의 역할을 해줄 수 있다는 뜻이다. 우리는 이런 방식을 문화라고 부르고, 인터넷을 활용한 바람직한 문화가 필요한 시점이라 할 수 있다.

앞에서 제시된 구성요소들의 의미를 종합해 보면, '인터넷 시대의 바람직한 청소년문화'란 청소년들이 인터넷과 같은 네트워크망을 활용할 수 있는 매체를 도구 삼아 한 방향으로 이루어지던 수용을 벗어나 새로운 문화형성에 기여할 수 있는 의사소통 방식을 인식하고, 일상생활에 적용하는 것을 말한다. 이러한 관점에서 바라본다면, 인터넷 시대의 바람직한 청소년문화를 발전시키기 위한 대안으로는 크게 세 가지로 정리할 수 있다.

첫째, 개인적 인식의 전환을 위해 노력해야 하는 것이다. 많은 사람들이 청소년이 활용하는 인터넷을 게임중독, 사이버 성폭력, 사기, 자살, 폭력, 포르노만 존재하는 문제적 공간으로 인식하는 경우가 많다. 특히 인터넷강의를 듣고자 하는 청소년에게도 의심의 눈초리를 거두지 않고 감시하는 학부모들도 존재한다. 그러나 반대로 생각하면 그러한 공간을 만들어 놓은 것은 기성세대라는 사실을 인식해야 한다. 기성세대들은 자신들이 만들어 놓은 문제점에 대한 반성과 더불어 청소년들에게 그와 같은 문제적 내용들이 최대한 전달되지 않도록 하는 방안을 찾음과 동시에 인식을 전환시킬 수 있는 사회적 운동이 요구된다. 이러한 방안과 사회적 운동은 자연스럽게 현재 청소년이 이용하는 인터넷문화가 다양하고 건강한 문화로 발전할 수 있는 초석이 될 것이다.

둘째, 인터넷을 이용한 온라인 소통의 장으로서의 환경을 구비해야 한다. 우리는 코로나-19라는 국제적 위기를 맞이하여 재택근무, 온라인 화상회의, 비대면 교육 등 다양한 온라인 소통을 실험, 진행해 보았다. 이를 기반으로 하여 인터넷을 더 나아가 지역과 지역 사이, 국가와 국가 사이, 세대와 세대 사이에서 소통할 수 있는 장소로 발전시켜 나가는 준비를 진행해야 할 것으로 보인다. 지금까지 진행되어 왔던 내용에 문제점을 보완한다면 더 다양하고 활발한 문화형성의 기회로 활용할 수 있을 것이다.

셋째, 인터넷을 활용하는 모두에게 '인터넷 문화에 대한 교육'을 실시해야 한다. 인터넷을 활용하는 우리도 사실 인터넷 문화에 대해 정확하게 알고 있다고 하기 어렵다. 태어나면서부터 인터넷, 스마트폰을 접해온 청소년은 더욱 그럴 것으로 예상된다. 인터넷, 스마트폰을 활용한 SNS, 글 게시, 소통 등에 인터넷문화의 기준이 정확하게 세워져 있지 않은 지금, 우리사회는 인터넷문화에 대한 바람직함에 일정부분 합의를 도출하고 그를 바탕으로 한 인터넷 문화에 대한 교육을 진행해야 한다. 특히 청소년의 경우에는 학교교육 안에 자연스럽게 녹아들 수 있도록 해야 하고, 기성세대 역시 다양한 인터넷문화에 대한교육과 더불어, 인터넷을 활용할 수 있는 실용적 교육을 함께 받아 세대 간의 단절로 이어지지 않도록 함께 노력하는 태도가 필요한 시점이라 생각한다.

1) 실제 실행중인 사이버 문화에 대한 대안

(1) 청소년 인터넷, 스마트폰 과의존 예방 및 대책

여성가족부의 인터넷·스마트폰 과의존 대응정책은 청소년이 건전한 인격체로 성장할 수 있도록 건강한 매체 환경을 조성해주는 정책의 주요한 분야로서, 이를 위한 상호보완적인 정책이 추진되고 있다(여성가족부, 2022).

첫째, 잠재적인 인터넷·스마트폰 과의존 청소년에 대한 예방적 상담 활성화를 위해 한국청소년상담 복지개발원을 중심으로 전국 240개 청소년상담복지센터와 연계하여 인터넷·스마트폰 과의존 상담 체계를 구축하고 있다.

둘째, 심각한 인터넷·스마트폰 과의존 청소년의 치유를 돕기 위해 전국 정신 건강증진센터 및 161개 치료협력 병원 연계를 통한 치료 서비스를 지원하는 등 치료 기반 확대에도 역점을 두고 있다.

아울러, 17개 시·도 청소년상담복지센터를 허브로 하는 인터넷·스마트폰 과의존 대응 지역 협력망을 구축하여 지자체, 교육청, 정신건강증진센터, 건강가정지원센터, 청소년단체, 학부모단체 등 지역의 다양한 관계기관과 협력하고 있다. 지역협력망을 통하여 지역 내의 인터넷·스마트폰 과의존 대응 기관 간 연계·협력은 물론, 지역 내 인터넷·스마트폰 과의존 청소년을 대상으로 진단조사를 실시하여 조기 발굴 및 상담·치료 등 신속한 지원이 이루어지고 있다.

또한, 청소년 인터넷·스마트폰 과의존 관련 교육 및 상담실적은 청소년안전망 종합정보망과 연계 하여 지역별 과의존 해소 서비스지원 실태를 파악할 수 있도록 관리하고 있다.

(2) 청소년인터넷 게임 건전제도 운영

정부는 '게임시간 선택제'의 인지도와 편의성을 높여 가정 내 활용도를 높이고, 청소년의 게임이용 조절 능력 향상을 위한 교육, 게임 과몰입으로부터의 일상회복 지원 등을 강화하기로 했다.

셧다운제 폐지를 주요내용으로 하는 「청소년 보호법」 개정안에는 ▲16세 미만 청소년에게 심야시간대 온라인 게임 제공 시간 제한 및 위반 시 벌칙규정 삭제 ▲중독의 부정적 낙인효과를 감안한 용어개선(중독·과몰입 병기) ▲인터넷 게임 중독·과몰입 청소년뿐만 아니라 가족에 대해서도 상담, 교육, 치료 등 서비스를 지원할 수 있는 근거 등이 담겼다. 개정 법률안은 2022년 1월 1일부터 시행되기로 하였다.

1 이메일, 문자메시지, SNS 등과 같은 사이버매체를 활용한 괴롭힘을 지칭하는 것은?

① 사이버불링   ② 인터넷 매매춘 알선   ③ 아이디(ID) 도용

④ 인터넷광고   ⑤ 사이버 팸

2 온라인게임의 일반적 특성에 관한 설명으로 옳지 않은 것은?

① 스트레스 해소와 긴장 완화

② 다양한 간접 체험

③ 가상과 현실의 명확한 구분 가능

④ 무분별한 모방으로 인한 부작용 발생

⑤ 과몰입으로 인해 수면부족, 학업에 지장 초래

2021년 청소년지도사 필기 기출문제

1 청소년 사이버문화의 특징으로 옳지 않은 것은?

① 익명성이 보장된다.

② 자신의 생각을 일방적으로 표현하므로 쌍방향성이 없다.

③ 다양한 콘텐츠로 즐거움을 주어 몰입하게 된다.

④ 현실에서 벗어나 사이버 공간에서 새로운 것을 추구한다.

⑤ 사이버 공간의 어떤 집단에 소속되어 다양한 친구를 사귈 수 있다.

2020년 청소년지도사 필기 기출문제

1 사이버 공간의 특징으로 옳지 않은 것은?

① 정보나 메시지는 다른 사람에게 신속하게 전달된다.

② 익명성을 유지하기 쉽다.

③ 시간과 공간의 제약을 받는다.

④ 개방적이고 다양한 사람의 참여가 가능하다.

⑤ 양방향 소통이 가능하다.

Chapter 05 | 청소년의 참여 문화

1. 청소년 참여문화의 개념

우리나라에서 청소년에게 '참여'란 어떤 의미일까? 전 세계적으로 세계화는 빠르게 진행되어가고, 그 속에서 청소년의 참여는 높은 관심을 받고 있다. 이미 선진국으로 분류되는 나라들에서는 오래전부터 청소년 참여가 이어져왔고, 우리나라에서도 청소년을 참여시키기 위한 다방면에서의 노력이 이루어지고 있다.

그렇다면 참여란 어떤 의미를 가질까? 참여란 사전적 의미로 어떤 활동을 같이, 함께한다는 의미를 가지고 있다. 여기에 청소년이 더해진다면, 청소년이 자신들이 살아가고 있는 삶의 영역에 대한 권리를 갖게 된다는 뜻이다. 가정, 학교, 지역사회, 국가와 국제적인 정책이나 청소년과 관련된 영역이 있다면, 그 의사결정에 참여하여 청소년들이 자신들의 목소리를 내고, 결정과정에 영향을 미치도록 노력하는 것이라 할 수 있다(박세일, 2003). 이는 청소년이 가지는 참여권에 대한 행사이자, 지금까지 정의되어왔던 주변인, 이방인이 아닌 책임과 의무를 가진 우리 사회의 한 시민으로서의 역할을 수행하는 것으로 볼 수 있다.

참여와 비슷한 용어로는 관여, 개입, 권한부여 등을 사용하는데, 연구자마다 다른 특성과 관점으로 정의한다(정건희, 2013). 한 예로, 청소년 개입은 청소년 참여의 한 형태로서 청소년에게 서비스를 제공하는 기관이나 행정기관 등에서 청소년 참여의 과정을 주도하는 경우를 의미한다. 청소년 권한 부여는 청소년이 특정한 문제를 통해 생각하고, 그 문제에 대해 개인뿐 아니라 집단으로 대응할 수 있도록 하는 것에 중점을 둔다. 이처럼 청소년 참여, 관여, 개입, 권한부여 등은 약간의 차이가 존재하면서도 함께, 또 따로 사용되기도 한다.

2. 청소년 참여문화의 모형

청소년 참여의 모형을 학자마다 다양하게 주장하였다. 그러나 모형으로 살펴보면 사다리 모형으로 대표되는 단계적 계층모형과 비계층적 연속형 모델의 두 가지로 구분할 수 있다. 단계적 계층모형은 쉽게 이해할 수 있지만 최고 수준에 도달해야 하는 수직적 구조라는 특징이 있고, 비계층적 모형은 각 수준 간 차이가 크다는 단점이 있다(천정웅, 2011).

각 모형의 구체적인 내용을 살펴보면, 먼저 단계적 계층모형에 속하는 하트 (Hart, 1997)가 있다. 하트는 14세 이하 청소년이 정책 또는 의사결정에 참여하는 8가지 수준을 구분하여 제시하였다. 청소년의 참여는 직접적으로 해야만 진정한 민주주의 가치를 느끼고, 자신의 유능감과 책임감을 개발할 수 있다고 보았다. 하트의 8단계는 다음과 같다.

1. 성인들이 이용하는 조작 단계
2. 장식처럼 동원되는 단계
3. 명목상으로 참여하는 단계
4. 성인이 지시하지만 정보를 제공하는 역할부과와 정보제공 단계
5. 성인이 정보를 제공하고 협의하는 자문과 정보제공 단계

6. 성인주도로 청소년과 의사결정을 공유하는 단계

7. 청소년이 주도하고 감독하는 단계

8. 청소년 주도로 성인과 의사결정을 공유하는 단계

다음은 샤이어(Shier, 2001)의 참여의 통로 모델이다. 참여의 통로 모델은 하트의 모델을 참고하였는데, 실제로 참여하는 사람들의 이해를 돕기 위하여 다음과 같은 5가지 단계를 제시하였다.

1. 아동의 의견이 경청된다.

2. 아동이 자신의 견해를 표현하는 것이 지원된다.

3. 아동의 견해가 중요하게 고려된다.

4. 아동이 의사결정 과정에 포함된다.

5. 아동이 의사결정에 대한 권력과 책임을 공유한다.

지금까지 살펴본 모델들이 단계적 계층모형이었다면, 플래처와 바브러스 (Flecher & Vavrus, 2006)는 청소년 참여를 서클(원형) 형태로 순환적 과정을 통해 이루어진다고 보았다. 서클 형태의 모형은 다음과 같다.

1. 청소년들의 의견을 듣는 단계로, 성공적인 청소년 참여를 위해서는 필수적이다.

2. 청소년의 의견에 타당성을 부여하는 단계로, 청소년의 의견을 신중하게 받아들이고, 비판하고, 피드백 해주는 것이 중요하다.

3. 청소년에게 권한을 주는 단계로, 청소년이 변화할 수 있도록 청소년에게 지위를 부여하고, 공간을 허용해주며, 훈련을 시키는 것이다.

4. 청소년이 실천하는 단계로, 청소년 스스로가 능동적으로 움직이는 존재로 전환하는 것이다.

5. 청소년 참여를 통한 변화에 대해 반성적 사고를 하는 단계로, 청소년과 성인이 함께 신중하게 검토하고 그에 맞게 배우려는 태도를 지녀야 한다.

3. 청소년 참여문화의 영역

청소년 참여는 우리가 생각하는 것보다 더 다양하게 이루어지고 있다. 가장 근접한 가정, 학교는 물론이고 소비공간, 문화공간 더 나아가 정치적인 부분에까지 이르렀다. 특히 청소년에게 익숙한 온라인 영역을 통하여 청소년 참여는 활발하게 이루어지고 있다. 청소년 참여가 이루어지는 영역을 살펴보고자 한다.

1) 청소년시설을 중심으로 한 정책적 참여

청소년 참여를 위한 정책은 [청소년기본법]을 통해 규정되어 있는 청소년 운영위원회, 청소년참여위원회, 청소년 특별회의를 대표적으로 설명할 수 있다. 제도적으로 규정된 청소년운영위원회, 청소년참여위원회, 청소년 특별회의는 여성가족부 소속으로 예산 등 다양한 지원을 받아 운영되고 있다.

① 청소년운영위원회

주관: 각 시군구에 설치된 청소년 수련시설이 운영

구성: 시설당 10~20명의 청소년(9~24세의 사람)으로 구성

기능: 청소년수련시설의 사업, 프로그램 운영과 관련된 자문과 모니터링

목적: 청소년수련시설을 이용하는 청소년의 의견과 욕구를 반영하여 청소년 중심으로 시설이 운영되도록 함

역할: 청소년수련시설의 심의, 평가 등 시설 운영전반에 참여, 프로그램 직접 기획, 운영, 각종 지역사회 청소년 관련 행사 참여 등

② 청소년참여위원회

주관: 여성가족부, 지방자치단체

구성: 각 10~30명의 청소년(9~24세의 사람)으로 공개모집과 추천으로 선발

기능: 청소년과 관련된 지자체 정책에 대한 제안과 모니터링

목적: 청소년의 권리신장과 건전한 민주시민 육성

역할: 청소년관련 정책 모니터링, 청소년의견 제안과 정책자문 각종 토론회, 워크숍 개최, 리더십 훈련 프로그램 참여 등

③ 청소년특별회의

주관: 여성가족부, 한국청소년활동진흥원 총괄

구성: 전국 17개 시도 청소년위원과 청소년전문가 250명으로 구성

기능: 청소년과 관련된 정부 정책에 대한 제안과 모니터링

목적: 청소년정책과제에 대한 사회적 공감대 확산

역할: 매년 선정된 정책의제에 다른 세부 정책과제 발굴

      본회의를 통해 의제를 각 부처에 제안

      특별회의 활동 홍보, 토론회, 캠페인 개최 및 참여 등

청소년운영위원회, 청소년참여위원회, 청소년특별회의를 제외하고 비제도적 참여기구로는 민간단체(NGO)를 들 수 있다. 청소년과 관련된 NGO로는 한국보이스카우트연맹, 한국걸스카우트연맹, YMCA, YWCA, 흥사단, 한국청소년연맹 등과 같은 청소년단체가 있다. 이러한 단체의 경우에는 대부분 본부와 지부로 나누어져 운영되는 형태로 지역에 맞는 색깔을 내기에는 어려움을 겪는 경우가 많다. 하지만 단독으로 단체를 운영하는 경우에는 지역적 색깔과 고유의 성격을 유지하여 청소년과 관련하여 다양한 사업을 진행한다.

2) 정치적 참여

청소년의 정치참여란 정부가 운영되는 모든 영역에 영향을 미치고자 하는 행위로 해석될 수 있으며, 이 행위가 영향을 미칠 수 있는지 여부와는 관계없는 형태를 말한다. 청소년들은 정치를 업으로 삼는 것이 아니라 일반 청소년 중 정치에 관심을 가지고 있는 청소년 위주로 참여하게 된다. 청소년들이 참여하는 방식으로는 정책을 제안하거나 캠페인을 진행, 정치와 관련된 교육, 정당활동, 1인 시위, 인터넷을 통한 논쟁 진행 등 매우 다양한 형태로 나타난다. 특히 트위터, 페이스북과 같은 SNS와 유튜브 채널 등을 이용하여 매우 적극적으로 자신의 의견을 피력하고자 하는 청소년들도 늘어나고 있다. 이러한 활동을 통하여 청소년들은 자신들이 얻을 수 있는 이익을 위해 행동하고 자발적으로 참여하며, 인

터넷에 접속만 할 수 있다면 시간과 장소를 가리지 않고 다양한 문제의식을 공유한다.

또한, 청소년은 정부차원의 정치뿐 아니라 가장 근접한 환경인 학교에서도 정치적 참여에 대한 활동에 참여하고 있다. 학교는 청소년에게 가정, 또래집단, 대중매체와 함께 생활방식에 대한 매우 중요한 요인으로 작용하고 있다. 다시 말해 학교 자체가 청소년에게 매우 중요한 영향력을 행사하고 있으며, 학교에서 하는 활동 중 시민의식을 함양하거나 선거에 직접적으로 참여하는 등의 역할을 수행함으로써 청소년이 정치참여를 자연스럽게 시작할 수 있는 출발점이 된다는 의미이기도 하다.

(1) 학교생활에서 경험하는 정치문화

청소년들은 이미 학교에서 정치적 활동을 경험하고 사회에 나오지만, 대부분 인식하지 못한 채 진행된다. 가장 대표적인 활동은 교내 선거라고 할 수 있다. 교내 선거에는 청소년들이 한 학급의 구성원으로서, 학급 임원을 선출하는 과정과 한 학교의 구성원으로서 학교의 대표자를 선출하는 학생회 임원을 선출하는 과정이 있다. 이 과정은 청소년들이 자신이 속해 있는 학교의 대표자를 선출하여 자신들이 생각하는 문제에 대한 의견을 피력하고, 특정 주제에 대해 영향력을 행사하기 위해 자신의 의사를 표현하는 활동이다. 후보자에 입후보하고, 자신이 생각하는 공약을 제시하고, 임원으로서 활동을 하고자 하는 경우는 거의 자발적으로 활동하는 것이므로, 정치참여 행위에 가장 유사하다고 볼 수 있다.

청소년들은 선거과정을 지켜보면서 학교에 대한 관심을 가지게 되고, 자신들이 생각하는 문제에 대해 제시하고 해결방안을 함께 찾아보며 의견을 나누게 된다. 또한 스스로 해결하기 어려운 문제에 대해서는 다양한 방법을 활용하여 해결하고자 함께 노력하기도 한다. 이는 교내 선거 과정이 정치적 참여뿐 아니라 문제해결능력과 공동체 의식을 함양하는 데 도움을 주는 제도라 할 수 있겠다.

또한, 청소년들이 교내 선거에 참여하는 것은 민주주의를 직접 경험하게 하는 데 중요한 의의를 갖는다. 청소년들은 학급, 학교의 대표자에 대해 스스로 후보자를 검증하고 투표권을 행사하고 투표가 진행되는 과정을 지켜보면서 미래의 시민의식 중 정치적 소양을 쌓게 된다. 또한 후보자를 검증하거나 학교 내에서 일어나는 문제에 대한 논의 진행, 해결을 위한 제안 등을 통하여 자신의 의사를 표현할 수 있는 기회를 가지게 된다.

3) 경제적 참여

현대사회에 들어서면서 청소년들은 가정에서 지원을 받는 존재에서 벗어나 스스로 일을 하여 생활을 하고자 하는 경제적 참여도가 높아지고 있다. 과거에는 단순히 공부를 하는 학생으로서 경제적 지원을 당연히 보장받아야 하는 시기로 인식되었지만, 다양한 사회적 변화로 인하여 청소년은 스스로 사회발전의 구성원으로 여겨지고자 한다. 이를 위해 국가는 청소년들이 경제적 참여를 활성화하는 방안으로 구상하고 있다. 경제적 참여를 하고자 하는 청소년의 노동유형은 노동의 목적과 참여 형태에 따라 다음과 같이 나타나고 있다(이자영 외, 2017).

(1) 직업으로서의 노동활동

청소년이 성인과 마찬가지로 생계를 유지하기 위해 노동을 하는 경우에 해당한다. 고등학교를 중퇴하거나 검정고시를 통해 마친 후 직업을 선택하여 노동을 하는 경우가 많다. 이 경우에는 노동 환경이 청소년의 적성에 맞는지, 직업교육이 잘 이루어지고 있는지, 임금이나 근로 대우에 대해서도 성인과 동등하게 제공 받고 있는지 지속적으로 확인하는 조치가 필요하다.

(2) 가족 생계를 유지하기 위한 노동활동

부모님의 이혼으로 혼자 또는 조부모와 함께 살고 있거나 부모의 실직으로 인한 가정의 빈곤을 해소하기 위해 가정의 생계를 책임지는 노동활동을 하는 청소년들이 이 경우에 해당한다. 이 경우에는 당장의 노동을 하지 않으면 생계가 어렵기 때문에 학업을 중단하더라도 노동을 선택하는 경우들이 있다. 이 경우에는 청소년들이 생계 때문에 학업을 포기하지 않도록 정부에서 끊임없는 확인과 지원을 제공해야 하는 조치가 필요하다.

(3) 가출청소년의 생활유지를 위한 노동활동

가족 구성원들과의 갈등이나 가정 내의 문제 등으로 가출을 하게 되면, 청소년들은 당장의 숙식문제를 해결하기 위해 아르바이트를 해야 한다. 이러한 경우 사용자가 무리한 요구를 하거나 청소년에게 해서는 안 되는 요구가 제시되어도 거절하기 어려운 상황이 되며, 유해한 환경에 놓이게 될 위험이 높다. 이 경우에는 청소년들이 가정으로 돌아갈 수 있도록 노력해야 하며, 혹 가정복귀가 어려운 경우에는 정부에서 지원하는 청소년쉼터 등에서 청소년들이 숙식에 대한 해소와 직업교육을 통해 자신에게 적합한 직업을 찾을 수 있도록 하는 조치가 필요하다.

(4) 소비활동을 위해 필요한 용돈벌이형 노동활동

청소년은 자신이 원하는 물건 또는 하고 싶은 일을 하기 위해 아르바이트를 하는 경향이 있다. 이러한 노동활동은 청소년들이 가진 환경과는 무관하며 개인이 가지는 취향에 따라 나타나고 있다. 이 경우에는 단순 소비를 위해 이루어지기 때문에 많은 청소년들이 아르바이트에 참여했다 그만두는 형태를 띠고 있다.

위의 경우를 제외하고도 청소년이 노동활동에 참여하는 경우는 여가시간을 보람 있게 보내기 위해, 친구들을 사귀거나 어울리기 위해, 사회경험을 쌓고 싶어서, 노동의 가치를 알기 위해, 자신의 진로에 대한 확인을 위해서 등으로 나타난다.

청소년은 노동활동이나 환경에서 사회적 약자로 인식되고 상대적으로 취약한 청소년들은 최저임금이 정해져 있어도, 충분한 임금을 받지 못하는 경우가 많다. 청소년들이 사회에 안전하고 적극적으로 참여하기 위해서는 경제활동을 통해 자신의 역량을 개발하고, 충분한 임금을 받을 수 있도록 하는 장치와 더불어 청소년도 경제활동을 하기 위해 필요한 교육을 받을 수 있도록 하는 프로그램이 필요할 것이다.

4) 청소년의 사회참여문화

청소년이 사회에 참여하는 방식은 다양하다. 사회적 참여는 청소년의 자원봉사활동, 환경에 대한 참여, 공동체, 동아리, 사이버 공간을 통한 참여 등으로 다양하다. 사회적 참여는 시민단체를 통한 참여활동, 정기적 또는 비정기적인 봉사활동, 사이버 공동체 참여활동, 직업관련 체험, 문화활동 참여 등으로 구분할 수 있다.

청소년이 사회적으로 건강하게 성장하기 위해서 필요한 활동 중에서 기부에 대해 살펴보고자 한다. 기부란 타인이나 다른 집단의 복지를 위해 자발적으로 하는 이타적 행동으로, 유형을 살펴보면 다음과 같다.

첫째, 물질적 기부로, 현금, 현물을 포함한 기부형태이다. 유니세프, 사랑의 열매 등의 비영리 기관이나 공공기관을 통하여 현금이나 현물을 기부하는 형태이다. 일시적으로 특정인에 대한 공동모금에 참여하는 경우, 정기적으로 후원금을 제공하는 경우, 일시적으로 후원금을 제공하는 경우로 세분화할 수 있다(김성기, 2007).

둘째, 시간적 기부로, 자원봉사활동이 있다. 청소년의 자원봉사활동은 학교, 지역사회, 청소년단체 및 시설 등에서도 권장하고 참여하고자 하는 활동 중의 하나이다. 청소년들이 스스로 선택하고, 활동하고, 노력하는 과정 중에서 대가를 바라지 않고, 공익을 위해 자신의 시간을 제공하는 활동이라고 할 수 있다. 또, 자신이 가지는 재능을 사회에 기여하는 형태의 기부도 늘어나고 있다.

현대사회의 청소년은 그 트렌드에 맞게 온라인 기부 플랫폼을 이용하기도 한다. 포털사이트 네이버(Naver)에서 운영 중인 '해피빈', 카카오(Kakao)에서 운영중인 '카카오같이가치'가 대표적이다. 해피빈은 네이버 플랫폼을 이용하는 다양한 과정에서 얻어지는 '콩'을 사용하여 지원이 필요한 기관이나 개인을 선택하여 기부할 수 있는 방식으로, 청소녀들이 기부를 경험할 수 있도록 하며, 지원을 받고자 하는 단체와 개인에 대한 정보를 제공하여 청소년들이 사회의 취약계층이나 소외계층의 복지와 사회문제에 관심을 가지고 이해할 수 있도록 돕는다(최상미 외, 2015). 청소년들은 자신이 선호하는 스타의 이미지 개선을 위한 기부활동에도 적극적이다. 전세계적으로 사랑받고 있는 그룹 BTS의 팬클럽 '아미'의 예를 보면 다양한 자원봉사활동과 기부활동을 예로 들 수 있다. BTS의 팬클럽 '아미'는 각 멤버들의 생일이나 특정기념일에 맞추어 공동 모금을 통한 기부, 코로나-19 방역에 대한 기부, 지속적인 동물단체에 대한 기부 및 자원봉사, 쓰레기 줍기 봉사 등 다양한 형태의 기부활동을 벌이고 있으며, 자신이 가진 재능을 바탕으로 BTS의 이름으로 기부를 하는 등 기부에 활발한 동력을 제공하고 있다.

BTS 지구촌 구석구석 그들이 퍼트린 해피 바이러스 [일부발췌]

\# 베트남 재난때 팬들 기부·봉사, K-팝 좋지 않은 평판 확 바꿔
- 응웬 투 히엔 (베트남)

전 세계 곳곳에 BTS(방탄소년단)의 팬클럽인 아미가 활발하게 활동하고 있다. 나의 고향 베트남에서도 V-아미(베트남 아미)의 활동이 이루어진다. 소통을 위한 이벤트와 봉사활동 등을 진행했다.

지난해 코로나19로 전 세계가 어려움을 겪었다. 그렇게 어려운 상황에서 베트남 아미들은 갖가지 봉사활동을 했다. 베트남의 BTS 팬 커뮤니티의 팬 페이지 'BTS Voting Fanpage'에서 베트남의 코로나19 방역을 지지하는 소식을 전했다. 이에 따라 베트남의 팬 커뮤니티는 코로나19 방역을 위해 베트남 조국전선중앙위원회 계좌에 3,000만 동(176만 7,000원)을 입금했다.

이 돈은 BTS가 발표한 싱글 'Butter' 홍보를 위한 기금에서 나온 것으로 알려졌다. 애초 V-아미들은 하노이와 호찌민 두 곳에서 음악을 홍보하려 했지만, 하노이에서만 활동이 이루어졌다. 이어 "다른 프로모션 활동도 마무리하고 나머지는 정부의 코로나19 예방기금으로 '베트남의 방탄소년단 팬 커뮤니티' 명의로 기부하기로 했다"고 밝혔다. 돈은 곧바로 베트남 UBMT(베트남 조국전선)로 송금돼 제때 지원 활동을 펼쳤다.

특히 베트남의 아미는 "우리 자신과 가족의 건강을 지키기 위해 항상 5K, 즉 Khau trang (facemask)-Khu khuan(disinfection)- Khoang cach(distance)-Khong tu tap(no gathering)-Khai bao y te(declare your medical condition) 규칙을 지키자"고 제안했다. 비슷한 활동도 이어졌다. 'Keepflying - BTS Vietnamese Fanpage'라는 팬페이지는 방탄소년단 팬들의 기부를 호소했다. 여기에 호응한 성금 가운데 77만 7,777동(7인조 그룹 BTS를 상징)이나 13만 613동(BTS 데뷔 일) 등 의미를 담은 귀여운 메시지의 성금도 있었다.

베트남 중부는 해마다 홍수로 인한 피해를 입는 지역이다. 그래서 많은 연예인이 이 지역에

서 봉사한다. 연예인의 팬들도 함께 봉사활동을 하기도 한다. 베트남에 있는 BTS의 팬들도 큰 도움을 주었다. 재작년에도 홍수가 갑자기 이 지역을 덮쳤다. 베트남 남부의 고장 꽝찌(Quang Tri)에서 꽝빈(Quang Binh)에 이르는 지역에 살던 사람들이 도움을 호소하는 모습이 널리 보도됐다.

그런 상황에서 베트남의 K-팝 팬 커뮤니티는 작은 힘이나마 보태려고 행동에 나섰다. '베트남 BTS 팬 커뮤니티'라는 이름으로 호소한지 24시간 만에 자선기금은 6억 3,700만 동(3,751만 9,300원), 엄청난 금액을 모았다. 이 프로젝트를 이끈 사람은 "수해로 고통받는 중부 지역 사람들을 위해 스스로 참여해 도움을 주고자 하는 것"이라고 말했다.

베트남에서는 K-팝의 팬들에 관해 예전부터 안 좋은 평판이 있었다. 하지만 이와 같이 사회적으로 좋은 영향을 주는 노력을 통해 K-팝 팬, 특히 BTS 팬들에 관한 인상이 더 좋아졌다는 생각이 든다.

출처: 국제신문 2022-10-13

4. 청소년 참여문화의 효과와 문제점

1) 청소년 참여문화의 효과

① 청소년의 자아실현 과정

청소년의 참여활동은 인간이 가지고 있는 자아실현욕구를 전제로 하고 있다. 이러한 욕구를 실현하기 위하여 청소년들이 자신들이 속해 있는 환경 내에서 다양한 목소리를 내고, 문제가 해결되어가는 과정을 지켜보며 자아실현을 하고 있다고 이야기할 수 있다. 다양한 참여활동은 청소년기에 꼭 필요한 정체성을 획득하는 데 도움을 주게 되고, 그 자체가 자아실현을 위한 통로로써 작용하게 되는 것이다. 청소년들의 다양한 참여활동은 자신의 이익과 권리를 보호하면서, 다른 사람에게도 도움을 줄 수 있는 공익적인 활동으로 작용하거나 주변환경에 대한 문제를 해결하는 등의 역할을 하게 된다. 이는 청소년들이 사회에서 자신들이 가지는 지위와 역할에 대한 경험을 하게 되고 자신이 가지는 권리를 누리면서 책임을 경험하게 된다.

② 청소년 참여는 사회적으로 큰 가치를 지닌다.

Hart(1997)는 청소년의 참여에 대해 '청소년들이 참여하는 기술이나 책임감에 대한 경험 없이 갑자기 책임감 있고 참여하는 성인이 되기를 기대하는 것은 비현실적'이라고 주장하면서 청소년들이 자신이 살아가는 환경을 개선하는 데 참여하는 것이 중요하다고 이야기하였다. 이는 발달심리학적 관점으로 볼 때에도, 한 개인과 지역사회가 발전하는 데 있어 전체를 활성화시킬 수 있는 중간단계로 보았다. 다시 말하면 인간은 혼자서 살아갈 수 없고, 혼자서는 성장하거나 학습할 수도 없는 존재이다. 그렇기 때문에 지속적인 사회와의 소통으로 자신이 속한 환경에 참여하는 것은 나와 타인에 대한 이해, 책임감 등을 키울 수 있는 중요한 기회가 되는 것이다.

③ 청소년 참여는 개인, 조직, 지역사회의 발달적 측면에 유용하다.

청소년 참여는 청소년이 사회구조를 이해하고 통합하고, 사회적으로 영향력과 권한을 발휘할 수 있으며, 독립적이고 책임감 있는 존재로 성장하는 발판으로 작용한다. 청소년 참여는 개인에게 스스로에 대한 이해와 살아가는 데 중요한 것들을 이해할 수 있도록 하고, 조직에게는 공동체 의식을 함양한 한 구성원을 성장시키는 데 도움을 받을 수 있으며, 나아가 지역사회에서는 시민의식과 독립적이며 책임감 있는 한 시민을 성장시킬 수 있다.

이를 종합해 보면, 청소년 참여는 개인이 성장하는 데 있어 필수적인 요소이고, 사회가 성장하는 데 큰 기여를 하는 것을 알 수 있다. 이를 위해 청소년은 정책, 정치, 사회, 경제적인 영역에서 자신의 역량을 발휘할 수 있도록 가정, 학교, 지역사회, 국가에서 도움을 줄 수 있는 방안을 모색해야 할 것이다.

2) 청소년 참여문화의 문제점

[공직선거법] 제15조 제1항, 제2항에서는 우리나라 18세 이상의 국민들에게 대통령과 국회의원 및 지자체장과 지자체의 의회의원을 선출할 수 있도록 선

거권을 부여한다. 선거와 선거권의 행사는 민주주의의 꽃이라 불릴 만큼 중요하고 핵심적인 것이자, 한 국민으로서 누릴 수 있는 기본적인 권리이다. 그러나 우리나라 선거법에는 선거권을 행사할 수 있는 나이가 18세 이상으로 결정되어 있다. 심지어, 19세 선거권을 획득하게 된지도 얼마 지나지 않은 것이 현실이다. 물론 선거권에 대한 연령제한은 우리나라만의 제한은 아니다. 그러나 실제 관심이 많고, 정치적으로 참여를 하고 싶어 하는 청소년들이 있음에도 연령제한으로 인해 정치적 참여 및 기본적 권리를 보장 받지 못하고 있는 것이 현실이다. 이는 다시 말하면 선거권을 부여하는 연령 제한은 일정 나이 이하의 국민을 행동이나 생각이 미숙하고, 선거에 참여하기에는 능력적, 정서적으로 완전히 발달되지 못했다고 인정하는 것과 같다.

또한, 청소년이 참여할 수 있는 정책에 대한 홍보 미흡도 한 몫을 하고 있다. 청소년이 참여할 수 있는 청소년운영위원회, 청소년참여위원회, 청소년특별회의 등은 정책적으로 예산과 다양한 지원을 받고 있음에도 불구하고 실제 청소년들이 모르는 경우가 많다. 정작 관심이 있어도 입시제도와 학원수업으로 인해 참여하기 어렵거나 다양한 여건상 참여가 불가능한 경우도 있다.

5. 청소년 참여문화의 활성화 방안

1) 4차 산업시대의 패러다임 변화

오늘날 4차 산업시대가 도래하면서 과거와는 다른 패러다임을 요구하고 있다. 이미 청소년들은 가정이나 학교에 국한된 지식을 전달받는 것이 아니라 인터넷, 스마트폰 등을 활용한 다양한 지식을 습득하고, 자신이 재창조해 나가는 실정에 이르렀다. 이러한 사회에서 청소년들이 변화에 대해 빠르게 적응하면서도 감수성과 창의성, 공동체 의식 등을 놓치지 않아야 하며, 사회에서도 그러한 구성원을 요구하고 있다.

또한, 빠르게 변화하는 국제사회에 발맞추기 위해서는 우리나라에만 한정되어 있거나 우리나라 것에 대한 비판만 하는 사고의 틀에서 벗어나 글로벌한 기준으로 맞출 필요성이 있다. 여기에 전제되는 것은 자기 정체성이라 할 수 있다. 정보가 난무하고 다양한 국가와 소통하는 시대에 자신의 기준이 확립되어 있지 않다면 시대에 부합하기는 더욱 어려울 것이다. 그렇기 때문에 청소년들은 우리나라 고유의 문화와 전통에 대한 이해를 바탕으로 자기정체성을 확립하고, 감수성과 창의성 등을 획득해 나가야 할 것이다. 이를 위해 현재 청소년들에게 제시되고 있는 지식이 과연 적절한가에 대한 고민이 필요한 시점이다.

2) 변화된 패러다임과 청소년의 참여

21세기의 정보화 사회는 창의성과 개성, 문화적 감수성을 함양하기 위한 자율활동과 다양한 경험 축적의 기회를 요구한다. 그러나 이와는 반대로 우리나라의 입시 위주의 억압적인 사회풍토는 아동·청소년에게 지나친 학업부담을 주어 아동·청소년이 학업역량뿐만 아니라 전인적 성장을 위해서 갖추어야 할 시민의식·글로벌리더십·문화적감성 등 사회적 역량을 균형 있게 갖출 수 있는 기회를 박탈하고 있다. 이와 같은 풍토를 개선하고 21세기의 환경에 부합하는 아동·청소년으로 성장하기 위해서는, 아동·청소년이 성장하면서 누려야 할 기본적 자유와 권리인 아동·청소년인권과 아동·청소년의 시민으로서의 정치적 참여권에 대한 보장이 현실적으로 요청되고 있다.

이를 위해서는 우선적으로 우리 사회 전반에 만연한 아동·청소년의 수동적 지위에 대한 인식에 대한 전환이 선행되어야 한다. 이와 같은 인식은 가부장적 유교문화의 잔재이며 자율적 사고를 통한 아동·청소년의 적극적 사회 참여를 저해하는 요소이다. 민주주의에서 대화와 타협을 통한 공동체의 의사결정구조에 참여하기 위해서는 자율적인 사고를 통한 합리적 의사결정에 도달할 수 있는 일련의 과정에 대한 보장이 전제되어야 한다. 민주주의 체제의 원활한 운영은 이러한 참여를 통해 담보될 수 있다. 그러나 현실에서의 아동·청소년은 정치적 의사결정구조에서 철저하게 배제된 존재로 인식되다가, 법적으로 승인된 성인이라는 일정자격이 인정되는 순간 주체로서의 자격이 부여된다.

그러나 합리적 의사결정이라는 결과는 법률에 의해 성인의 자격을 인정받는 연령에 도달하게 되어 공동체의 의사결정과정에 참여하기만 하면 당연하게 형성되는 것이 아니다. 이는 자율적 사고와 결정의 반복적 실행을 통해서만 습득되는 것이다. 그렇기 때문에 성장과정에 있는 아동·청소년에게 자율적 사고의 형성과 합리적 결정능력을 습득할 수 있는 실행의 기회가 주어져야 하며, 공동체와 유리된 존재로 성장하는 것이 아닌 공동체 속에서 성장하고 발달하는 존재로 인식되어야 한다. 그러기 위해서는 우리 사회에 '권리의 주체'로서의 아동·청소년에 대한 인식의 전환이 우선적으로 이루어져야 한다.

그렇다면 위와 같은 문제점을 안고 있는 우리나라의 청소년들이 보다 적극적으로 참여할 수 있도록 하는 방법에는 어떤 것들이 있을까? 청소년 참여를 독려하는 방법은 매우 다양하다.

우선 중앙정부 차원에서 청소년의 정치 참여를 위해 고려해 볼 수 있는 방안이다. 국회 산하에 청소년을 구성원으로 하는 '청소년의회'를 구성하고, 이 의회를 통해 청소년과 관련된 정책 혹은 사회적 문제 등을 논의하게 하여, 그들이 국회에 직접적으로 발의하거나 담당 직원 또는 국회의원을 통해서 간접적으로라도 발의하게끔 하는 등 청소년들이 직접적이고 적극적으로 정치에 참여토록 하는 방안의 모색이 필요하다고 생각된다.

이와 더불어 국민 혹은 개인적 차원에서의 노력도 무엇보다 중요하다고 생각한다. 국가가 어떠한 정책을 실행하더라도 그것이 사회적 분위기에 따라 결과와 실효성이 달라질 수 있는 것과 같이 국민들 스스로가 청소년의 정치 참여를 부정적으로 바라보지 않는 태도의 전환이 요구된다. 청소년의 정치 참여를 긍정의 시각으로 바라본다면, 우리나라의 미래를 이끌 바람직한 인재의 양성이 더욱 빨라지게 될 수 있음을 깨닫고, 더불어 질 좋은 인재의 양성 및 성장을 위해 함께 노력을 기울일 수 있어야 할 것이다.

또한, 단순히 정책으로 그칠 것이 아니라 청소년들에게 충분한 홍보를 바탕으로 실제로 참여하며 흥미를 느낄 수 있도록 하는 청소년 참여기구(청소년운영위원회, 청소년참여위원회, 청소년특별회의) 운영이 필요할 것이다.

성인에 비해 정서적, 신체적으로 미숙한 존재라고 할지라도 청소년들은 자신의 세대에 대한 이해도가 성인에 비해 높을 수 있기 때문에, 그들은 자신의 세대인 청소년 세대를 위한 정책에는 전문가가 될 수 있다. 또한 청소년이 바라보는 어른들의 세상에 대한 사실적인 비판은 어른들로 하여금 신선한 충격을 느끼게 할 수 있을 것이며, 이러한 청소년 세대가 하는 비판을 무조건 부정적으로 여기지 말고 이들이 하고 있는 생각을 이해하고 존중해 주는 것 역시 중요할 것이다.

Chapter 06 | 청소년의 학교문화

> 학교: 교실과 체육관과 같은 교육에 필요한 시설을 갖추고, 여러 학생들이 교사의 지도에 따라
> 지식을 얻는 형태의 교육이 이루어지는 곳
>
> 네이버 지식백과

1. 학교 문화의 개념과 특징

학교는 교사와 학생이 만나는 학습의 장으로, 교육을 바탕으로 하는 사회적 집단이다. 학교에서 이루어지는 학습으로는 지식전달과 함께 학생의 인격적 성장과 다양한 발달이 포함되어야 한다. 학교는 하나의 사회체제로의 성격을 가지고 있으면서도, 공동사회적 요소와 이익사회적 요소가 공존하는 집단이기도 하다. 일반적으로 사회체제란 공동의 목적 달성을 위한 개개인의 위치와 역할, 가치에 따라 상호작용하는 것들의 공동체라 할 수 있다.

청소년은 학교와 굉장히 밀접한 연관성을 가지고 있다. 우리나라의 청소년들은 곧 학생이라는 인식을 가지고 있으며, 실제 대다수의 청소년들이 학교에 종속된 신분을 가지고 있다. 또, 학년이 올라감에 따라 가정보다 학교에서 더 많은 시간을 보내게 되며, 가정에서 있는 시간조차 학습과 관련된 과제나 기타 학

습을 하며 시간을 보내게 된다. 때문에 청소년 문화 형성에서 학교교육이 차지하는 비중은 매우 크다.

그러나 청소년들에게 과연 학교는 어떤 곳일까? 청소년에게 직접 물어보지 않아도 대부분 유추할 수 있듯 청소년에게는 그다지 즐겁지 못한 장소로 인식되고 있다. 정의로 학교는 한 인간이 성장하고 발달하는 데 필요한 것들을 교육시킨다는 명목하에 운영되고 있지만, 실제로는 입시 위주, 더 나은 성적을 위한 교육에 급급하다. 최근 들어 다양한 활동을 시도하고 있지만, 얼마 전까지만 해도 교과서 위주의 일방적 주입식 교육이 펼쳐진 곳이 학교라 할 수 있다.

1) 학교문화의 개념

학교문화란 학교를 구성하고 있는 사람들이 그 안에서 경험하는 일들을 표준화하는 것으로 특정 학교의 구성원인 학생, 교사, 학부모가 학교의 물리적·생태적 환경을 어떻게 지각 개념화하고, 학교교육 활동에 대하여 어떤 믿음과 가치를 가지며, 어떤 행동 절차와 방법을 결정하는지 등 여러 경험을 조직하는 근거가 된다. 또한 학교문화는 교장, 교사, 학생, 학부모 등 학교사회의 구성원에게 학교교육 활동이 어떤 의미가 있고 어떤 가치가 더 선호되며 각자의 역할에 걸맞은 행동을 하려면 어떤 절차와 방법을 따라야 하는가 등을 결정해주는 인지적 원리가 된다(최돈형, 1999).

학교문화를 어떻게 인식하고 규정하느냐는 학교문화의 변화를 위한 준거를 기준으로 생각해 볼 수 있다. 학교문화의 변화를 위한 준거로 바라본 학교문화의 정의는 다음과 같다.

① 규범적 정의

당위적 학교문화, 즉 학교문화는 '마땅히 이러이러해야 한다'는 준거에 비추어 학교문화를 규정하려는 시도이다.

② 기술적 정의

학교를 구성하는 성원들이 그들의 현상세계의 경험을 조직하는 일련의 표준 또는 의미체계를 뜻한다. 다시 말해, 학교의 구성원으로서 학습의 결과로 서로 간에 공유하는 것으로, 어떤 경험을 하거나 그 경험을 해석할 때 작용하는 인지적 원리라 할 수 있다.

2. 학교에 대한 만족도 현황

통계청의 '사회조사'에 따르면, 학생들이 전반적인 학교생활에 대해 '만족한다'고 응답한 비율은 2014년 49.7%로 나타난 이후 지속적으로 증가하여 2020년에는 59.3% 수준으로 나타났다.

학교생활 만족도를 항목별로 살펴보면, 교육내용에 대해서는 '만족한다'고 응답한 비율이 2014년 47.7%, 2016년 48.6%, 2018년 53.1%, 2020년 57.2% 수준으로 증가하는 경향을 보였다. 교육방법에 대한 학생들의 만족도의 경우에는 '만족한다'고 응답한 비율이 2014년 44.0%에서 2016년에는 42.9%로 소폭 감소

(단위: %)

구분	2014년			2016년			2018년			2020년		
	만족	보통	불만족	만족	보통	불만족	만족	보통	불만족	만족	보통	불만족
전반적인 학교생활	49.7	43.8	6.4	52.3	41.8	6.0	58.0	37.3	4.6	59.3	36.2	4.5
교육내용	47.7	42.5	9.8	48.6	42.3	9.1	53.1	38.7	8.2	57.2	34.7	8.2
교육방법	44.0	41.6	14.4	42.9	43.3	13.8	44.7	41.9	13.4	48.9	35.9	15.2
교우관계	69.5	26.8	4.6	68.8	27.1	4.1	76.6	21.3	2.0	73.3	23.7	3.0
교사와의 관계	50.8	42.1	7.1	53.1	40.4	6.5	61.1	34.0	4.9	64.8	31.6	3.6
학교시설 및 설비	38.7	43.3	18.0	41.0	43.1	15.9	47.4	40.8	11.9	55.7	35.2	9.0
학교주변 환경	37.5	44.7	17.7	39.8	42.8	17.4	47.1	41.9	11.0	55.1	35.7	9.2

주: 1) 통계청 "사회조사"의 학생의 학교생활 만족도는 2012~2016년까지는 13세 이상 재학생을 조사하였고, 2018년부터는 중·고등학교 재학생이 조사대상임
   2) 만족은 '매우 만족'과 '약간 만족'이라고 응답한 비율을 합산한 것이고, 불만족은 '약간 불만족'과 '매우 불만족'이라고 응답한 비율을 합한 것임.
자료: 통계청, 사회조사, 각 년도.

하였다가 2018년에는 44.7%, 2020년에는 48.9%으로 전년대비 4.2%p 증가한 것으로 나타났다. 다음으로 교우관계에 대한 만족도는 2014년 69.5%, 2016년에 68.8%, 2018년 76.6%, 2020년 73.3%로 감소와 증가를 반복하는 것으로 나타났다.

교사와의 관계에 대한 만족도는 '만족한다'고 응답한 비율이 2014년 50.8%, 2016년 53.1%, 2018년 61.1%, 2020년 64.8%로 지속적으로 증가하는 경향을 보였다. 학교 시설 및 설비 만족도의 경우에도 '만족한다'고 응답한 비율이 2014년 38.7%, 2016년 41.0%, 2018년 47.4%, 2020년 55.7%로 증가하는 추세를 보였다.

마지막으로 학교 주변 환경 만족도를 보면, '만족한다'고 응답한 비율이 2014년 37.5%, 2016년 39.8%로 소폭 증가하다가 2018년에는 47.1%, 2020년에는 55.1%로 전년대비 8.0%p 증가한 것으로 나타났다.

학생들의 학교생활 만족도를 종합적으로 살펴보면, 전반적인 학교생활, 교육내용, 교사와의 관계, 학교시설 및 설비, 학교주변환경에 대한 만족도는 2014년부터 2020년까지 지속적으로 증가한 것으로 나타났고, 교육방법에 대한 만족도는 2014년부터 2016년까지는 소폭 감소하였다가 2018년부터는 증가하는 것으로 나타났다. 교우관계에 대한 만족도는 연도에 따라 증감을 반복하는 것으로 나타났다. 한편, 학생들의 학교생활 만족도 중 2020년 기준으로 가장 만족도가 높은 수준으로 나타난 항목은 교우관계인 것으로 나타났다.

3. 학교 문화의 문제점

1) 학교폭력

(1) 학교폭력의 정의

자기보다 약한 처지에 있는 상대에게 불특정 다수의 학생이 남이 보지 않는 곳에서 신체적, 심리적인 폭력을 반복하여 행하거나 심각한 공격을 가하는 문제 행동으로 정의된다. 그러나 이런 부정적인 행동이 피해학생에 의해 의도적으로 유발되는 것은 아니며, 학교폭력에 해당하는 행동이 되려면 가해학생과 피해학생 사이에 실질적이거나 혹은 지각된 힘의 불균형이 존재해야 한다.

(2) 학교폭력 피해학생과 가해학생의 특성

① 학교폭력 피해학생의 특성

가. 전형적인(수동적인) 피해학생

- 다른 학생에 비해 더 불안, 불안정하며 겁이 많고 예민하다.
- 수동적이며 자신감이 없고 인기가 없다.
- 폭력을 당하면 울거나 위축되며, 자기 비하 경향이 강하다.
- 남자학생의 경우 육체적으로 허약하다.

나. 도발적인 피해학생

- 불안감과 공격적 반응행동이 복합적이다.
- 능동적이며 자기주장이 강하고 자신감이 있다.
- 집중력이 없고 과잉행동을 하며 남의 신경을 거스르는 행동을 한다.
- 성미가 급하고 갈등이 유발되는 상황을 스스로 조성한다.
- 육체적으로 허약하지 않으며 폭력에 맞섬으로써 갈등을 강화한다.

② 학교폭력 가해학생의 특성

가. 전형적 가해학생

- 폭력에 대해 적극적 태도, 충동적 성격과 타인 지배 욕구가 강하다.
- 남자학생의 경우 육체적으로 힘이 세다.

나. 불안한 가해학생

- 가해학생 중 가장 자신감이 없고 인기가 낮은 편이며 가정 문제가 많다.
- 신경질적이고 불안해하며 불안정하다.

다. 피해학생/가해학생

- 피해학생이면서 동시에 가해학생이다.
- 전형적 피해학생에 비해 신체적으로 강하며 자기주장이 강하다.

— 인기가 가장 낮은 편이고 화를 잘 내며, 쉽게 타인의 화를 유발한다.

2) 학교폭력의 발생원인

(1) 개인적 요인

자신의 성향이 공격성을 지닌 성격장애를 일으킨다거나 또는 올바르지 못한 생활습관 태도, 잘못된 사고와 가치관 설립, 그리고 어떠한 상황에 따른 판단 미비, 부정적인 자아관, 좋지 못한 교우관계도 원인이 될 것이고 이런 경우는 드문 경우이지만 약물에 대한 중독으로 인한 것들도 있다. 이외에도 많이 있지만 이러한 것들이 최근에 청소년들이 가지는 가장 흔한 요인일 것이다. 이 같은 요인들로 인해 학습의 손상 및 부족으로 인해 청소년들은 빈약한 학교적응 및 학업성취, 공격적이거나 사회적으로 거부당한 아이들과의 교제, 어린 나이부터 성과 약물남용의 위험에 노출되는 등의 환경에 접하게 될 가능성이 높은 것이다.

(2) 가정적인 요인

자식에 대한 일관성 없는 부모의 통제 및 훈육, 모진 처벌, 한계설정의 실패, 사회적 행공에 대한 무시나 보상부족, 부모 자식 간 상호작용의 강제성, 위압성 등은 가족 내 공격성을 강화하는 요인이 되는 듯하다. 자식들이 공격적 행동을 보일 때 대부분의 부모들은 개입을 하게 된다. 그러나 대개 부모의 개입은 일관성 있게 이루어지지 않을 뿐 아니라, 아동들을 순종으로 이끌기 위해 위협하고 고함지르고 밀고 때리고 목을 조이곤 한다. 이런 식으로 강압적으로 자식을 양육하는 가족의 경우 아이들이 지닌 많은 장점에도 불구하고 가정 내에서 부모로부터 빈약한 문제해결 기술을 배울 수밖에 없는 것이다. 또한 빈곤도 폭력증가의 요인이 된다. 빈곤은 사회적 발달에 필요한 기본자원을 감소시키며 효과적 부모역할과 문제해결을 방해하는 요인들을 증대시킨다.

빈곤가정은 수입부족에 의한 절대빈곤 가정과 희망하는 문화생활을 하지 못함으로써 생겨나는 심리적 요인에 의한 상대적 빈곤가정으로 분류되는데 절대적 빈곤가정보다 상대적 빈곤가정이 자녀들에게 무력감, 열등감, 사회에 대한 반발, 반항심, 공격성, 폭력성 등을 초래하게 할 가능성이 크다고 한다.

(3) 학교에서의 요인

학교 당국의 폭력 대처능력이 미흡한 것도 사실이고 비행청소년에 대한 예방 및 치료를 위한 상담이나 대적도 없는 실정이다.

또한 입시 위주의 교육체제, 과대하고 과밀한 학급의 교육환경은 교사와 학생 간, 학생과 학생 간의 인간적인 접촉 및 관계형성에 크게 장애 요인이 되고 있다. 학교교육 내용이 지식전달에 치중하여 정서, 인간교육이 소홀한 것도 학교 내 인간관계의 결합과 관련된 원인이 될 것이며 입시체제, 교육과정 문제, 과대하고 과밀한 학급에 대한 문제는 학교 내에서 교사와 학생, 학생과 학생 간의 신뢰관계의 형성을 어렵게 한다.

(4) 매체를 통한 폭력의 간접 경험

청소년기 이전부터 TV, 영화, PC 등의 영상매체나 폭력묘사 만화와 소설 등의 인쇄매체를 자주 접촉하면서 성장한 학생은 폭력 행사 빈도가 높게 나타나고 있다. 학생들의 성장과정에서 매체로부터 폭력 행사를 간접 경험한 학생이 폭력 행사가 많은 것으로 볼 때 폭력 발생의 원인이 된다고 판단된다.

(5) 학생들의 문화시설과 여가 프로그램 부족

학교에서 친구, 선배, 후배와 이야기를 나누고 공동 활동을 전개하여 상호 간의 신뢰를 쌓지 못하므로 소속감의 연대가 형성되지 않고, 우정이 생성되지 않는 현실이다. 학생 문화시설 부족과 학생들의 여가 프로그램 부족이 학교폭력 발생의 한 가지 원인이 되고 있다.

(6) 개인과 집단의 대립에서 오는 소외감

학생들은 학교 안에서 다양한 생활을 하는 가운데 발생되는 대립 문제를 해결하지 못하므로 소외감이 생기고 이 소외감에 의해서 폭력이 발생되기도 한다. 이를테면 친구에 대하여 차별의식을 갖거나 편견을 갖기도 하고 멋대로 행동하는 학생은 그렇지 않은 사람과 대립하게 되며, 이 과정에서 소외감이 생기기 마련이다. 특히 한 개의 학교에 평균 1~2개의 폭력 집단이 있는데 이들과 대다수 학생과의 대립에서 소외감을 느끼게 된다.

3) 학교 부적응에 따른 학업중단

(1) 학업중단의 개념

학업중단이란 정규 학교(초중고)에 다니던 학생이 비행, 질병, 가계곤란, 이민 등 여러 가지 이유로 도중에 학업을 중단하는 것을 말한다. 즉, 재학 중에 자의나 타의로 인해 소정의 학교 교육 과정을 마치지 못하고 학교를 그만두는 것이며, 사회적으로 졸업자로 인정받지 못하는 일종의 사회 일탈현상이다.

학업중단은 자의로 인한 자퇴(권고퇴학도 포함), 타의로 인한 제적(명령퇴학)의 두 가지로 논의되고 있다. 자퇴와 제적은 본인의 의사에 따른 것인지, 아니면 학교에 의해 퇴학당한 것인가의 구분으로 이것은 자신이 다니던 학교나 동일한 수준의 학교로 복학할 수 있느냐, 없느냐의 차이를 가진다.

올해 교육법 시행령이 개정되기 이전까지 본인의 의사에 따라 자퇴한 경우는 형식상으로나마 복학이 가능하지만 제적을 당한 경우에는 복학이 불가능하였다.

(2) 학업중단의 유형

학업중단의 유형에는 결심하는 동기에 따라 능동형, 도피형, 불가피형으로 구분하고 있다. 즉, 자신이 처한 상황을 적극적으로 극복하기 위해서, 자신이 처한 상황에서 도피하기 위해서, 또는 어쩔 수 없는 상황에서 중퇴하는 경우인지에 따른 구분이다.

① 능동형

재학생이 자신이 처한 상황에서 제기되는 문제를 적극적으로 해결하기 위해 중퇴하는 경우이다. 예를 들면, 인문계 고등학교에 다니고 있는 학생이 대학에 입학하기 위해 또는 경제적으로 독립할 필요가 있어 취업을 해야만 할 상황이라면, 취업 준비로 직업훈련원에 다니기 위해 취업했다면 이 청소년은 능동형 중단을 한 것으로 볼 수 있다.

② 도피형

학교 상황에서 탈출하기 위하여 뚜렷한 대안 없이 학교를 그만두는 경우로서 자신이 부딪힌 문제를 적극적으로 해결하기 위해 중퇴한 것이 아니라 더 이상 학교에 다니기 싫어서, 학교를 빠져나가 흥미로운 생활을 하고 싶어서 막연히 학교를 중퇴하는 경우이다. 예를 들면, 학교가 지겨워 가출을 하고, 이에 따라 무단결석을 하면서 수업시수를 채우지 못한 학생이 제적을 당하느니 차라리 자퇴를 하여 다음에 다시 입학할 기회를 가지려 하는 경우의 중단을 소극적 또는 도피형 중단이라 한다.

중퇴 청소년의 대다수가 도피형으로 분리될 수 있는데 일단 학교를 떠났지만 대안을 마련하지 못해 시간을 낭비하고 유해환경에 노출되는 경우가 많다.

③ 불가피형

학교를 이탈할 수밖에 없는 상황에서 중퇴한 경우로 집안형편상 계속 학업에 전념할 수 없는 경우, 심각한 비행으로 학교에서 제적을 당한 경우 등이 이에 해당된다. 따라서 '능동형'이나 '도피형' 중퇴 청소년보다 개인외적 상황에 크게 구속된다.

이러한 유형을 정리해보면 능동형은 취업 및 기술 습득, 검정고시 등의 원인으로, 도피형은 학교기피, 교칙위반, 성적불량, 교사기피, 불량교우, 학업태만, 급우로부터의 소외(왕따) 원인으로, 불가기피형은 가정빈곤 및 결손가정, 강제퇴학(교칙위반, 수업시수 미달)의 원인으로 학업을 중단한 것이다.

능동적인 원인으로 중퇴한 청소년은 중퇴이후 자신의 진로개척에 적극적인 태도를 보일 것이다. 한편 소극적 원인으로 중퇴한 청소년의 경우 자신의 계획이나 장래에 대한 의지가 불투명하여 진로를 선택하는 과정에서도 오랫동안 방황할 것으로 예상되고 이렇게 방황하다가 문제행동을 유발하는 가능성도 상대적으로 높을 것이다.

(3) 학업중단의 원인

① 학벌 중심 교육풍토

학벌 중심 교육풍토도 넓은 의미에서는 학교교육에 대한 부적응에 포함시킬 수 있으나 한국 사회에서 뿌리 깊은 학연중심 주의는 고질적인 병폐라는 점에서 따로 분리해야 한다. 우리나라에서는 능력 있는 사람을 취업이나 승진 또는 기업체채용 등에 있어서 우선적으로 고려하는 것이 아니라 학연에 의해 사람을 고르는 것은 국가 발전을 저해하는 가장 큰 요소로 작용하고 있다.

현재까지 우리나라에서 초·중·고 12년 간의 교육에 대한 결과가 오직 대입 수학능력 시험의 성적 하나로 사실상 결정되는 것이었기 때문에 모든 교육의 목표가 수학능력시험의 고득점 취득에 있었다고 보아도 과언이 아니다. 초등학교부터 교실에는 오직 두 종류의 학생이 존재하게 되는데 그것은 바로 '공부 잘하는 아이'와 '공부 못 하는 아이'이다. 즉 학벌중심 사회풍토가 우리나라 초·중·고교의 교육에 있어서 입시 위주의 교육풍토를 가져오는 데 큰 영향을 끼쳤음을 부인할 수 없다. 또 다른 문제는 학벌이란 그 사람의 인격이나 개성, 또는 재능 등과 무관하게 그 사람을 평가하는 하나의 잣대로 작용하게 되며, 한 번 취득하게 되면 하나의 사회적 연줄로서 끝까지 지속된다는 데 있다.

입시 위주의 교육풍토는 한국교육의 가장 큰 병폐로 지적되고 있다. 그리고 수시로 바뀌는 대학 입시제도와 어릴 때부터 받는 입시에 대한 부담감은 학생들을 한국의 교육현실로부터 탈출하고 싶어 하는 욕구를 발생시키는 가장 큰 원인이 된다. 동시에 입시 위주의 교육풍토에 적응하지 못하는 학생들은 심한 정신적·육체적 스트레스를 받고 있다. 일류 대학에 진학할 수 없는 과반수 넘는 학생들은 우수 학생들의 들러리가 된다는 자괴감에 빠지게 되어 점점 더 학교생활에 흥미를 잃게 되는 것이다. 이처럼 입시 지상주의의 학교생활에 적응하지 못한 학생들의 중퇴에 대한 욕구가 커질 수밖에 없다는 점을 고려해 볼 때 이와 같은 교육제도의 문제점을 근본부터 고쳐나가는 것이 중고생들의 중퇴를 막기 위한 기본적인 대책이 될 수 있을 것이다. 구체적으로 교내에서 학습부진아들에 대한 지속적인 관심을 보이고 상담활동을 해 나가야 할 것이며 진로상담 및 학습동기 부여에 관해서도 최선의 노력을 기울여야 할 것이다.

② 학교 교육에 대한 부적응

학교 교육에 대한 부적응으로 인해 중퇴를 하는 이유로는 학업에 관련된 문제와 친구 간의 갈등이나 폭력문제, 자신의 생활태도를 지적하는 선생님과의 갈등이나 불만의 세 가지로 나누어 살펴볼 수 있다. 위에서 살펴본 학교폭력이 원인이 되어 학업을 중단하는 경우도 늘어나고 있으며, 최근에는 선생님과의 갈등으로 인한 학업중단도 크게 늘어나고 있는 추세이다.

③ 가정문제

가정불화도 중퇴의 주요 원인이 되고 있다. 정신적으로 매우 예민한 사춘기에 접어든 청소년들에게 가정불화는 마음의 큰 상처로 남을 수 있다. 가정에서 평안과 안식을 얻을 때 학교생활도 보다 원만하고 충실하게 해 나갈 수 있게 되는 것이다. 중퇴에 영향을 미치는 가족의 구조적 측면에는 결손, 이혼, 별거, 재혼과 같은 가족의 형태가 지적되었다. 또한 부모의 양육태도나 중퇴를 경험한 가족구성원 존재, 부모의 음주나 폭력 문제 등의 기능적 측면도 중퇴에 커다란 영향을 미치는 것으로 조사되었다. 또한 가정의 경제적인 측면도 중퇴와 연관될 수 있는데 집안이 어려운 학생이 부유한 학생에 비해 중퇴를 할 확률이 3~4배 더 높다는 연구결과가 나타났다. 중퇴문제뿐 아니라 청소년이 경험할 수 있는 각종 비행을 예방하기 위해서도 가정의 역할과 기능 회복은 매우 중요하다 하겠다. 가족 간의 적대적인 분위기나 부모의 무관심과 방임이 청소년 문제의 가장 큰 원인이 되고 있다.

(4) 학업중단 청소년의 특성과 당면문제

청소년을 주변인이라고 한다면 청소년과 중고등학교 학생을 거의 동일하게 생각하는 우리 사회에서 학업중단 청소년이란 위치는 어디에도 속하기 어려운 존재이다. 따라서 학업중단 청소년은 청소년들이 발달과정상에 갖는 어려움은 물론 문제아 또는 실패자라는 낙인과 소외감, 좌절감 등으로 인하여 이중의 고통을 겪는다.

청소년의 학업중단에 대해서는 긍정적인 시각도 있으나 대부분 부정적인 관점을 견지한다. Elliot(1974)는 긴장 이론의 관점에서 중퇴 후 비행률이 줄어든다고 주장한 반면, Wolfang(1987)은 중퇴 후 비행이 증가하였다고 주장하고 있다. 또한 중퇴는 직업선택의 기회제한에서부터 실업, 복지에 대한 의존, 비행행동에 이르는 부정적인 결과를 초래한다. 중퇴 그 자체가 비행이라 보기는 어렵다. 그러나 우리나라의 경우 청소년 범죄 중 중고등학교를 중퇴한 청소년들이 저지르는 범죄는 이미 상당한 비율을 차지하고 있을 뿐 아니라 해마다 그 비율이 높아지고 있다. 이러한 중퇴와 비행과의 밀접한 관계는 이미 김준호 외 연구와 김기태 외 연구에서도 밝혀진 바 있다. 그러나 중퇴청소년 모두를 우범자집단으로 생각하는 것은 잘못된 생각이다.

미국의 경우 최근 들어 청소년의 중퇴문제는 매년 그 수가 증가하고 있어 사회적 관심이 급격히 증가되고 있는데 일부 청소년의 경우는 스스로 학교 가기를 거부한 경우가 대부분 자퇴이고 일부 청소년의 경우 학교에서 강제로 퇴학당하기도 하지만 이러한 경우에는 중퇴에 대한 대안적 서비스를 제공하도록 규정하고 있다. 이처럼 학생이 학교에서 잘 적응하지 못한다면 적응을 돕기 위한 제도적 장치를 보완하고 개발하는 것이 국가나 사회의 책임임에도 불구하고 우리나라의 경우 지나치게 개인이나 가정의 책임만 강조함으로써 국가나 사회의 책임을 회피하려는 소극적인 자세를 치하고 있다.

Erickson은 비행청소년에 대한 관점을 강제적 접근, 조력적 접근, 발달적 접근으로 나누고 있는데 강제적 접근이란 청소년을 문제를 일으키는 집단으로 간주하여 사회적 통제를 해나가는 것이며, 조력적 접근은 비행청소년을 여러 가지 위험에 처해 있어 도움이 필요한 아이들로 인식하는 것이며, 발달적 접근은 청소년기의 일탈행동을 청소년기에 나타나는 성장과정의 일부로 처벌이나 제한을 하는 것이 옳지 않다고 보는 견해이다. 이러한 Erickson의 관저에 따르면 지금까지 우리나라 중퇴청소년과 그 부모에 대한 시각은 통제적·강제적 접근 일변도였음을 알 수 있다.

따라서 중퇴청소년과 부모에 대한 시각을 조력적·발달적 관점으로 전환해야 한다고 생각하고 있는데 그 이유는 다음과 같다.

첫째, 중퇴 원인에 있어 개인적 요인보다는 학교적 사회적 요인 등 환경적 요인이 크다는 점이다. 중퇴에 관한 선행연구를 통해 학생을 중퇴로 이끄는 요인을 분석해 보면 크게 부모의 태도, 가족의 형태 등과 가정적 원인, 공부가 싫어서, 성적불량, 무단결석 및 교칙위반 등의 학교부적응과 같은 개인적 요소, 선배교사의 구타, 학교에 대한 불만, 처벌 경험 등의 학교적 요인, 유해환경 등의 사회적 요인 등 크게 4가지로 대별해 볼 수 있다. 이 중 중퇴에 보다 중요하게 작용하는 것은 개인적 요인보다 가정요인, 학교요인, 사회요인이다.

특히 학교 부적응과 같은 개인적 요인도 엄격히 말하자면 청소년 개인의 문제라기보다는 중퇴를 하도록 학교에서 내밀고 사회에서 끌어당기는 외적 요인이 크게 작용함을 감안해 볼 때 중퇴 원인은 학교나 사회, 가정에 보다 많은 책임이 있음을 알 수 있다. 또한 이러한 사실은 중퇴에 대한 기존의 결과를 재구성해 본 결과 동일하게 나타났다.

둘째, 청소년이 중퇴를 결심하는 것은 자신의 문제 상황을 적극적으로 해결하기 위한 선택이라기보다는 도피하거나 어쩔 수 없는 불가피한 상황에서 행해진다는 점이다. 중퇴동기에 따라 중퇴유형을 조사해본 송광성 외 연구와 김기태 외 연구에 따르면 실제 많은 청소년들이 학교 다니는 것이 싫거나 학교 상황을 탈피하기 위해 뚜렷한 대안 없이 학교를 그만두는 도피형이나 학교의 명퇴 등 타의에 중퇴를 할 수밖에 없는 불가피형이 높았다. 문제는 능동적인 원인으로 중퇴한 청소년의 경우 중퇴 이후 자신의 진로개척에 적극적인 태도를 보일 수 있지만 도피적, 불가피한 원인에 의해 중퇴한 청소년의 경우 자신의 계획이나 장래에 대한 의지가 불투명하여 진로를 선택하는 과정에서 오랫동안 방황할 것으로 예상되고 있다. 이와 같은 심리적·정서적 갈등은 문제행동으로 연결될 가능성이 상대적으로 높다고 하겠다.

셋째, 중퇴 이후 많은 청소년들이 적절한 보호나 지원을 받지 못하고 방치되어 있다는 점이다. 부산광역시의 경우 약 40%의 중퇴생만이 중퇴 후 취업 또는 기술학원 등에서 기술을 배우는 등 새로운 생활에 적응을 위해 노력하고 있었고 약 50%의 중퇴 청소년들은 집에서 하는 일 없이 소일하거나 가출 또는 행방불명된 상태이다. 뿐만 아니라 취업을 한 청소년의 경우도(26%) 중퇴생이라는 낙인이 찍힌 상태에서 선택할 수 있는 업종이 매우 제한적이고 직업적 여건이 열악할 것이라는 것을 감안해 볼 때 이것은 학교가 일반적 예방이라는 미명 아래 그들을 유해환경에 방치한 것이라 할 수 있으며 이러한 상황은 타도시에서도 마찬가지이다.

넷째, 학생의 중퇴는 청소년과 그 가족에게 스트레스를 주는 위기적 사건이다. 위기는 질병이 아니라 성장발달의 가능성을 내포하고 있는 생의 전환점의 불균형 상태로서 현재의 문제를 해결할 뿐 아니라 이전의 문제를 재조정하는 기회를 갖게도 한다. 그러나 위기 상태가 해결되지 않고 지속되면 긴장은 심해지고 적절한 대처기제가 작용하지 못한다. 이 시기에는 외부의 도움이 더 필요할 뿐 아니라 도움을 받고자 하는 욕구가 강하므로 적은 노력으로 큰 효과를 거둘 수 있다. 따라서 이 시기에 적합한 사회적 지원은 매우 필요하며 효과적일 수 있다.

4. 학교 문화의 개선방안

1) 학교 및 교사의 측면

학교 문화는 청소년과 더불어 교사, 학부모 모두가 노력해야 변화할 수 있다. 이는 다시 말해 교사 역시 학교 문화를 개선하기 위해서 노력을 해야 한다는 뜻이다. 이미 시대의 흐름이 따라 많은 교사들이 권위적이거나 사무적인 태도를 내려 놓고, 청소년의 눈높이에 맞추어 함께 하고자 하는 의지를 보이고 있다. 그럼에도 불구하고 아직 교사로서 학생들의 변화를 위해 솔선수범하고, 긍정적인 교사−학생관계를 위하여 해야 할 역할이 많을 것으로 예상된다.

학교에는 Wee클래스, 더 나아가 연계할 수 있는 Wee센터, 각 지역에 있는

1388(청소년상담복지센터), 정신건강증진센터 등 다양한 상담창구가 마련되어 있다. 그러나 실제 상담을 진행하기에는 여러 가지 어려움이 따른다. 상담이 필요한 학생들의 관심이나 학부모의 관심이 없는 경우도 있고, 긴급하게 지원되어야 할 학생이 있음에도 업무가 너무 과중되어 실제 지원이 이루어지기 어려운 경우도 있다. 이를 위해 청소년들이 상담할 수 있는 더 많은 지원을 통하여 청소년들이 겪는 어려움을 약간이나마 해소할 수 있는 창구로서 역할을 해야 한다.

또, 다양한 부모교육이 지원되어야 한다. 청소년의 효율적 지도를 위해서 교사연수를 통한 교원의 자질향상과 노력만으로는 부족하다. 청소년의 부모교육 프로그램을 운영함으로써 비행의 예방, 치료 등에 관한 부모들의 이해를 돕고 필요한 정보를 제공해야 할 것이다.

학교 외에도 학교문화를 개선하기 위해서는 다양한 노력이 필요하다. 먼저, 청소년들의 공동체 의식향상을 위해서는 청소년복지관 건립과 청소년단체 및 시설이용을 위한 홍보가 필요하다.

사회교육기관으로서의 복지관은 심신의 조화로운 발달과 여가선용을 기할 수 있도록 각종 체육, 오락시설을 갖출 뿐만 아니라 필요에 따라 청소년 관련 사회교육 프로그램을 운영할 수 있다. 많은 청소년단체들이 홍보 부족에 따른 인식부족으로 인하여 설립취지와 목적을 만족스럽게 달성하지 못하는 실정에 비추어, 청소년 및 자원봉사자들에게 효율적으로 홍보할 수 있는 체계적인 접근방법이 정립되어야 한다. 이러한 개선을 통하여, 학교 밖에서 스트레스를 충분히 풀 수 있도록 하여, 건전한 학교문화 형성에 기여할 수 있도록 한다.

1 학교문화의 특징에 관한 설명으로 옳은 것은?

① 학교문화는 구성원 간에 상호작용 없이 교사문화, 수업문화, 학생문화가 구별되어 나타난다.

② 학교문화는 구성원의 특성이 유사하여 갈등과 대립이 나타나지 않는다.

③ 교사문화는 개별성이 강하기 때문에 준거지향적 특성을 지닌다.

④ 수업문화 중 잠재적 교육과정은 표면적 교육과정과 달리 교사와 학생 간 상호작용이 나타나지 않는다.

⑤ 학생문화는 학교 안에서 나타나는 청소년문화의 하위문화적 특성을 지닌다.

2021년 청소년지도사 필기 기출문제

1 하그리브스(D. Hargreaves)가 제시한 학교문화 유형에 관한 설명으로 옳은 것은?

① 온실(hothouse) 학교문화는 가장 이상적인 학교모습이다.

② 생존주의자(survivalist) 학교문화는 사회적 통제가 강하다.

③ 효과적인(effective) 학교문화는 친밀함 속에서 모든 구성원들이 감시와 통제 아래에 있다.

④ 형식적(formal) 학교문화는 사회적 응집이 강하기 때문에 관대하고 편안한 분위기를 보인다.

⑤ 복지주의자(welfarist) 학교문화는 표현적 차원은 높고, 도구적 차원은 낮은 형태이다.

2020년 청소년지도사 필기 기출문제

1 학교문화에 관한 설명으로 옳지 않은 것은?

① 잠재적 교육과정은 수업문화에 포함되지 않는다.

② 학교 구성원들 간의 상호작용으로 형성되는 문화이다.

③ 교사문화는 준거문화적 특성을 지닌다.

④ 교사문화, 수업문화, 학생문화가 혼재되어 있다.

⑤ 학생문화는 청소년문화의 하위문화적 특성을 지닌다.

Chapter 07 청소년의 대중문화

대중문화: 대중매체에 의해 상품으로 대량 생산, 재생산되어 대중에 의해 소비되는 문화

네이버 지식백과

1. 대중문화의 개념

1) 대중매체의 개념

현대는 정보와 영상의 사회이다. 인간의 시각과 청각을 통해 동시에 작용함으로써 최단시간에 최대량의 정보와 오락을 제공하며 삶의 질과 모습을 송두리째 바꾸어 놓는 것이 영상매체의 위력이다. 그래서 인류의 문명사에서 이처럼 막강한 힘을 가진 발명품이 일찍이 없었다는 결론이 나오게 되는 것이다. 이제 인간은 자신이 만들어 놓은 이 거대한 힘을 제거할 수도 없고 스스로 벗어날 수도 없는 상황에까지 왔다. 여기에서 우리에게 남은 선택은 이 새로운 매체의 기능과 효과를 어떻게 이해하고 수용하며 관리하느냐의 문제이다. 우선 고려되어야 할 것은 영상매체도 다른 사회 서비스와 마찬가지로 수요와 공급의 작용으로

이루어진다는 점이다. 서비스를 제공하는 사람(공여자)과 받는 사람(수혜자) 모두가 권리와 의무가 있다. 비디오, 영화, TV 등의 매체는 이를 연구 개발하고 제작하는 측이 있고 다른 사업과 마찬가지로 재정적 수입을 전제로 하여 매체산업이 유지·발전한다. 한편 수혜자는 불특정 다수의 시청자로서 모든 계층과 남녀노소를 포함한다.

(1) 일반적 기능

오늘날 대중매체는 정보와 의견의 전달수단으로서, 또는 오락의 수단으로서 우리 생활에서 불가분의 사회제도가 되었다. 이렇게 대중매체는 우리생활과 밀접하게 관련되어 있고 여러 가지 다양한 사회적 구실 또는 기능을 수행한다. 따라서 대중매체의 이해는 우선 그 사회적 기능의 이해를 필요로 한다. 대중매체는 사회체계의 하부조직체로서 상호 연관된 행위체계를 갖는다. 매체는 의사소통적 거리를 축소시킨다. 사람과 사람의 사이, 지역과 지역의 거리를 축소시키고 결국 정보가 있는 곳에서 없는 곳으로 이동을 의미한다. 현대사회에서 미디어를 통한 정보는 새로운 현실에서 가상 내지 초현실로의 이동을 강조하거나 강제한다. 미디어의 오늘날 중요한 기능은 존재하는 그 자체를 전달하는 것보다 해석하고 조정하고 그리고 새로운 의미를 부여한다. 미디어는 모든 종류의 지식을 전달하는 기능을 갖고 있으며, 다른 제도들을 대신하여 미디어는 사회의 모든 사람들에게 개방적이고 공평하고 자유롭고 적은 비용으로 이용할 수 있게 한다.

(2) 문화적 기능

문화란 생활 속에 뿌리를 내린 사회구성원들 의식의 총체적 표현이다. 문화의 발전은 사회구성원들이 공유하는 육체적·심리적 행위의 양식만이 아니라, 이의 결과로 만들어진 가치관·지식·물질적 소산의 전체가 사회구성원들에게 전수되고 변형됨을 의미한다. 문화적 능력은 한 사회에 소속된 개개인이 자신의 삶의 형태, 삶에 영향을 미치는 사회이념과 제도가 바람직한 것인가를 반성하는 능력을 의미한다. 이러한 문화적 능력을 배양시키는 역할을 하는 것이 대중매체이다. 매체에 노출되면서 인간은 건전한 생활규범의 창출 기능 수행을 통해 자아의식을 행동화하는 규칙, 즉 생활규범을 창출해주는 기능을 한다. 대중매체는 규범의 원천적 제시자로서 기능을 한다. 즉, 보도내용을 통하여 규범에의 일탈을 여론화함으로써 제재를 통한 통제의 역할을 할 수 있어야 하며, 건전한 사회규범을 보급하는 기능과 규범의 일탈을 제재하는 기능을 동시에 수행한다. 특히, 대중매체는 거창한 국가관이나 애국심의 고양보다는 성실한 생활인의 행동양식을 민주적 생활 규범으로 제시할 수 있는 사회적 규범교육의 미디어여야 한다.

(3) 사회적 기능

사회화의 중심매체로서의 미디어는 인간은 인간성·지성·소양·소질·행동양식·가치관 등을 갖게 되며, 이 사회화는 인간을 수동적이 아니라 사회에 대하여 능동적인 존재로 만든다. 대중매체는 사건과 정보를 설명하고 해석하고, 평가한다. 그것은 합의를 창출하고 여론을 형성하고, 갈등을 해소하도록 한다. 대중매체는 또 정부나 기업이나 그 밖의 사회조직들을 감시하고 견제한다. 그것은 사회규범을 강화하고 일탈을 방지하는 데도 기여한다.

2) 대중문화의 개념

대중문화에 대한 개념의 정의는 국내외 학자들마다 약간씩 차이가 있다. 대중문화를 규정함에 있어 문화 현상의 대량생산, 대량소비와 관련지어 정의하는가 하면, 그 어원에 바탕을 두고 정의하기도 한다.

대량생산, 대량소비의 특성으로 대중문화를 해석하는 경우는 여러 학자들에 의해 제기되었는데, 그 중 MacDonald(1957: 59)는 대중문화란 시장에 팔기 위해 가공된 문화이며 대중매체를 개발하여 대량 소비를 겨냥한 제품이라고 정의하였다. 또 Real(1977: 14)은 Mass mediated culture라고 하였다. 즉, 대중문화란 대중매체를 통해 전달되는 문화이며 인간 개체에는 순간적으로 전달되는 것이고, 사회체제 내에서는 널리 확산되는 것이며 아주 지적인 대상일 수도 있고, 아주 경박한 대중의 행위도 포함되는 것으로 보았다.

반면 대중문화의 어원을 분석하는 학자들은 대중문화를 mass culture로 보느냐 아니면 popular culture로 보느냐에 따라 의미가 달라진다고 주장한다. 그

중 mass culture로서의 대중문화는 유럽의 근대사회가 성립된 이후의 문화 현상으로서 가치 부정적인 문화로 비판받는 반면, popular culture란 용어는 역사적으로 기원이 오래된 것으로서 Gans란 학자는 이를 취향 문화론적 관점에서 설명하고 문화의 다원주의적 성격을 가졌다고 주장한다.

이러한 대중문화에 대한 논의를 고려할 때 대중문화란 대중에 의해 향유되는 문화이며, 대중매체에 의해 전파되는 문화, 대중사회에서 생성되는 독특한 문화, 대중화 현상을 낳는 문화라고 특정지을 수 있다.

3) 청소년과 대중매체, 대중문화

대중스타의 탄생은 대중문화의 확산과 같은 궤적을 그린다. 역사적으로 대중문화의 확산은 기술적 혁신에 근거한 매체의 발명, 발달, 확산과 밀접하다. 따라서 대중스타와 대중문화 그리고 대중매체는 삼각형의 세 꼭짓점처럼 서로 연결된 동일한 길이의 변과 같다. 근대사회에 들어와 과학기술의 획기적 발달에 힘입어 세 꼭짓점을 연결하는 각각의 변은 서로 상응하는 체제를 이루며 그 영역을 부단히 확장하기 시작하였다. 그러나 실제로 각 영역을 확장하는 데 기본적인 힘을 부여한 것은 단연 대중매체라 할 수 있다. 대중매체가 인류의 일상에 자리 잡으면서 삼각형의 영역에 포섭된 공간은 무한히 확장되기 시작하였고 그 힘 역시 놀라울 정도로 증폭되기 시작하였다.

구체적으로 라디오의 발명은 대중스타와 대중문화의 탄생을 동시에 알린 전조였으며 최초로 '대중'스타를 '대중'이 공유할 수 있도록 한 계기였다. 초기 무선전신의 기술적 발달을 기초로 말과 음악을 고주파 라디오 전파로 전환하여 송·수신할 수 있게 되면서, 인간은 의사소통에 있어 비로소 구어단계와 인쇄단계를 넘어 전자단계로 들어서게 되었다.

라디오는 본격적인 전자단계의 의사소통 체계를 제공하였고, 특히 전자매체를 중심으로 인적관계의 분리(메시지의 공급자와 수용자)와 각 주체를 연결짓는 물적 상품(프로그램, 스타 등)의 존재를 본격화하였으며 상호 간의 관계 역시 구조화를 이룬 최초의 매체였다.

필름의 발명과 촬영술의 도약적인 발전에 힘입어 초기 활동사진이 영화로 탈바꿈한 이래 은막의 대중스타가 몽환적 이미지를 앞세워 대중에게 강력한 힘을 발휘하게 된 계기는 할리우드(Hollywood) 영화산업의 등장과 밀접하다. 제2차 세계대전 이후 막강한 미국의 자본을 배경으로 등장한 할리우드 영화산업은 잘 짜여진 각본과 최첨단 영화기술을 앞세워 효과적인 스타 산업시스템을 꾸려가기 시작하였다.

허상의 이미지로 구성된 은막의 스타들은 대중으로 하여금 실재를 잊게 하는 존재이자 현실에도 지대한 영향을 미쳐 실재 자체를 바꾸는 힘으로 기능하였다. 그래서 은막의 스타들은 당대의 유행을 창출하고 또 삶의 형식과 내용의 변화를 유도하며 리드해 가는 기제로 작동되었다. 스타들의 헤어스타일이나 메이크업, 패션 스타일, 심지어 스타가 입었던 청바지가 당대의 기준으로 작용하기까지 하면서(이경기, 1995) 대중문화의 인공성에 대한 은막스타의 힘은 강력하기만 하였다.

TV는 대중문화가 일상의 문화로 안착할 수 있도록 지원하였고 프로그램과 수용자와의 관계에 거대한 자본의 힘을 역시 일상적으로 부여하는 계기를 마련한 매체였다. 이로써 대중스타는 수용자의 일상을 지배하는 힘을 구조적으로 갖추게 되었고, 동시에 자본의 권력 앞에는 수동적이고 종속적인 자기위치를 점유하게 되었다. 이는 TV라는 대중매체와 수용자의 사이에 영향력 있는 이데올로기적 중개자, 혹은 탁월한 대중의 상품구매력을 유인하는 상품 그 자체로서의 대중스타가 비로소 일상적으로 배치되었음을 의미하며, 곧 스타산업 시스템이라는 새로운 문화산업의 주도적 기능이 향후 TV를 중심으로 발현될 것이라는 예언으로 받아들여졌다(White, 1987).

여기에 더해 VTR은 전파와 필름이 갖는 일회적이고 공공적인 힘을 사적 영역에서 누적적이고 안정적으로 포섭 가능하게 하는 물리적 기계력을 발휘하였다. 특히 비디오 매체는 현실의 끊임없는 재현과 상업적 이윤추구의 독특성을 음악을 통해 연결함으로써 뮤직비디오라는 새로운 장르의 상품을 탄생케 하였고, 나아가 청소년문화를 지배적인 소비문화로 편입시킨 장본인이라는 지적을 받기도 하였다(Jameson, 1985).

컴퓨터는 메시지의 송신자와 수용자의 일방적 커뮤니케이션 관계를 쌍방적 커뮤니케이션 관계로 전환하였다. 나아가 정보통신기술과 네트워크 테크놀로지에 기반을 두어 탄생한 인터넷은 수용자인 대중의 참여를 가능케 하였고, 유사 현실을 창출하면서 현실의 시간과 공간을 확장하였으며 나아가 소비자로서 국한되었던 수용자 대중의 기능을 생산의 영역까지 넓히는 주력 미디어로 자리 잡기 시작하였다.

이 두 매체는 대중문화와 대중스타의 영역에 독특한 전환점을 제공하였는데 먼저, 대중문화의 영역에서 컴퓨터와 인터넷은 수용자이기만 했던 대중이 자생적 문화생성력을 발휘할 수 있는 통로와 공간을 제공하였다는 점에서 특기할 만하다.

아울러 인터넷의 힘을 빌려 수용자 간의 네트워크를 구축함으로써 수용자 개인들은 집단적 체계를 갖추어 또 다른 공공의 힘을 발현하게 하는 계기를 부여하였다. 지금까지의 대중매체가 대중을 대상으로 하는 대중적 매체라 한다면 컴퓨터와 인터넷은 이 같은 쌍방향적 전달체계와 네트워크 체계를 기반으로 비로소 대중으로부터의 문화생성을 가능케 하는 대중문화의 '진정성'을 발현케 한 것이다.

이러한 변화는 대중스타의 영역에도 곧 전이되어 팬과 스타 간의 일방향적 관계와 제한적 소통양식에 적지 않은 영향을 미치게 되었다. 알다시피 컴퓨터와 네트워크 테크놀로지의 발달에 근거한 PC통신과 인터넷은 팬들의 스타에 대한 소통을 원활하고 용이하게 하였다. 특히 인터넷을 기반으로 '사이버 커뮤니티'를 형성할 수 있게 되면서 팬들은 동일한 대중스타를 선호하는 집단 간의 집단적 의식과 행동을 용이하게 할 수 있게 되었다.

이처럼 대중매체의 출현과 역사적 발달은 대중문화의 생성과, 대중문화가 인간 삶의 전 범위로 안착하게끔 확산하는 기능을 발휘하였다. 특히 대중스타를 중심으로 살펴보면 대중스타와 대중문화를 향유하는 대중 사이의 혹은 대중스타와 팬과의 관계에 있어 힘의 역동성을 전화하고 변주하는 주요 요인으로 작용하였다.

2. 대중문화의 유형

1) 팬덤현상

청소년의 대중스타 수용현상은 발달심리적 측면 혹은 문화이론적 측면에서 살펴보든 청소년의 자아정체감 형성과정에서 나타나는 자연스러운 현상이다.

팬덤(Fandom)이 이 시대의 뚜렷한 문화현상으로 자리잡고 있다. 이른바 스타를 일방적으로 좇거나 스타들이 창출해 내는 제반 현상을 수동적으로 받아들이던 예전과 달리 수년 전부터는 대중문화를 리드하는 주체로서의 위상을 정립하고 있다.

현재 문화주류로서 자리하고 있는 팬덤의 본격적인 시작은 1980년대 조용필의 '오빠부대'라는 데 이견이 거의 없다. 조용필로부터 시작된 이러한 팬덤문화는 서태지의 팬클럽 등으로 발전해왔다. 최근 팬덤문화는 특정 스타와 장르를 선호하는 것에서 벗어나 팬들의 모임에서 시작, 스타나 특정 텍스트에 대해 갖고 있는 팬 의식까지 포괄하고 있다. 팬덤의 특징 중 가장 두드러지는 것은 스타가 아니라 팬이 스스로 주체가 된다는 점이다. 이런 의미에서 본다면 대중문화 연구자인 존 피스크가 팬덤에 대해 대중문화에 대한 대중의 공식적이고도 자발적인 참여방식이자 생산적인 행위라고 한 설명이 딱 들어맞는다.

이동연(2001)은 문화개혁을 위한 시민연대 활동을 통해 갖게 된 팬덤에 대한 인상을 아래와 같이 표현하고 있다. "첫째, 우리 시대의 팬덤은 하나의 문화현상에서 문화실체(cultural entity)로 이행하고 있다. 둘째, 팬덤 문화는 그 안에 다양한 문화적 취향과 차이들이 존재한다. 셋째, 팬덤 문화는 스타-팬 사이의 획일화된 종속관계를 스스로 거부하며 자생적인 문화 실천을 하고 있다. 넷째, 팬덤 문화는 이중적인 문화자본의 형태를 띠고 있다." 이처럼 최근의 팬덤 논의는 팬들의 문화소비현상이 그들만의 특정한 의미와 비판의식을 지니고 있다는 쪽으로 진행되고 있다.

팬 집단은 결코 수동적인 존재가 아니다(김창남, 2000). 오히려 대부분의 경우 팬은 적극적이고 생산적이고 주체적으로 스타가 등장하는 미디어를 이용한다. 팬은 스타가 등장한 문화 상품을 생산자의 손에만 맡겨놓지 않고 그들의 주관적 이용을 통해 최종적으로 그 의미를 완성하는 작업을 하는 존재이다(박동숙, 2000). 이러한 능동성이 조직적인 모습으로 나타나는 것이 팬 문화이다.

열광적인 팬 집단일수록 자신들의 문화적 기호와 취향을 다른 사람들의 것과 명확히 구별하고 차별화하려는 의식이 강하다. 단순히 문화를 수용하는 것에서 벗어나 자기의 욕구를 표현하려고 하는 경향이 강한 것이다. 팬클럽은 청소년들을 단순한 문화 수용자의 위치에서 벗어나 무언가에 참여하고 생산하려고 하는 욕구를 하나의 조직적인 형태로 결집시킨 것이라 할 수 있다. 즉, 팬은 일반적인 문화의 수용자와는 다른 조직적 힘을 구축할 수 있는 집단으로 판단되어진다.

팬덤 활동에 참여하는 10대들은 인터넷을 통해 새로운 의사소통과 문화생산의 공간을 만들어가고 있으며 이 과정을 통해서 새로운 정체성을 획득할 수 있다. 일반적인 개인들은 타자와의 비교를 통해 자신들의 정체성을 형성하고자 한다. 팬들의 경우는 이러한 경향을 좀 더 가시적으로 확인할 수 있다. 개별자로서의 팬들은 팬클럽과 인터넷 팬 페이지를 통해 모여 하나의 동질적인 집단을 형성하고 다른 이들로부터 특정 스타를 좋아하는 자신을 분리해냄으로써 집단적으로 자신들의 정체성을 확인한다.

또한 팬들 간의 교류와 연대의식은 이들만의 특별한 대안적 사회공동체를 만들어 냈다. 이 공간에서 느끼는 소속감과 행복감은 팬이기 때문에 가능한 것이며 팬들 스스로는 팬덤이 팬들에게 현실도피를 제공해주는 것이 아니라 보다 인간적이고 민주적인 이상적 공동체의 형성을 통해 현실에 대한 대안을 제공하는 것이라고 말하고 있다. 즉, 과중한 학교공부와 스트레스에 지쳐 있는 10대들의 욕구불만을 해소하는 해방구 역할을 하고 있는 것이다.

10대들은 팬덤 활동을 통해 집단 안에서 의사소통하는 방식을 습득한다. 다양한 조건을 가진 다수의 사람들로 구성된 팬덤 그룹 내에서 서로의 의견을 조율하고 자신이 원하는 것을 말하고 있는 것이다. 인터넷상에 존재하는 다양한 팬클럽 자체가 다양한 구성원들로 이루어져 있고 개인적으로 찾는 이들이 대부분이라 낯선 사람과의 의사소통을 경험하는 공간이 되기도 한다. 팬덤 활동을 통해 만나게 된 10대들은 스스로 선택한 닉네임으로 자신을 소개하고 각 공간에서의 나름대로의 규칙에 따라 자신을 드러낸다.

현지영(1999)은 팬클럽들이 운영을 위해 각 팬클럽 구성원들의 특성을 고려하여 저마다의 여론수렴 체제를 잡고 있으며 회원들은 여러 경로를 통해 자신의 의사를 전달하고 그에 따른 만족감을 얻는다고 이야기하고 있다. 팬클럽은 의결된 내용을 집단 구성원들의 힘으로 함께 실현시킨다는 점에서 많은 10대들에게 상당한 매력을 가진다고 설명하고 있다. 선택과 결정이 배제된 대다수 청소년들이 가진 일상의 경험은 팬클럽이라는 틈새에서 얻는 자기결정의 만족감을 통해 보상된다고 본 것이다.

팬덤은 즐거움을 목표로 기존에 존재하지 않던 새로운 문화를 만들고 있다. 박동숙(2000)은 주류 문화 생산이 이윤추구를 위해 이루어지는 것에 비해 팬들의 창조행위는 자신들의 감정, 느낌, 생각 등을 공유하기 위한 것이 주요 목적이라고 보고 있다. 10대 팬들은 나름의 방식으로 대중문화를 적극적으로 수용하고 변형시키며 그 과정에서 자신들의 욕구를 만족시키고 있다.

즉, 팬클럽의 활동은 10대들이 대중문화를 수용하는 과정에서 제도교육이나 지배적인 질서에서 성취될 수 없는 욕구를 성취하도록 하고 있는 것이다. 또한 부모세대의 일방적 결정에 저항하는 최후의 영역이 되기도 한다. 그들은 기성 문화와는 다른 감수성, 다른 정서구조로 기성문화에 저항해간다. 10대들은 기성세대들이 요구하는 수동적인 문화에 만족하지 않고, 자신들의 감정을 솔직하게 표현할 수 있는 새로운 문화를 생산해내고 있다.

팬들은 그들이 접하는 스타에 수동적으로 반응하는 것이 아니라 자기 스스로의 방식으로 해석하고 자기들만의 고유한 문화를 만들어 가고 있는 것이다. 그들은 기성세대들을 배제시킨 자신들만의 공동체를 형성하고, 그들의 중성적인 정체성을 표현할 수 있는 스타일들을 적극적으로 개발하고 있다.

지금껏 살펴본 것처럼 청소년들은 대중문화 상품의 소비를 통해 자신의 소비를 과시하며 새로운 정체성을 드러내고 있으며, 팬클럽 가입을 통해 그 집단의 회원이라는 정체성을 형성하고 서로 간의 동질감을 공유하는 역할을 하면서 소속감을 느끼게 된다(양재영, 1994).

그러나 팬덤에 대한 우려의 목소리도 점차 높아지고 있다. 일부에서는 팬덤을 '맹목적인 광신도'라는 병리학적 관점에서 바라보기도 하고 심지어 '파시즘'으로 매도하는 평론가도 있을 정도이다.

실제로 상당수 청소년들의 팬덤 문화는 위험수위를 넘어서고 있는 경향을 보이고 있다. 비근한 예로 인기 댄스그룹 멤버를 음주운전으로 적발했을 당시 해당 경찰서에는 욕설전화가 빗발치고 항의메일로 인터넷 홈페이지가 다운될 정도였던 일은 시사하는 바가 크다. 선호하고 즐기는 것을 떠나 불법행위를 맹목적으로 두둔하는 이러한 현상은 지나친 스타열병과 팬덤 문화가 판단력과 도덕성까지 마비시킨 것으로 해석할 수밖에 없기 때문이다.

매스미디어와 인터넷 등의 발달과 함께 문화 주체세력으로 급성장한 팬덤 문화는 시간이 흐르면 흐를수록 팬덤문화는 찬반양론에도 불구하고 그 영향력은 점차 다양해지고 지대할 것임은 분명해 보인다. 다만, 일부에서 지적하듯 도가 지나치거나 불법적인 것까지도 옹호하는 폐해는 반드시 풀어야 할 숙제로 남아 있다.

2) 대중음악

대중음악이란 대중이 함께 즐길 수 있는 음악으로, 일상에서 많이 듣거나 부를 수 있는 음악을 뜻한다. 시대에 따라 대중음악의 특성과 전파되는 방식은 계속 변화하였지만 현재 대중음악은 방송 매체를 통해 흔히 접할 수 있는 대중가요를 뜻한다. 대중음악의 특징을 살펴보면 다음과 같다(김연서 외, 2021).

첫째, 대중음악은 근대사회의 산물이다.

둘째, 음반매체나 방송매체 등 대중매체를 주로 전달 매체로 삼고 있다.

셋째, 작품의 창작자와 작품의 오리지널티가 비교적 분명하다.

넷째, 한국 전통음악이나 서양식 고급음악과도 다른 나름의 작품적 특성을 지니고 있다.

다섯째, 당대의 대다수 서민들이 향유하는 서민문화에 속한다.

한국은 케이(K-) 열풍을 불러일으키고 있다. 그 중에서도 당연 선두에 있는 것이 케이팝(K-pop)이라고 할 수 있다. 케이팝 스타를 통하여 한국 문화를 알리고 굿즈, 관광, 음식, 기부 등 다방면에서 파급력을 전파하고 있다.

3. 대중매체의 영향력

청소년의 일상생활과 가치관에 미치는 대중매체의 위력은 매우 크다. 우리보다 먼저 대중매체를 경험한 미국의 한 조사연구에 따르면, 청소년 가치관의 변화에 영향을 미치는 요인이 1960년에는 부모, 교사, 친구, 성직자, 청소년지도자, 대중스타, 친척, 대중매체 등의 순이었으나, 1980년에는 친구가 부모와 교사를 추월하여 가장 영향력을 미치는 변수가 되고, 부모 다음으로 텔레비전, 라디오, 영화 등 대중매체가 3위를 차지하게 되었다. 즉, 청소년의 가치관과 행동에 영향을 미치는 요인으로 대중매체는 20년 동안에 다섯 단계를 뛰어넘은 것이다. 우리나라 청소년들에게도 대중매체는 학교, 가정과 함께 중요한 사회화 도구이고, 대중매체의 영향력은 매우 클 것이다. 매스미디어를 통한 청소년의 범죄가 주원인이라 할 수 있는 몇 가지 이유를 들면 첫째, 증대되고 있는 현대사회의 청소년의 비행의 특성, 원인, 정도에 관하여 대부분의 정보가 매스미디어를 통해 유포되고 있고, 그 같은 비행을 뉴스로 다룸으로써 비행에 관한 수용자의 주의력, 공포감, 혹은 기대감을 조장할 수 있다는 점이다. 따라서 비행문제가 하나의 도덕적·윤리적 문제로서가 아니라, 게임을 즐기듯 단순한 흥미 거리로 보이게 하고, 또 비행에 대한 빈번한 노출이 비행에 관한 무감각 현상을 야기시킬 것이란 점이다. 둘째, 이러한 문제는 비행과 관련된 매스미디어의 제반 가능성, 즉 감각을 둔화시키고 가치기준을 저하시키며, 비행행위 현실을 왜곡시키며, 대형 범죄를 보도함으로써 범죄행위 혹은 일탈 행위에 대한 합법성을 제시하고, 폭력이나 악에 대한 자의적 수용태도를 증대시키며 범죄기술을 전파하고, 청소년 비행이나 특정 형태의 일탈 행위를 묘사함으로써 비행행위의 직접적 동기가 될 수 있다는 가능성이다.

요즘 대중 매체의 발달 등이 원인이 되어 대중들이 공통의 문화를 갖게 되었는데, 특히 대중 매체의 발달은 대중문화의 형성과 확산에 결정적인 영향을 주었다. 대중 매체란 인간의 의사를, 특별히 정해지지 않은 여러 사람에게 동시에 일방적으로 전달하는 TV이나 영화, 소설, 음악 등등을 말한다. 문제는 이러한 대중문화가 좋은 점도 있지만 청소년들에게 좋지 않은 영향을 끼치는 것도 사실이다. 대중문화의 부정적 영향을 살펴보면 다음과 같다.

첫째, 대중문화는 다소 선정적이다. 자아가 뚜렷이 형성되지 않은 청소년들이 자칫하면 무비판적으로 따라하기 쉬우며 또 폭력, 그릇된 사고방식의 형성에 영향을 미치게 된다. 둘째, 대중문화는 일방적이다. TV이나 신문, 언론, 영화 등의 대중문화는 단순한 한 방향의 문화이다. 그래서 청소년들이 무비판적으로 수동적으로 자아가 형성되기 쉽다. 셋째, 대중문화는 익명성의 문화이다. 요즘은 이러한 점을 예방하기 위하여서 인터넷의 실명제 등등의 실시를 주장하는 사람들이 증가하고 있지만 대중문화는 익명의 공간이라는 점 때문에 안 좋은 문화로 몰고 갈 확률이 많다. 이런 점 때문에 청소년들이 현실을 도피하기 위한 수단으로 끼리문화인 대중문화에 쉬이 빠져드는 문제점이 있다.

4. 대중문화의 문제점

1) 지나친 선정성

요즘 방송사 음악 프로그램의 선정성이 도를 지나치다는 것을 느낄 수 있다. 여자 가수와 백댄서들이 거의 속옷 차림으로 나와 격렬하게 춤을 춘다. 그야말로 아슬아슬해 보인다.

오디오보다는 비주얼, 음악성보다는 퍼포먼스가 지배하는 최근 대중가요계의 현실 속에서 섹시 컨셉은 더 이상 선택이 아닌, 필수에 가깝다. 대중가요계에서 섹시 코드의 등장은 물론 어제 오늘의 일이 아니다. 짧은 시간에 대중의 눈과

귀를 사로잡아야 하는 가요계에서 섹시 코드는 긍정적이든 부정적이든 일단 확실한 반응을 이끌어낸다는 점에서 효과적인 컨셉이다. 외국과 달리, 철저히 10대가 주요 소비층을 이루고 있는 대중가요계에서 사실상 '성인가요'에 가까운 노골적인 성적 의미를 내포하고 있는 가사와 안무 등이 아무런 제한 없이 범람하는 것도 대중가요계의 무분별한 섹시 코드를 비판하게 되는 원인이다.

또한 최근 성행위를 은밀히 돌려 표현한 대중가요 가사가 문제시되기도 했지만, 이렇게 신체 부위를 직접 가리키며 성적 표현을 할 수 있다는 것이 놀라울 따름이었다. 요즘 유행하는 대중가요를 조금만 주의 깊게 들어보면 가사의 선정성이 이미 도를 넘어선 건 아닌가 하는 우려를 자아내게 한다. 특히 우리 청소년층을 겨냥해 만들어지고 있는 노래는 그 심각성이 훨씬 더한 실정으로 노래 중간 중간에 삽입되어있는 영어가사 부분은 차마 듣기에 민망할 정도인 경우가 허다하다. 대중가요에 있어서 선정성은 가사, 리듬, 멜로디 등을 고려해 전반적 느낌과 분위기를 입체적으로 살펴 청소년의 성적 충동을 자극하는 내용이 있는지 판단해야 할 것이다. 10대들에게 혼전 성 관계나 동성애를 당연시하는 등 비뚤어진 성 의식을 조장하는 노래들을 여과 없이 방송함으로써, 아직 성에 대한 가치관이 세워지지 않은 청소년들이 그러한 대중가요를 보고 듣고 느끼면서 잘못된 성에 대한 가치관을 가질 수 있어 심각한 문제가 될 수 있으며 대중이라는 입장에서 무방비 상태로 받아들일 수밖에 없어 문제가 되고 있다.

2) 대중문화의 획일성

획일성을 가장 잘 보여 줄 수 있는 문화는 유행이다. 유행은 개성이 상실된 획일적인 문화를 만든다. 사회가 변화하면서 시대별 유행도 많은 변화가 일어났다. 이러한 유행으로 거리에는 같은 디자인의 옷, 같은 모양의 액세서리를 하는 젊은 사람들이 넘쳐남에 따라 거리 사람들의 획일성이 눈에 띄게 늘어나고 있다. 하지만 이러한 유행이 심미적인 것을 추구함으로써 사회적 문제를 일으키고 있다. 유행은 시장 경제에서 살아남기 위해, 즉 팔리기 위해 심미적인 외형을 가지고 있다. 이것은 상품의 교환 가치를 사용 가치보다는 우선시하는 사회적 경향을 가져온다. 이런 경향은 인간의 노동 시장에 그대로 반영되어, 인간이 자신을 팔기 위해 내면적 가치보다 외형적 가치를 중요시 여기는, 인간의 상품화 현상을 야기시킨다. 그리고 인간의 상품화 현상은 인간 소외를 야기시킨다. 이와 같이 교환 가치를 중요시하는 유행은 인간 소외 현상을 가져올 수 있다.

3) 청소년들의 모방심리 자극

인간이라면 누구에게나 따라 해보고 싶은 심리, 즉 '모방'이라는 본능이 있다. 하지만 발전된 모방만이 가치가 있게 마련이다. 그 누군가를, 또는 무엇인가를 무작정 따라하다가 자신마저 잃어버리게 된다면 그런 모방은 아무런 의미가 없다. '모방은 창조의 어머니'라는 말과는 다르게 작용할 수 있다는 것이 문제제기의 출발점이다. 거대 매스컴과 미디어에 노출된 채로 외모지상주의와 상업주의를 실감할 수밖에 없는 오늘날, 우리가 의식적으로, 혹은 무의식 속에서 문화 전반에 미치게 되는 모방심리의 부정적인 영향력을 알아볼 필요가 있다.

연예인을 무작정 따라하는 행태는 아직 정신적으로 성숙하지 않은 청소년들 사이에서 쉽게 목격된다. 소위 잘나간다는 연예인들이 협찬을 받는 옷과 액세서리 등은 학생용돈으로 구입하기에는 무리일 수밖에 없다. 때문에 학생들은 자율학습이나 급식비, 학원비 등을 내지 않고 모아서 그 돈으로 연예인의 패션을 따라하려고 한다. 비단 이런 그릇된 모방심리는 청소년들에게만 국한된 것은 아니다. 자신이 부자이거나 넉넉하지 못한데도 TV나 매스컴에서 나오는 화려한 광고에 매혹되어, 또는 남들과 똑같아지고 싶은 심리에서 자신의 분에 넘치는 소비를 하게 된다.

5. 대중문화의 개선방안

1) 대중문화 수용자로서 청소년을 바라보는 시각의 전환

청소년들의 대중문화 수용에 관한 대책을 논의하는 데 있어서 가장 먼저 전제조건으로 논의되어야 할 사항은 바로 대중문화와 청소년의 관계를 어떠한 시각에서 바라보느냐 하는 것이다. 청소년을 단순히 대중문화(스타)를 무분별하게 소비하는 대상으로 간주하느냐, 아니면 대중문화의 실천자, 생산자로 보느냐에 따라 청소년들의 대중문화 수용에 관한 대책 수립 방향이 결정될 수 있다는 것이다. 청소년을 수동적, 소극적인 그리고 보호되어야 할 대상으로 인식할 경우에는 청소년들의 무한한 문화적 잠재력과 가능성을 전혀 고려하지 않는 규제일변도의 대책으로 수립되기 마련이기 때문이다. 청소년들의 대중문화(스타) 수용에 대한 규제 위주의 정책은 청소년들을 향락적, 쾌락적, 소비적, 즉흥적이며 감각적으로 만들어가게 된다. 이러한 태도는 청소년들이 대중문화(스타)와의 관계에서 주체적인 관계가 되지 못하므로 무비판적이고, 분별력이 없으며, 대중문화를 자신의 것으로 만들어내지 못하고 수동적이고 즉흥적 소비형태로 대중문화(스타)에 이끌려가게 되어 결국은 상업적 대중문화의 양산 상태를 조장하게 되는 것이다.

"문화적 주체로서 가장 중요하고 필요한 일은 자신의 취향과 선택에 대해 스스로 객관적으로 바라볼 수 있는 능력을 키우는 것"(김창남, 1998)이라고 말한 것은 바로 우리 청소년들이 자기 자신을 대중문화의 관계에서 스스로를 객관화할 수 있는 주체로서 성장할 수 있는 능력을 키워주어야 한다는 것을 시사하고 있는 말이다. 따라서 청소년들을 대중문화 수용의 주체로 인식하고 이들의 문화적 욕구와 능력을 인정해 주는 시각의 전환이 필요하다.

2) 청소년 대중문화관련 활동에의 자율적 참여여건 조성

청소년의 대중문화 수용 대책은 먼저 청소년문화에 대한 기성세대의 인식전환과 함께 청소년들이 주체적으로 그들만의 문화를 만들고, 실험하고, 실천하는 체험적 문화 활동을 할 수 있는 기회를 만들어 주는 것이 대책의 전제라고 할 수 있다. 즉 청소년문화의 인프라 구축을 통해 청소년들의 올바른 대중문화 수용을 이룰 수 있다는 것이다. 또한 청소년들에게 또래집단의 의미는 절대적이다. 대부분의 생활을 함께 보내는 또래집단에서 소외되는 것은 견디기 어려운 일이다. 대중문화를 중심으로 모인 팬 집단은 자기들이 공유하고 있는 팬덤의 안과 밖을 명백히 구분 짓는다. 그들에게 팬덤은 일종의 공동체와도 같다. 하나의 대상(스타 혹은 다양한 문화적 텍스트)을 중심으로 형성된 팬덤을 공유하는 사람들은 서로 깊은 친밀감과 동류의식을 공유한다. 그들이 함께 모여 서로의 취향을 나누고 자기가 좋아하는 스타에 관한 정보를 공유하며 나아가 하나의 조직체로서 활동할 때 그것이 팬클럽이라는 형태를 띠게 된다.

현재 우리나라의 팬클럽들은 대부분 중고생 위주로 구성되어 있고 팬클럽의 규모도 다양하다. 기획사에서 조직적으로 관리하는 팬클럽은 대부분 대규모의 성원으로 이루어지는 반면, 해외 스타의 팬클럽과 자발적으로 조직된 팬클럽은 규모가 천차만별이다. 팬클럽의 구성원들은 자신이 좋아하는 스타에 관한 정보를 수집하는 데 강한 집착을 가진다. 그래서 그들은 가능한 한 적극적으로 대중문화와 관련된 문화상품을 구매한다. 예컨대 인기가수의 팬클럽 회원은 가수의 음반은 물론이고 뮤직비디오, 그에 관한 기사가 실린 잡지, 브로마이드, CD, 가수가 즐겨 사용하는 액세서리 등 다양한 상품을 구매한다. 팬클럽 회원들은 일반적으로 팬클럽 활동을 하지 않는 청소년들에 비해 문화상품의 소비가 상대적으로 크다. 이는 팬클럽이 대중문화를 그만큼 적극적으로 수용하는 집단이며 이윤극대화를 노리는 문화산업의 스타시스템 전략에 가장 부합하는 집단임을 의미한다. 그러나 이들의 문화는 단지 소비의 차원에서 그치지 않는다.

팬클럽의 회원이 스타의 이미지를 수용하고 그를 통해 자신들의 정체성을 형성하는 것은 팬덤이 가진 중요한 문화적 기능이 수용자의 정체성 확인에 있음을 보여준다. 어떤 점에서 보면 스타 그 자체는 부차적인 중요성을 가질 수도 있다. 스타는 단지 이들을 하나로 묶어 주고 모이게 하는 동기를 제공할 뿐 정작 팬덤의 기능은 동질적인 집단의식을 통해 자신의 정체성을 확인하는 데 있다는 것이다. 팬클럽의 경우, 많은 구성원들이 그 모임으로부터 얻는 즐거움의 가장 큰 부분은 '우리들끼리 모인다'는 사실 자체에 있다. 여기에는 부모도 없고 교사도 없다. 여기서만큼은 자신들에게 공부를 강요하고 사회적 고정 관념과 질서를 강요하는 어떤 힘으로부터 벗어나 같은 취향과 같은 욕구를 가진 '우리'들이 모여 있다는 것이다. 그렇게 보면 팬덤, 혹은 팬클럽이 반드시 문화산업의 스타시스템과 상업적인 이윤논리만으로 작동되는 것이 아니라는 사실이 분명하게 드러난다. 사실 팬들은, 특히 청소년 팬들은 나름의 방식으로 대중문화를 적극적으로 수용하고 변형시키며 그 과정에서 자신들의 욕구를 만족시키고 있다. 팬클럽의 활동은 청소년들이 대중문화를 수용하는 과정에서 제도교육이나 지배적인 질서에서 성취될 수 없는 욕구를 성취하는 데 대중문화를 이용하고 있음을 보여준다. 그리고 이는 팬클럽 활동이 좀 더 주체적인 청소년 문화의 가능성을 배재하고 있음을 말해준다. 중요한 것은 팬클럽이 '스타' 중심이 아니라 '수용자' 중심의 문화로 재구성될 수 있도록 새롭게 조직하는 것이다. 팬클럽이 스스로 뮤직비디오를 제작하고 정기 간행물을 제작하는 식의 활동들은 그런 의미에서 적지 않은 의의를 가진다.

최근에는 일부 팬클럽이 시민 사회적 이슈에 대응하며 적극적인 사회적 주체로서의 역할을 하고자 하는 움직임을 보이기도 한다. 대중가요 순위프로그램 폐지 운동에 나섰던 서태지 팬클럽, 이승환 팬클럽 등이 그런 예이다. 이는 팬클럽이 단지 팬덤의 표현을 넘어 문화소비자 주권을 의식한 시민적 주체로 발전할 수 있는 가능성을 보여준다. 이들의 활동은 좀 더 적극적으로 조망될 필요가 있으며 대안적 문화운동의 새로운 형태로서 주목될 필요가 있다(한국청소년개발원, 2002).

3) 대중문화 관련활동 시설 및 프로그램 개발

청소년들의 대중문화관련 자생, 자율 활동 지원에는 반드시 시설과 프로그램이 병행되어야만 그 효과가 극대화될 수 있다. 청소년들의 접근이 용이한 도심에 위치한 청소년시설들을 중심으로 청소년들이 자율적으로 참여할 수 있는 문화 예술공간으로 조성한다면 저렴한 비용으로 그들의 문화적 욕구를 해결할 수 있을 것이다. 대중문화 수용공간으로 활용함으로써 청소년들이 건전하게 대중문화를 체험할 수 있는 기회를 제공하게 되는 것이다.

이러한 학교 밖에서의 청소년들을 위한 시설 제공과 함께 중요한 것은 청소년들의 생활의 장인 학교 안에서의 시설 확보 및 제공 문제이다. 청소년들의 대중문화에 대한 욕구가 발산되고 소통될 수 있는 시·공간의 확보를 위해 학교의 경우, 교과수업 시간에 대중문화를 소재로 끌어들인다든가, 공연 다니기반 또는 대중음악 스타 탐구반 같은 좀 더 세분화된 대중문화 관련 특별 활동반을 개설한다든가, 학교 축제 기간을 1, 2학기 모두 2~3일 이상 확보해 스스로 놀이판을 꾸려보도록 하는 등의 시간 배려가 필요하다.

특히 공간의 문제가 심각하다. 현재 학교는 대부분 교실, 교무실, 복도로 공간이 구별지어져 있다. 이 공간은 통제와 훈육의 공간일 뿐, 자유로운 소통의 공간이 되기는 힘들다. 현재 학교마다 있는 매점 근처로 공간을 확보하여 '라운지'를 만드는 것부터 시작하여 점차 대중문화관련 특별 활동반을 위한 상설 공간을 마련하는 것이 필요하다.

또한 청소년들이 대중문화 관련활동을 통해 문화감수성을 향상시킬 수 있는 프로그램의 개발·보급도 필요하다. 청소년 스스로가 경험하고, 표현하며, 참여하는 창조적인 삶의 표현 기회를 제공할 수 있는 프로그램을 개발·보급함으로써 단순히 욕구 해소와 소비의 차원을 넘어서 청소년들이 주체적으로 이해하고 수용할 수 있게 할 수 있을 것이다.

이를 위한 적극적인 대책이 될 수 있는 사업은 청소년 창작 문화활동을 지원하는 것으로 청소년 개개인의 독창성과 창의력을 바탕으로 스스로 기획하고 참여하여 완성하는 문화 예술활동을 통해 문화적 실천력을 함양할 수 있게 하는 것이다.

4) 청소년들의 주체적 문화생산 지원

청소년을 대중문화산업의 주체적 생산자로 키우기 위한 대책은 무엇보다도 청소년들이 자신의 적성과 흥미에 기초하여 문화를 수용하고 문화 창조성을 기를 수 있는 여건을 조성해 주는 것이 필요하다.

청소년들은 대중음악을 수용함에 있어 다양한 매체들을 다른 어느 집단에 비해서도 적극적으로 활용한다. 라디오, 카세트테이프, 레코드, CD 등 오디오 매체는 물론이고 TV와 비디오도 중요하게 활용되는 매체이다. 또 잡지, 악보 등도 청소년들의 대중음악문화를 구성하는 매체가 된다. 물론 무엇보다도 가장 중요한 매체는 컴퓨터이다. 디지털 기술의 발전과 함께 컴퓨터는 청소년들이 단순히 문화를 수용할 뿐 아니라 자신의 의견을 올리고 다양한 텍스트를 접하며 직접 녹음, 녹화를 하고 편집도 하여 하나의 매체를 제작하는 수단이 되고 있다. 특히 최근에는 MP3 파일을 다운받아 CD로 제작하는 일이 보편화하고 있고 이 때문에 디지털 저작권을 둘러싼 시비가 계속되고 있다.

그런 행위를 통해서 청소년들은 자신이 좋아하는 대중음악에 대해 일정한 통제력을 행사하는 셈이 된다. 청소년들은 적극적인 미디어 활용을 통해 단순한 수용자의 위치를 넘어 자신이 통제할 수 있는 미디어를 생산하는 생산자의 역할을 수행하고 있는 것이다.

중요한 것은 청소년들이 다만 주어진 문화를 수동적으로 소비하는 것이 아니라 주어진 한계에서나마 일정한 재작업을 통해 자기가 원하는 텍스트를 생산하는 적극적인 실천을 행하고 있다는 사실이다. 그리고 미디어 테크놀로지의 급속한 발달과 청소년들의 문화표현 욕구를 감안할 때 그러한 실천의 양상은 점차 심화 확대되어 가리란 예상을 할 수 있다는 점이다. 이러한 문화적 실천은 청소년 집단이 단순히 수동적인 팬의 차원에서 스스로를 표현하는 창조적 주체로 거듭날 수 있는 가능성을 보여준다.

물론 이는 크게 보아 우리 사회 전체의 문화적 창조성의 잠재력을 확장시키는 자원이라고 할 수 있다. 그런 의미에서 디지털 테크놀로지를 이용한 청소년들의 문화생산을 단지 저작권 침해라는 차원에서 볼 것이 아니라 좀 더 창조적인 문화적 자원으로 발전시킬 수 있는 가능성을 모색하고자 하는 적극적 시각이 요구된다. 또한 청소년들이 좀 더 창조적인 방식으로 자신의 문화적 욕구를 표현할 수 있도록 그 방법과 전망을 교육하는 노력이 필요하다(한국청소년개발원, 2002).

5) 청소년들의 문화교육을 위한 제도적 지원

(1) 학교에서의 문화교육

청소년들의 대중문화 수용에 대한 교육 정책적 대안은 청소년들의 대중문화 수용을 학교 안으로 끌고 들어온다는 것이다. 청소년들의 대중문화 수용에 관한 활동과 교육이 주로 학교에서 이루어져야 한다는 것은 단순히 일회성에 그치는 의미가 아니라 정식으로 교과과정에 대중문화와 관련된 교과목을 넣어야 한다는 교육 정책적 요구이다. 이를 실천하기 위해서는 첫째, 시범학교를 지정하여 직접 운영해 봄으로써 교육활동으로서의 효과와 청소년들이 문화의 주체로서 스스로가 그들의 역량을 개발하고 발휘할 수 있는 능력을 함양시킬 수 있는지를 검증해 볼 수 있다. 둘째는 청소년들을 지도하기 위한 전문적인 지도자가 필요하다. 시범적으로 외부의 청소년 대중문화관련 전문가들을 초청하여 교육이 이루어지게 하고 효과가 검증되는 동안 기본적으로 학교 교사들이 청소년 대중문화 수용에 대한 이해 및 지도능력을 갖출 수 있도록 교원연수 및 양성 프로그램들을 개발하여 실천하도록 하여야 한다. 셋째, 청소년들 스스로가 대중문화 관련 동아리활동을 활성화할 수 있도록 적극적 지원을 하여야 한다. 이를 위해서는 다양한 대중문화 관련 동아리 활동을 활성화할 수 있는 시간과 공간이 확보되어야 한다.

문화교육을 강화하는 것은 청소년 자신들이 대중문화에 몰입하는 행동이 가져올 수 있는 부정적 폐해를 사전에 교육받음으로써 예방할 수 있으므로 예방적 차원에서 바람직하다.

(2) 지역사회에서의 문화교육

지역사회에서의 청소년 문화교육은 청소년들이 대중문화를 바르게 수용할 수 있는 문화실천의 기회를 지역사회 내에서 만들어 주는 것을 주 내용으로 하여야 한다. 지역사회 내에는 대중문화와 관련된 많은 인적, 물적 자원들과 시설들 그리고 프로그램들이 있다. 지역사회 내에 있는 청소년들의 문화공간이 될 수 있는 시설이나 공간을 활용하여 청소년들에게 문화공간으로 개방함으로써 지역사회 내 청소년들이 자신들의 문화적 욕구를 발산하고 만족시킬 수 있는 기회를 제공해 줄 수 있는 것이다. 이를 위해 각 학교운영위원회는 지역사회 내 관련 기관들과 연계하여 기초적인 기반을 구축하고, 정부는 재정적, 행정적 지원을 최대한 지원할 수 있는 체제를 구축하면 큰 효과를 볼 수 있을 것이다.

(3) 시민교육으로서의 문화교육 실시

청소년들의 대중문화 수용 대책에 있어서 가정의 부모들 역시 청소년 못지 않게 매우 중요하다. 왜냐하면 기성세대들은 청소년들이 대중문화에 몰입하는 행동을 어떻게 이해하고 받아들여야 할지 당혹스러워하고 청소년들과 갈등을 일으키고 있기 때문이다. 그러나 대부분의 부모들은 자녀들의 대중문화 수용에 대하여 부정적인 시각으로 일방적인 저지만을 하려할 뿐, 어떻게 지도하여야 할 것인가 하는 방법론적인 접근은 하지 않고 있다. 따라서 부모들에 대한 교육, 즉 시민교육으로서의 문화교육은 떼어놓을 수 없는 중요한 과제가 된다. 이를 위하여 부모들을 대상으로 한 문화교육 커리큘럼을 제공하고, 문화의 집 등을 이용한 평생교육차원에서의 문화교육에의 접근, 그리고 문화예술동호회들의 네트워크 구축을 통한 문화실천을 통해 청소년들과 함께 변화하는 문화교육이 이루어져야 한다.

6) 청소년 문화네트워크 구축

청소년들의 대중문화 수용을 위해서는 지역사회를 중심으로 한 '문화네트워크'가 구축되었을 때 그 효과가 증폭될 것이다. 미국을 중심으로 해서 여러 선진국들에서는 청소년의 문제해결을 위하여 지역사회의 네트워크를 구축하여 잘 운영하고 있으며, 이는 민주시민사회의 공동체 의식을 기초로 참여민주주의를 실천하는 문화교육이자 문화실천이라고 할 수 있다.

청소년들의 문화수용능력을 함양하기 위해서는 지역사회 내의 청소년 문화관련 지도자를 발굴하여 위촉하고, 청소년 기획자를 양성할 수 있도록 지원하여야 한다. 그럼으로써 이들을 중심으로 한 네트워크 구축을 통해 지역사회 주민들이 자발적으로 참여하는 문화실천이 될 수 있고 이는 무엇보다도 참여 동기를 높여주며, 지속적인 전개를 가능하게 하기 때문이다.

7) 새로운 청소년 문화 창출을 위한 시민 문화운동 전개

미래의 우리 사회의 향방을 좌우하는 가장 핵심적인 집단은 청소년이라는 점에는 누구나 동의할 것이다. 이들이 지식정보사회, 문화사회로의 이행에서 새로운 경쟁력을 갖추게 하기 위해서라도 새로운 청소년 문화 창출을 위한 캠페인을 펼치는 것은 학교현장의 좁은 틀을 넘어서는 국민적 관심사로 부각시킬 수 있기 때문이다. 한 예로서 '문화개혁을 위한 시민연대'가 제안하는 문화교육운동이 아직은 단초에 불과하지만 조만간 새로운 사회 건설에 필수적인 사회적 의제가 될 것이다. 이를 위해 많은 시민단체들은 물론 교사, 학부모, 예술가, 지식인들의 광범위한 참여와 노력이 요구된다.

1 대중매체에 관한 설명으로 옳지 않은 것은?

① 소수의 특정집단을 대상으로 제작·보급한다.

② 문화를 전승·보급시키는 기능을 수행한다.

③ 일방향 의사소통에서 양방향 의사소통 방식으로 변화하고 있다.

④ 실제를 보여주지만 때로는 허구의 세계를 보여주기도 한다.

⑤ 최근에는 1인 미디어 플랫폼을 통한 콘텐츠 생산이 가능하다.

2 디지털 미디어 시대의 팬덤문화에 관한 설명으로 옳은 것은?

① 생산자에 의해 일방적으로 제공되는 문화로 변화하고 있다.

② 문자, 이미지, 소리, 움직임 등과 같은 다양한 상징체계의 복합적인 표현이 어렵다.

③ 스타와 관련된 문화상품을 수집하고 소유·생산함으로써 자본을 축적한다.

④ 팬덤에서 팬은 수동적이며 맹목적인 수용자이다.

⑤ 나이, 직업, 성별 등에 대한 경계가 분명하다.

3 젠킨스(R. Jenkins)의 팬 활동이 지니는 사회문화적 의미로 옳지 않은 것은?

① 특수한 텍스트 수용양식을 지니고 있다.

② 공동체만의 비판적 해독방식을 갖는다.

③ 소비자로 행동하지 않는다.

④ 대안적인 사회적 공동체의 모습을 지닌다.

⑤ 팬덤 고유의 문화적 생산, 미학적 전통과 관행을 가지고 있다.

2021년 청소년지도사 필기 기출문제

1 대중문화를 매스 컬처(mass culture)와 파퓰러 컬처(popular culture)로 구분할 때, 매스 컬처(mass culture)에 관한 설명으로 옳지 않은 것은?

① 열등한 집단의 저속한 문화이다.

② 불특정 다수에 의해 향유되는 문화이다.

③ 계급성에 초점이 맞추어져 있다.

④ 대중을 폄하하는 의미가 내포되어 있다.

⑤ 대중적인 향유와 취향을 지지한다.

2020년 청소년지도사 필기 기출문제

1 팬덤(fandom)에 관한 설명으로 옳은 것은?

① 스타를 일방적으로 추종하는 것을 말한다.

② 대중문화의 소비와 생산에 주체적으로 참여한다.

③ 자신들의 팬덤과 다른 팬덤 간의 구별이 없다.

④ 팬들은 스타와 관련된 문화상품을 수집하지 않는다.

⑤ 대체로 소규모, 소집단의 경향을 보인다.

2 청소년기 대중스타 수용 경험의 긍정적인 측면으로 옳지 않은 것은?

① 스타에 대한 의존성 확대　　② 자아정체감 형성

③ 스트레스 해소　　　　　　　④ 사회참여 기회 확대

⑤ 다양한 문화 경험 체득

3 청소년이 향유하는 대중문화에 관한 설명으로 옳지 않은 것은?

① 뉴미디어의 발달과 빠른 보급으로 다양한 형태의 대중문화가 형성된다.

② 고도화된 매체 사용으로 청소년들만의 독특한 대중문화를 형성한다.

③ 소비지향의 대중문화는 청소년들에게 배금주의 가치관을 심어줄 수 있다.

④ 재미중심의 대중문화는 쾌락과 오락 지향의 가치관을 심어줄 수 있다.

⑤ 외래문화 중심의 대중문화는 청소년을 자주적이고 주체적으로 변화시킨다.

> 성: 남녀의 구분 또는 육체적 결합행위를 일컫는 말을 가리키는 사회용어
>
> 네이버 지식백과

　청소년기의 특성상 '성'과 관련된 이야기를 빼고 진행하기란 어렵다. 청소년기에 성적 성숙이 일어나며, 이성적 관심이 싹트는 시기이기도 하다. 그럼에도 불구하고 기성세대의 관점에서 청소년과 성에 관한 이야기를 나누기란 결코 쉽지 않은 일이다. 이러한 상황에서 청소년의 성문화에 대해 규정짓는 것은 매우 어려운 일이다.

　청소년과 성에 대해 이야기하는 것이 부적절한 것인 것처럼 구는 기성세대의 인식과는 반대로 청소년들은 오히려 인터넷, 스마트폰 등을 통해 성에 대한 정보를 이미 접하고 있으며, 이 중 많은 양의 정보들이 매우 부적절하고 자극적인 면만 강조하는 경우가 크다. 또한, 그러한 정보를 통해 부적절한 성행동과 문제들이 발생하고 있으며, 기성세대는 청소년에게 성에 대해 논하는 것이 옳지 않다고 생각하는 악순환이 반복되고 있다. 청소년의 성과 관련하여 비판적인 목소리는 높지만, 정작 청소년 성문화는 어떠하며, 어떤 관점에서 바라보아야 할

것인가, 어떤 성문화의 정착이 필요한 것인가에 대한 논의는 별로 찾아보기 어렵다. 우리는 이 시점에서 청소년 성문화에 대해 올바르게 정의하고, 청소년 성문화를 바라보는 관점을 재정립해야 하는 시기를 가져야 한다고 생각한다.

1. 청소년 성문화의 개념

1) 성의 개념

인간의 성적 기능은 태아기부터 시작되어 사춘기에 이르면 더욱 복잡하고 확대된 의미를 갖게 된다. 또한 인간의 모든 생애 동안 발달한다. 성은 지극히 개별적이면서도 중요한 인간 기능이며 인간의 전체적인 면을 포괄적으로 반영한다. 즉 성은 생물학적인 면을 비롯하여 심리적, 사회적, 문화적인 면 등 인간의 모든 측면과 관계가 있다. 그러므로 인간의 성은 어떤 절대적인 기준에 의해서가 아니라 주어진 상황에 적절했는가에 의해 검토되어야 하는 것이다. 그렇다면 우리는 성에 대해 어떻게 알고 있는가? 왜 우리는 성에 관해 끊임없이 이야기하는가? 그곳에는 신비함과 흥미로움이 있기 때문이다. 성에 관한 지나친 무관심이나, 지나친 호기심은 모두 조심해야 한다. 성기가 우리의 배설기관과 같든지 또는 가까운 곳에 위치하고 있기 때문에 불결한 것으로 취급되기도 하였고, 숨어서 하는 성행위로 인해서 수치심을 느끼기도 하였다. 성에 대한 의식이 사람마다 다르다. 우리 모두는 선택도 거부도 할 수 없는 상태에서 남녀가 구분되어 태어난다. 이때의 남녀는 외음부에 있는 성기에 의해 구분된다. 즉 선천적인 성을 이야기할 때 '섹스'라는 용어를 주로 사용한다. 반면에 정신적인 의미에서 남녀를 구분하는 경우에는 '젠더'라는 용어를 사용하는데 이는 개인이 태어난 이후에 사회적 문화적 심리적인 환경에 의해 학습된 후천적인 성을 의미한다. 우리에게는 섹스와 젠더 모두가 성이라고 알려지고 있다. 성이란 전체적인 인간 그 자체를 말하는 것이지 결코 성행동이나 성적인 쾌락만을 의미하는 것이 아니다. 그러나 요즘의 성의 의미는 성적 쾌락적인 면모가 강조되어 있다.

그렇다면 청소년들이 생각하는 성은 어떤 것일까? 청소년뿐 아니라 대부분의 사람들이 흔히 "성"이라 하면 'Sex'를 생각한다. 'Sex'라 하면 또 무엇이 연상되는가? 남녀의 알몸과 성행위 장면이 떠오르지 않을까? 성기와 행위를 중심으로 한 성 개념이 사회에 만연되어 있다. 그러나 사실 올바른 성 개념이란 그렇게 간단하지가 않다. 생식기가 다른 남녀가 관계를 맺고 살고 있는데 남녀가 관계를 맺을 때 만들어내는 모든 내용이 바로 총체적인 개념의 성인 것이다.

Sexuality라는 총체적인 개념의 성의 요소로는 크게 세 가지가 있다.

남녀의 관계와 관련이 있는 요소로는 생명, 사랑, 쾌락이 있다. 이 3요소는 인간이 오랜 세월 터득하고 발전시키고 개발하여 온 것이다. 생명은 남녀가 생긴 이래 제일 먼저 만들어 온 것이다. 정자, 난자를 모르던 시절에도 남녀는 아이를 만들었다. 나중에 임신의 원리를 터득하여 의식적으로 아이를 낳기도 하고 조절하게도 되었다. 생명활동은 아직까지 굳건하게 이어져 내려와 인류사회를 유지, 발전시키는 기초가 되고 있다.

사랑은 남녀가 짝을 이루어 지속적으로 살게 되면서부터 그 내용이 풍부해지기 시작했다. 단순히 아이만 낳고 살기보다는 이왕이면 재미있고 즐겁게 살기 위해 서로의 공감대와 일치점을 풍부하게 만들어 가고 있다. 남녀 서로가 동등한 위치에서 서로를 존중하면서 함께 나누는 내용들이 풍부할 때 사람들은 행복하다고 한다. 쾌락은 남녀가 만드는 즐거움이다. 샘솟는 에너지가 나오며 창의성과 열정을 만든다. 육체적 결합의 즐거움과 함께 정신적인 몰입과 집중을 가져올 정도로 즐거움을 만든다.

현대에 와서는 성적인 즐거움이 행복의 큰 요건이 될 정도이다. 감각적인 면도 연구하고 개발하여 더욱 큰 즐거움을 맛보려 한다. 생명, 사랑, 쾌락은 오래전부터 있어온 것인데 문제는 이 3요소가 함께 있지 못하고 따로따로 분리되어 제멋대로 인식되는 점에 있다. 세 요소가 잘 어우러져 조화를 이루어야 올바른 성이 되는데 따로 노는 이유로 성은 상처와 죽음, 배신과 퇴폐를 가져왔다. 생명이 무시된 성은 낙태와 미혼모를 낳고 사랑이 빠진 성은 야타족을 만들고 왜곡된 쾌락은 변태를 낳는다.

생명, 사랑, 쾌락은 함께 있어야 한다. 서로가 서로를 부추기며 함께 조화를 이룰 때라야 성은 밝아지고 건강해진다. 유아기의 성교육은 생명에 대한 내용이 주를 이루겠지만 부모와 교사는 은연중에라도 사랑과 쾌락에 대해서도 뭔가를 느낄 수 있도록 노력해야 한다. 이 세 가지 요소에 대해 조화로운 관점이 서야 부모와 교사 또한 아이들에게 진지하고도 자연스러운 자세와 태도를 취할 수 있다.

2) 청소년의 이성교제

청소년 성문화에 대한 연구들은 일탈적 관점에서 청소년 일탈행동과 부적응을 야기할 수 있다는 주장이 강력하다. 물론 그러한 측면이 없는 것은 아니지만, 이성교제에 대해 보다 폭넓게 이해할 필요가 있다. 청소년들의 사회적 관계망 속에 이성이 포함되면서 청소년들의 사회적 세계가 확대된다는 점에 주목할 필요가 있다. 말하자면 청소년의 또래집단과의 우정관계망이 확대된다고 생각해 볼 수 있다. 이성적 존재가 우정관계망 속에 포함되면서 남녀 간의 이해와 친화를 확대시켜줄 수 있게 된다. 이성관계는 청소년들의 세계에서 사회적 유능성과 사회인지능력의 발달을 촉진시켜주는 가장 중요한 요인으로 인정되고 있다(한상철, 2004).

이성관계는 우정관계, 성적인 연애관계로 나누어서 생각해볼 수 있으나, 우정과 애정 간의 구분을 명백하게 한 연구는 찾아보기 어렵다. 우정은 친밀성, 정서적 지지, 감정적 결속이 존재하며, 연애관계에는 열정, 신체적 매력, 질투가 존재하는 것으로 보인다.

이성관계가 청소년의 발달에 주는 영향을 몇 가지로 정리해볼 수 있다.

첫째, 이성 친구관계는 자신의 애착 인물집단을 확장시킴으로써 정서적 욕구를 충족시키는 데 유용한 가치가 있다. 연애 파트너는 정서적 지지, 안정, 보호의 자원을 제공해줄 수 있다. 또한 일탈적인 또래친구와의 관계에서 파생되는 부정적인 효과를 완충해 주는 역할을 한다.

둘째, 이성관계는 청소년들에게 성적 정체감과 성역할 형성에 중요한 영향을 준다. 청소년 초기에는 또래집단 내에서 전통적인 성역할 고정관념을 확증하려는 욕구가 크지만, 청소년 중기와 후기에 이르게 되면 이성과의 상호작용에 필요한 기능과 자신감을 획득할 필요성이 커진다. 이성과의 의미 있는 관계를 발달시키고 새로운 성정체성과 성역할을 획득해나갈 수 있게 된다.

셋째, 이성관계로의 사회적 관계망의 확대는 청소년의 정신건강과 적응에 긍정적인 영향을 미친다. 여자 청소년의 경우 편안함을 주는 이성관계는 자기존중감의 향상과 연관된다. 이에 비해 남자의 경우 여자친구의 수가 자신의 이성관계적 유능성과 사회적 유능성과 관련되어 있다. 특징적인 점은 남자의 경우 이성관계의 양적 측면이 유능성과 연관되어 있고, 여자의 경우 이성관계의 질적인 측면이 유능성과 연관되어 있다는 점이다.

넷째, 이성관계가 우정관계에서 연애관계로 발전하게 되는 경우 청소년 초기나 중기의 경우 대부분 성적 욕망이나 호기심 충족이 주요 목적인 것으로 나타나고 있다. 하지만 청소년 후기나 성인 전기의 단계로 가면 애착과 보호, 친화 등이 중요하게 되면서 질적인 차이가 생기게 된다. 그리고 연애관계는 관계성의 방향을 변화시키기도 하는데, 의사결정과정이나 여가활동, 주제결정 등에 있어서 동성친구보다는 이성친구를 최우선적으로 고려하게 된다.

이성관계에서 무엇보다 중요한 것은 친밀감을 형성할 수 있는 능력이다. 친밀감이란 사람들이 서로 평등한 토대 위에서 이성뿐만 아니라 자신과도 감정적으로 의사소통할 수 있는 것을 말한다. 남성들은 친밀감 형성에서 문제가 있다든가, 남자는 사랑할 수 없다든가 하는 식으로 보는 관점도 있다. 물론 많은 남자들이 그러하지만, 남자들은 신뢰감을 공유하는 사람이나 약자에게 사랑과 보살핌을 제공하는 데는 뛰어나다는 점도 함께 고려할 필요가 있다(Giddens, 2005).

3) 사랑의 유형

인간의 성은 사랑, 관계성과 떼어서 생각할 수 없다. 인간의 성을 단순히 성기중심의 성으로만 규정하는 것은 성의 본질을 편협하게 보는 것이다. 혼자 스스로 즐기는 자위행위로 그치지 않는 한, 성은 필연적으로 타인과의 관계성을 포함하는 것이며, 그 관계성이 어떠하냐가 매우 중요한 차원으로 남게 된다. 사랑도 결국 관계성을 표현하는 '매직 워드'인 것이다. 관계성을 떠난 성은 그 자체로 성립하기 어렵다. 인간의 참에서 성이 소중한 것은 성이야말로 현실적으로 인간관계 속에서 자신을 위치짓는 중요한 기준점이기 때문이다. 자신이 성적 주체가 되지 못한다면, 그가 타인과의 관계 속에서 차지하는 위치는 무엇이 될까? 타인과의 관계 속에서 자신을 주체로 당당하게 세우지 못하고, 타인의 욕망과 의지에 의해 수동적으로 규정되는 대상에 불과하게 될 것이다. 그러기에 성적인 주체 여부를 통해 참의 모든 면을 다시 성찰하는 출구가 될 수 있다는 말이 나오는 것이다.

사랑은 다음 세 가지 유형으로 분류될 수 있다(Giddens, 2006).

(1) 열정적 사랑

'사랑은 열정이다.' 열정이라는 말은 본래 종교적 열정을 뜻하는 것이었는데, 열정이 세속적인 맥락에서 사용하게 된 것은 현대에 와서다. 이 새로운 용법에서 열정이라는 말은 열정적인 사랑과 연관시켰을 때 뜻이 통하게 된다. 열정적 사랑은 사랑과 성적 애착 사이의 일반적인 연관을 표현한다. 열정적인 사랑은 틀에 박힌 일상생활과 구분될 뿐만 아니라 일상생활과 갈등을 하기도 하는 어떤 급박함으로 특징지어진다. 타자와의 감정적인 교류가 너무도 강력해서 그 두 사람으로 하여금 자기의 통상적인 생활도 무시하게 만드는 것이다. 열정적 사랑은 가히 종교적이라고 할 만큼 진지한 열의를 불러일으키는 매혹의 속성을 가지고 있다. 세상의 모든 것들이 갑자기 새로워지고, 그리고 동시에 자신의 이익 같은 것들은 관심사가 되지 못한다.

열정적 사랑은 상대에게 블랙홀처럼 완전히 흡입되는 것이다. 사랑하는 대상에게 강력히 묶여 있다. 열정적 사랑은 카리스마의 경우와 유사하게 두 사람 관계에 엄청날 힘을 발휘한다. 열정적인 사랑은 성적이고 에로틱한 강박, 충동적인 측면을 갖는다. 대부분의 문화권에서 열정적 사랑은 결혼의 필요조건 또는 충분조건으로 생각된 적이 없으며, 오히려 결혼의 골칫거리로 여겨져 왔다(Giddens, 2006).

(2) 낭만적 사랑

낭만적 사랑은 열정적 사랑에서 나온 것이지만, 그것과는 뚜렷이 구분되는 무엇이 있다. 낭만적 사랑의 애착 속에는 성적인 열정의 요소들을 지배하는 숭고한 사랑의 요소들이 있다. 낭만적 사랑의 이러한 요소는 아무리 강조해도 지나침이 없는 것으로, 역사적으로 매우 독특한 것이었다.

서양에서 낭만적 사랑은 18세기 후반부터 지금까지 사회적 힘으로 존재해 왔다. 낭만적 사랑이라는 관념의 확산은 결혼뿐만 아니라 개인적 참여의 다른 맥락들에 영향을 준 기념비적 이행들과 깊이 연관되어 있다. 낭만적 사랑은 다음과 같은 질문을 한다.

나는 타자를 어떻게 느끼는가?

타자는 나에 대해 어떻게 느끼는가?

우리의 느낌은 장기적인 관계를 지탱해줄 만큼 충분히 깊은가?

낭만적 사랑은 친밀성의 문제를 제기한다. 낭만적인 사랑은 욕정이나 노골적인 섹슈얼리티와 양립 불가능하다. 낭만적 사랑이 사랑의 대상을 이상화하기 때문만은 아니며, 낭만적 사랑 자체가 어떤 정신적 커뮤니케이션, 즉 부족한 부분을 채워주는 성격을 띠는 영혼의 만남을 하기 때문이다. 낭만적 사랑에 빠진 개인에게 그 사랑의 대상인 타자는, 단지 그가 딴 사람이 아닌 바로 그 사람이라는 이유 하나만으로도 자신의 결여를 채워줄 수 있는 그런 존재이다. 그런데 바로 이 결여가 직접적으로 자기 정체성과 관련되어 있는 것이다. 따라서 어떤 의미에서 낭만적 사랑은 불완전한 개인을 완전한 전체로 만들어주는 어떤 것이다.

자기 정체성과 관련해서도 자기를 발견할 수 있도록 해주는 것이 낭만적 사랑이지만 서로를 동등하게 대하지 않는다는 문제점이 있다. 결혼하게 되면, 여자들이 남자들에게 종속되어버리는 결과가 나타나기도 한다. 사랑에 빠졌을 때는 그녀를 중심으로 삶을 설계하고 싶어 하지만, 이런 모습은 평등의 몸짓은 아니다. 또 친밀성의 탐험 속으로 들어가지도 않는다. 요컨대 낭만적 사랑이라고 해도 평등한 관계로 들어가지 않을 수도 있고, 깊이 있는 친밀한 관계 속으로 들어가지 못할 수도 있다. 단순히 함께 일상생활을 하고 있을 뿐이지 친밀한 관계의 영역으로 들어가지 못할 수도 있다. 다시 말해서, 낭만적인 사랑을 했음에도 불구하고 친밀한 관계의 영역 속으로는 들어가지 못할 수도 있다는 것이다. 미지의 세계를 탐험하듯이 친밀한 관계 속으로 들어가는 것은 아니다. 낭만적 사랑과 친밀한 관계는 동일한 의미가 아니다(Giddens, 2006).

(3) 합류적 사랑

낭만적 사랑과는 다른 사랑이 있다. '합류적 사랑'이다. 따로 흐르던 강물이 합류하는 것처럼, 과거 삶의 궤적이 다르고 삶의 물길이 달랐던 것을 인정하고, 새로운 정체성을, 자신이 누구인가를 더불어 형성해간다. 자신의 정체성을 단독적으로 찾지 않고, 관계성 속에서 형성한다. 자신을 찾아주고 인정해준다. 중요한 것은 합류적 사랑이 현실 속에서 강하게 나타나면 나타날수록 특별한 사람보다는 특별한 관계가 중요해진다는 점이다.

낭만적 사랑은 특별한 사람이 중요하다. '저 사람이 나한테는 너무 특별해.' 그런 사람을 찾고 사랑에 빠진다. 하지만 함께 살게 되면 친밀한 관계 속으로 들어가지 못하고 종속되어버리기 쉽다. 남녀관계에서 중요한 것은 평등한 관계다. 남자들의 근엄하고 냉정한 특성은 결코 환영받지 못한다. 관계성을 발전시키려면, 감수성이 있어야 한다. 내 자신의 감정에 대해서도 민감해야 하고, 자신의 감정을 스스로 돌볼 수 있어야 한다. 그러나 남자에게 있어서는 민감할 수 있는 능력과 의지가 억제되어 있다. 관계성을 형성하고 발전시키기 위해서는 서로에 대해서 세심하게 느낄 수 있는 감수성이 필요하다.

합류적 사랑은 관계성이 중요하다. 어떻게 관계성을 만들어가느냐가 중요하다. 저 사람이 나에게 특별하고, 그 존재만으로도 나를 채워준다. 물론 그것이 아주 중요하지만, 거기에 더하여 어떻게 관계성을 만들어가느냐가 풀어가야 할 과제인 것이다.

합류적 사랑에서는 관능적 기술을 중시한다. 결혼생활에 성을 핵심적 요소로 끌어들였다. 이전 세대들에서는 특별히 성적인 성취감이 결혼생활에서 핵심적인 것이 아니었다. 부부 간의 의무감이나 낭만적 사랑의 효과로 다 유지될수 있다는 생각이 컸다. 그러나 이제는 그렇지 않다. 성적 쾌락이 매우 중요하게 되었다. 아마도 신세대로 갈수록 더 중요한 요소가 되지 않을까 싶다.

합류적 사랑은 반드시 일부일처일 필요가 없고, 꼭 이성애일 필요가 없다. 순수한 관계가 중요하고, 관계성 속에서 얻어지는 것이 만족스러울 때 사랑은 유지된다. 성적 배타성도 없다. 성적 배타성을 바람직하고 본질적인 것으로 여길지, 아닐지 둘이 어떻게 합의하느냐가 중요하다. 합류적 사랑에서는 자기 정체성과 인격적 자율성이 가장 중시된다. 인격적 자율성을 확보하는 것이 가장 중요하고, 그것을 확보하기 어려우면 사랑이 유지되기 어렵다. 기든스(Giddens, 2006)에 의하면, 후기 현대사회에서 합류적 사랑은 관계성의 현동을 나타내는 중요한 지표이다.

후기 현대사회에서 관계성에 커다란 변동이 일어나고 있는데, 남성들은 이러한 변동을 따라가는 데 늦다는 점이 지적되고 있다(Giddens, 2006). 이런 점에서 보면 남자는 관계성의 변동에 지체되는 '지각생'이다. 여성들이 합류적 사랑을 이끌어나가고 있고 창출하고 있다.

가장 중요한 것은 가장 깊은 친밀감의 영역 속으로 들어가는 체험을 하느냐 하는 것이다. 우리 청소년들은 어떤 사랑을 꿈꾸고 있고, 어떤 사랑을 사회집단에서 배워가고 있는가? 후기사회의 변동 속에서 청소년들은 성문화에서 관계성과 사랑에 대해서 이전과는 다르게 사고하는 경향이 나타나고 있는지에 대한 연구가 필요하다.

2. 청소년 성문화의 특징

청소년기는 신체적으로 성적인 완숙을 보이는 변화의 시기라고 볼 수 있으며 이러한 변화에 적응하려는 심리과정을 겪는 기간이라고 할 수 있다. 청소년기에는 성호르몬의 증가와 신체적인 급성장을 하게 된다. 그러나 이런 변화는 각 개인마다 차이가 있기 때문에 자신의 신체에 대한 불안과 자신이 비정상적인 것은 아닐까하는 열등감과 반대의 경우 상대방에 대한 우월감 등을 가지기도 한다.

남자 청소년은 성기가 발달하고 목소리의 변성과 수염과 치모 그리고 사정을 경험하고, 여자 청소년은 엉덩이가 넓어지고 유방이 커지며 초경을 시작하게 된다. 이런 2차 성징의 출현은 성인이 되는 과정이기도 하지만 한편으로는 불안감과 함께 스트레스로 작용하여 남과 비교하여 걱정을 하기도 한다. 이때 적절한 성교육 없이는 자신감이 없어지고 의존적이 되어 성에 대한 편견을 가져 부정적일 수도 있다.

또한, 성적인 충동을 해결하기 위해 남자는 주로 성에 대한 잡지, 책 등을 읽음으로써 여자는 신체적 성행위보다 낭만적인 환상에 빠짐으로써 성적인 충동을 해결하려 한다.

1) 청소년 시기에 따른 성적 성숙

(1) 청소년의 시작, 성

청소년기의 시작을 사춘기의 시작과 같다고 이야기한다. 사춘기의 시작은 여자에 있어서 첫 월경의 시작과 남자에 있어서는 성숙한 정자가 소변에 검출되는 시기라고 할 수 있는데, 여자의 경우 남자보다 1~2년 빨라서 12살 정도이고, 남자에 있어서 13살 정도로 볼 수 있고, 이것은 초등학교 6학년 내지 중학교 1,2학년에 해당할 것이다.

이 시기는 여자의 경우에 있어서 난소에서는 여성호르몬 에스트로겐 (Estrogen), 남자의 경우에 있어서는 남성호르몬 안드로겐과 테스토스테론 (Androgen, Testosterone)이 서서히 증가하기 시작하여 사춘기가 되면 활발히 호르몬을 공급함으로써 이때 동시에 분비되는 성장호르몬과 함께 작용하여 신체적으로 키와 몸무게의 신체적인 급성장과 성기 그 자체가 성인의 크기와 모양으로 변하게 되며, 이와 동시에 성적인 충동이 고조되기 시작한다.

남자에 있어서 음경의 크기가 커지고 성기 주위에 털이 나며, 변성이 되고, 정액생산이 증가되어 자기도 모르게 수면 중 이것이 배출되는 몽정현상을 일으키기도 한다. 여자의 경우 유방이 나오고, 피하지방이 쌓이면서 피부가 고와지고, 신체적으로 매력적인 성인여성의 모습을 드러내며, 자궁이나 질의 크기가 커지고, 성인의 그것과 비슷해진다.

이러한 일련의 신체적 변화는 생물학적, 유전적 요소에 의하여 거의 모든 청소년들에게 자연의 법칙에 따라 일어나는 현상이라고 할 수 있는데, 이 시기의 청소년이 심리적으로 실제적으로 이러한 변화를 어떻게 받아들이느냐 하는 중요한 발달과제가 있다.

즉, 변화하고 있는 자기의 모습과 성기의, 그리고 성적충동의 증가 등을 자연스러운 것으로 받아들이냐 하는 것이 정신건강과 밀접히 관련되어 있고, 또한 신체적인 변화뿐만 아니라 성적 충동을 어떻게 처리하는가가 중요한 발달과제로 정신적 불안이나 우울증과 밀접한 관련이 있다.

(2) 청소년 중기의 성

이 시기의 청소년들은 자기는 분명 성적으로 성숙했음을 인정하게 되고, 이에 따르는 성적 역할을 인식하게 되며, 상대편 성의 청소년에게 관심을 가지고 그들과 사귀기를 희망하게 되며, 성적 정체성이 완성되는 시기라고 할 수 있다. 이 시기에 성적 정체성이 불확실할 때에는 성을 완전히 부정해 버리는 생각이나 행동을 할 수 있거나 혹은 성의 정체성이 불분명하기 때문에 오히려 이에 대한 실험으로써 이성친구와 좀 더 많이 사귀고 자기가 꼭 원해서가 아니더라도 성적인 접촉이나 행동을 하게 되는 수가 있다.

특히 부모와의 관계가 매우 부정적일 때 부모에 대한 저항과 반항의 일부로써 성적인 행동화가 일어날 수 있다. 즉, 이 시기의 청소년들 중, 특히 여자청소년의 경우 실제적인 남자와의 성적인 접촉, 성교 등에 특별한 쾌락이나 목적을 느끼지 못하면서도 이를 규제하고 강요하는 부모에 대한 저항의 일부로서 성적으로 남자와 관계를 갖는 경우를 볼 수 있다. 실제적으로 성적인 관계를 갖는 청소년의 경우, 물론 성적 정체성의 추구의 일부로서 실험 삼아 하는 경우 혹은 호기심에서 하는 경우도 있겠으나 부모에 대한 반응이나 혹은 부모에게서 받지 못한 관심과 사랑을 받아보려는 수단으로서 남자와의 성적인 관계를 갖는 수도 있다. 과거 우리나라의 성에 대한 태도에 비하여 현사회는 좀 더 허용적이고 성의 중요성이 강조가 됨으로써 청소년들은 심한 갈등 속에 빠지게 된다.

즉, 청소년 스스로 자신에 대해 남자로서 여자로서 완전한가, 성에 이상이 없는가 하는 불안뿐만 아니라 남녀 간의 관계에 있어서 다른 측면, 즉 상호보호적 역할이나 애정의 공급 등 성적으로 완전한가, 충분한 성적 기술이 있는가 등의 불안이 청소년으로 하여금 더욱더 성에 대하여 문제성을 갖게 한다. 더구나 인터넷상에서 접하게 되는 다양한 정보와 성에 관한 책, 성교육 등의 자료로 인해 청소년들은 무질서하게 이들을 접하게 되고 성적인 면만이 강조됨으로써 더욱더 성충동의 조절이나 그 의미를 이해하는 것이 힘들어진다고 말할 수 있겠다.

(3) 청소년 후기 성

이 시기는 자아 정체감이 완성되는 시기로서 정체성의 완성을 이루기 위한 싸움이 일어나며, 이로 인하여 상당한 불안과 초조를 경험하게 된다. 자아 정체감을 갖기 위해서는 성적 정체감이 이미 잘 형성이 되어 있어야 하는데, 이제까지도 성적 정체감이 형성되지 않은 경우 혹은 문제가 있는 경우 정체감의 형성에 지장을 초래할 뿐만 아니라 다른 이유로 자아 정체감의 문제가 있을 때, 예를 들어 부모의 그릇된 사고로 인하여 자신의 자아 정체감 역시 부정적인 경우 이는 또한 성적 행동이나 성에 관한 정서적인 반응에 큰 영향을 끼쳐서 성적 일탈 행동, 성에 대한 비정상적인 개념과 태도를 지속할 수도 있다.

이 시기에 상당수의 청소년들은 실제적인 성적 경험을 하게 되는데, 첫 성경험이 대다수의 경우에 황급히 그리고 좋지 못한 장소에서 애정이 부족한 상대자와의 관계에서 이루어질 경우가 많아서 이로 인하여 심리적인 상처를 받을 수가 있겠다.

특히, 친구로부터의 압력에 의하여 자신이 원하지 않는데도 성적인 경험을 하게 되는 수가 많은데, 이에 따른 정서적인 반응은 매우 격렬할 수도 있고, 첫 성교 경험의 실패로 인해 성적 관계에 대한 불안과 공포를 가질 수가 있겠고, 그 영향이 매우 오래가는 수도 있다.

이처럼 청소년 발달과 성의 발달을 살펴봄으로써 청소년기에 어떻게 육체적 성, 정신적 성, 사회적 성이 형성되는지를 살펴보았는데, 이러한 육체적, 심리적,

사회적 성이 서로 조화를 이루고 서로 보상적인 관계를 이룰 때, 그 청소년은 정신적으로 건강하게 성장할 수 있고, 또 정신적인 성장이 원만하여야 올바른 성에 대한 개념과 가치관, 행동규범이 생길 수 있다고 결론지을 수 있다.

2) 청소년기의 성인식

우리나라 청소년의 성문화에 대한 연구는 성의식에 대한 것이 주종을 이루고 있다. 우리나라 청소년의 성의식에 대한 조사를 보면, 혼전 성관계에 대해 어떻게 생각하느냐를 알아보는 것이 단골메뉴다. 혼전 성관계에 대해서 반대하는 보수적인 성향이 높다는 연구들이 있는가 하면, 혼전 성관계에 대해서 긍정적인 응답의 비율이 과반수에 가깝게 나타남을 보여주는 연구도 있다(백혜정, 2008). 이 조사에 따르면, 두 사람 간에 애정이 있거나 결혼을 약속한 사이라면 혼전이라도 성관계를 가질 수 있다는 응답비율이 과반수에 가깝게 나타나고 있고, 연구자들은 이를 성에 대한 '개방적인 사고'라고 해석하고 있다.

이 연구의 한계는 혼전 성관계에 대한 태도만 물어보고 있지, 정작 혼전 성관계가 남녀 청소년들에게 각기 어떤 실존적 의미를 가지느냐 하는 것에 대해서는 관심을 기울이지 못하고 있다. 예를 들어, 남자들에게는 남성의 능력을 보여주었다는 의미를 갖는 것인지, 아니면 다른 어떤 실존적 성장의 의미를 갖는 것인지 파악하는 것이 중요하다. 여자아이들에게 있어서는 성관계를 별로 원하지 않음에도 거절하면 관계가 끊어질까봐 두려워 허용한다는 연구결과도 있음을 감안할 때 성관계가 갖는 의미가 여자아이들에게 있어서는 무엇을 의미하는지 탐구해볼 필요가 있다. 이 경우 여자아이들에게 있어 성적 주체로 자신을 구축하는 문제가 중요한 과제라 할 수 있다.

그리고 특성화 고교 남녀학생들의 사례에 대한 연구를 보면, 성관계를 갖는데 있어 폭력사용을 성적인 흥분의 수단으로 사용한다는 것이다(백혜정, 2008). 여학생들 중 21%가 그렇다고 응답한 것으로 나타났다. 한편 남학생들은 거의 30%의 학생들이 여자는 겉으로는 성관계를 원하지 않는 척하지만 실제로는 남자가 강압적으로 해주기를 바란다는 왜곡된 의식을 가지고 있는 것으로 나타났다. 흔히 '여자가 안 된다고 하는 것은 된다는 말의 일종이다'라는 여성에 대한 통속적인 남성의 성의식의 반영이라 할 수 있다. 이 모든 스토리에서 보여주는 바는, 성관계의 모든 것은 남성에 의해 주도되어야 하는 것이며, 여성은 내심 그 것을 원한다는 '야사적인 설화'이다. 여성은 성적인 주체가 되지 못한다는 것, 남 성이야말로 성적인 유일한 주체가 될 수 있다는 우리 사회의 성문화를 반영하는 것이라 할 수 있다.

우리나라 청소년의 성의식, 성행동에 대한 연구는 주로 혼전 성관계, 포르 노, 임신, 성매매, 성폭력 등에 국한되어 있어서 청소년들이 파트너와 사랑, 관 계성을 어떻게 만들어가고 있는지, 그에 대한 것은 문제의식이 별로 없다. 성문 화에 대한 것이 일탈적인 성문화에 초점을 두다보니, 정작 중요한 사랑과 관계 성에 대한 것에 대해서는 관심을 돌리지 못하고 있는 실정이다. 정말 중요하게 우리가 관심을 기울여야 할 것은 청소년들이 만들어가는 사랑과 관계성이다.

청소년들의 사랑의 유형을 어떻게 정할지 하는 것도 과제다. 지금까지 소개 되어 나온 것은 그나마 스턴버그의 사랑의 삼각형 정도이다. 그것도 나름대로 의미가 있긴 하지만, 후기 현대사회에서 부상하고 있는 사랑의 유형, 흔히 분류 되었던 열정적 사랑, 낭만적 사랑에 더하여 합류적 사랑이 무엇이고, 청소년의 사랑과 관계성에 대한 인식은 무엇이고, 무엇을 이상적으로 생각하고 있는지를 제시하는 것도 필요하다.

3) 성 정체감에 대한 고정관념

청소년 초기에는 자신과 동일한 성에 집중하는 '동성 집중화' 현상이 나타 난다. 예컨대 동성부모, 동성친구, 동성 선생님에게 동조하려는 사회화의 징표가 나타난다. 그리하여 고착화된 남성성, 여성성을 모방하려는 행동을 많이 하게 된 다. 청소년 후기에 가면 동성 집중화 현상이 감소하지만, 모든 청소년들이 다 그 런 것은 아니다. 보다 융통성 있는 양성성의 성역할로 발달되는 데는 어려움을 갖게 되기도 한다.

청소년의 성정체감과 성역할을 이해하는 데 있어 특히 코넬(Connell, 1987, Giddens, 2009 재인용)의 젠더위계모형은 여러 가지로 시사해주는 바가 크다. 코 넬의 모형은 성별에 따른 성의식, 남성성(남성다움)과 여성성(여성다움)의 위계와 변동을 보여주고 있는데, 이는 다른 관점에서 청소년 성문화를 이해할 수 있도록 해준다.

코넬이 제시한 젠더위계모형은 미국의 경우이지만, 우리나라의 경우 젠더위계는 어떠한지, 그 위계에 있어 어떤 변동이 일어나고 있는지 많은 시사점을 주고 있다.

코넬은, 사람들이 남성다움과 여성스러움을 표현하는 방식은 여러 가지가 있다고 생각하고 그에 따라 남성스러움과 여성스러움의 위계모형을 제시하였다.

오늘날 새로운 남성다움이 광고선전에 등장하고 있다. 이러한 현상은 초기형 남성다움과 현재형 남성다움으로 구분할 수 있다. 초기형 남성다움이란, 과거 미국사회가 그들의 지구촌 경찰국가로서의 위상을 강화하기 위하여 다분히 의도적이고 목적지향적으로 만들어낸 이른바 '람보형 남성주의'이다. 이것은 근육질형의 배우가 등장하여 악의 무리를 소탕하고 정의를 실현하는 배후에는 늘 미국이라는 국가가 존재하고 있음을 강조한 영화가 한때 영화의 주류를 이루었는데, 이에 영향을 받아 초기형 남성다움은 다분히 근육질형을 가진 패권적 남성다움의 강조였다고 볼 수 있다.

그러나 한편으로 이러한 근육질 남성을 강조하는 미디어적 수단에 식상한 결과 새로운 현재형 남성다움이 등장하기 시작했는데 이것이 곧 '부드러운 남성'으로의 변화이다. 여기에서의 '부드러운 남성'이란 과거 '람보형 남성주의'와는 다른 깨끗한 피부와 수려한 외모를 기본으로 여성적이고 감성적 성향을 가지고 있으며, 가정에 충실한 남성상, 보호본능을 자극하는 여성의 애완동물(pet)과 같은 남성상을 강조하는 것이 주된 차이라고 하겠는데, 이러한 새로운 여성형 남성다움의 등장배경은 자본주의의 경제적 상업주의 논리와 미디어상의 시청률에 급급한 흥미 위주의 논리가 결합된 결과에서 비롯된 것이 아닐까 생각한다. 그리고 '남자들은 남성다워야 한다(반면 여성은 여성다워야 한다)'는 사회문화적 압력에 대해 오늘날 현대의 남성과 여성들이 부담을 느끼는가에 대한 물음에는 당연히 부담을 느낀다고 단정지어 말할 수 있을 것이다. 현대사회는 개성을 추구하고 개인의 특성이 보장되는 사회라고 말한다. 그러나 그 개성성 추구의 이면에는 갈수록 증대되는 사회집단적 압력에서 벗어나기 위한 목적으로 개성을 추구하는 측면이 있음을 그 누구도 부인하기 어렵다. 따라서 현대인은 이와 같은 사회집단적 현상이 불러일으키는 젠더적 특성을 강조의 사회현상학적 신드롬에서 누구도 초연한 태도를 유지할 수는 없을 것이다.

더욱이 이러한 사회현상이 대중이라는 것 외에도 상업주의 목적의 미디어 수단과 결부되어 흐를 때 우리는 그 압박감에서 자유로울 수 없다.

코넬의 이론에 입각하여 우리나라의 경우를 살펴보면, 글로벌시대에 서구선진자본주의의 양태에 영향을 받을 수밖에 없었던 우리의 경우 이러한 코넬식의 위계적 질서와 비슷한 질서가 존재하고 있으며 그 변화 또한 일어나고 있음을 알 수 있다. 미디어와 광고선전에 의해 더욱 촉발된 "새로운 남성다움"은 패권적 남성다움과 다르게 나타나고 있음을 볼 수 있다.

1980년대 미디어에서 선망받는 남성상은 근육질 몸매, 잘생긴 외모, 터프한 성격의 강한 남성이었다. 반면에 여성의 이미지는 청순가련형이 주를 이루었다. 남성의 경우 실베스타 스텔론, 이소룡, 권상우의 초기 모습 등이 그런 예이다.

그러나 남성의 이미지들이 변하고 있다. "미녀는 XX를 좋아해. 자꾸자꾸 예뻐지면 나는 어떡해~" 이준기가 선전하는 TV광고이다. 2000년도 초부터 불기 시작한 꽃미남 바람의 영향으로 예쁘게 생긴 남성들이 많은 주목을 받았다. 이러한 꽃미남 현상은 새로운 소비를 낳는다. 하얀 피부와 섬세한 이목구비 그리고 군살 없는 몸매. 꽃미남의 필요조건을 얻기 위해 일반 남성들도 연예인 못지않게 피부와 미용 등에 관심을 가지게 된다. 그 결과로 여성 전유물로만 여겨졌던 미용시장에 남성들이 새로운 소비자로 등장하고 있는 중이다. 남성전용 바버샵(헤어, 스타일 등을 바꿔주는 남성 전용 미용실), 남성용 화장품, 미용용품들을 흔하게 볼 수 있게 되었다.

이러한 꽃미남 열풍을 시작으로 2004년에는 '메트로 섹슈얼'(여성들의 의상이나 머리 스타일, 액세서리로 치장하는 남성), 2005년에는 '위버 섹슈얼'(거친 듯 부드러운 남자)이란 용어가 뜨면서 패션뿐 아니라 TV에서도 아름다운 남성들이 대중적 인기를 끌고 있다. 이러한 과정에서 남성의 섹시함이 강조되기도 한다. 새로운 남성다움이 미디어에 등장하게 된 배경으로는 다음을 들 수 있다.

첫째, 남성상과 여성상의 변화의 반영이라고 볼 수 있다. 그동안의 남성다움은 여성을 보호하는 강한 이미지가 남성상의 모습이었다면, 이제 그 이미지가 아니라, 친근한 남성상, 부드러운 남성상, 섹시한 남성상 등이 주를 이룬다. 여성은 과거의 청순가련형에서 보다 더욱 강한 여성상의 모습이 나타난다. 이는 남녀평등의식의 확대와 관련이 있다.

둘째, 새로운 소비층의 확대를 추구하는 자본의 요구와 맞물려 있다. 패션산업, 화장품 산업 등의 미용산업 등의 새로운 고객확보를 위한 노력이다. 즉, 남성을 새로운 소비시장으로 불러내고자 이미지를 만들어내는 측면도 있다.

셋째, 사회경제적 변화에 대한 반영이다. 즉, 산업사회에서 남녀의 노동분업으로 인해 남성이 우월한 위치를 가지고 있었다. 그러나 정보화사회 이후 여성의 감수성과 부드러움이 더 중시되는 경향을 띠고 있다.

이렇듯 전반적인 측면에서 젠더위계에 변화가 있는 것은 분명한 사실이다. 그 변화가 진정한 남녀평등의 의식의 반영인지는 좀 더 생각해 보아야 할 것 같다.

3. 청소년 성문화의 문제점

음란 영상물의 문제점을 구체적으로 살펴보면 다음과 같다. 음란 영상물은 성적인 측면에서 볼 때 성적인 노골성을 강하게 전달할수록 성충동이 강하게 오는데 성적인 태도가 불분명한 청소년들에게는 더 큰 영향을 미친다. 폭력과 잔인성 측면에서 보면 성과 관련된 폭력(강간)이 잔인하며 점점 더 흥미 있는 것으로 묘사된다. 여자들이 처음에는 저항하는 척 하다가 나중에는 더 적극적으로 좋아하고 성적 쾌감을 느끼는 것처럼 만든다. 연구에 의하면 성적 경험이 정상적인 남자들은 일반적인 애정물이나 에로영화에서 성적인 자극을 받지만 강간, 가학적인 표현에 의해서는 자극을 받지 않는다. 일반적인 폭행의 경향이 성적 경향과도 동일해서 포르노는 폭력 지향적인 사람에게 더 큰 영향을 미칠 수 있다. 또한 규범을 위반하게 만들어 사회적인 성풍속을 깨뜨린다. 외설적 음란물은 피학적, 가학적, 성도착, 수간, 근친상간, 그룹섹스 등 반사회적, 비인간적인 경우가 대부분이다. 해결책으로는 볼 기회를 가급적 만들지 않도록 지도해야 하며 기회가 있어도 안 보겠다는 자세를 심어주어야 한다. 그러나 또래 집단에서 안 보겠다고 거절한다는 것이 말처럼 쉽지 않기 때문에 (왕따 당한다) 세심한 배려와 지지가 필요하다. 또한 현실과 차이, 여성의 성적 대상화 등에 대해서도 인식시켜 줄 필요가 있다.

얼마 전 우리 사회를 큰 충격에 빠뜨린 'n'번방, 박사방 사건은 어쩌면 우리가 알지 못했던 성의 어두운 단면을 여실히 보여준 것이라 할 수 있다. 기성세대뿐 아니라 우리 사회 전체를 혼란에 빠뜨렸던 이 사건은 단순히 청소년들에게 제지해야 할 음란 영상물로서의 문제가 아니었다. 문제는 청소년들을 위협, 협박하여 만들어 낸 성착취 동영상으로서의 문제와 그 동영상을 만들고 공유하며 더욱 자극적인 영상을 원했던 소속된 이들의 성의식의 문제였다. 착취를 당하던 피해자들은 비난과 조롱을 받았고, 방에 소속된 이들은 동영상을 만드는 일명 '박사'와 같은 운영진을 동경하는 모습을 보이기도 했다. 이 사건의 가장 큰 문제는 이러한 성의식을 가진 사람들이 현재에 머무르는 청소년뿐 아니라 그러한 청소년들이 자라 더 큰 범죄 행위에 가담하게 된다는 것이다. 자극적이고 모순적인 면만을 강조한 음란 영상물의 결과가 어쩌면 이 사건을 만들어 냈을지도 모르겠다.

사이버 공간에서는 실제공간보다 윤리의식이 무뎌진다. 사이버 공간은 음란문화의 안전한 거주지가 되어가고 있다. 사진이나 비디오 영상과 같은 아날로그식 복제는 복제 시 그 질이 떨어지거나 실재물로 유통된다는 단점이 있지만, 디지털 복제는 아무리 복제를 해도 원본과 등가의 에너지를 가진 이미지로 증식되어지며 네트워크를 통하여 안전하고 빠른 속도로 퍼져나간다. 성인들은 신기하고 극도로 감각적인 사이버 음란물을 부절제하게 탐닉하고 있으며, 그러한 영상물을 수용함에 있어서의 가치 기준을 갖지 못하고 있다. 더 큰 문제는 청소년들은 손쉽게 영상을 접할 수 있다는 것이다. 또한 가상현실(VR)기술, 상호작용 기술, 네트워크 기술의 결합으로 발생할 수 있는 사이버 음란 영상문화가 벌써 시작단계에 이르렀다. 딥페이크 기술을 이용하여, 음란물과 연예인 또는 자신이 원하는 지인의 얼굴을 합성하는 등의 문제가 발생하고 있다.

4. 청소년 성문화의 개선방안

우리 사회의 혼란스럽고 잘못된 성문화를 개선하기 위해서는, 무엇보다도 먼저 성에 대한 우리의 생각과 가치관, 태도 등이 바뀌어야 한다. 성은 오로지 종족 보존의 수단만도 아니며, 쾌락의 도구만은 더욱더 아니다. 성은 종족 보존을 위한 본능적인 행위임과 동시에 친밀하고 조화로운 남녀 간의 인간관계의 표현이다. 이러한 의미에서 성은 결코 불결한 것도 아니고, 금기시하거나 죄악시해야 하는 것도 아니다.

인간은 성적인 존재이다. 그렇다고 해서 성을 쾌락의 도구로만 생각한다면, 인간은 성의 노예가 되어 동물과 같은 존재로 전락하고 말 것이다. 인간은 성적인 존재이지만 또한 이성적인 존재이므로, 사회에서 인정하는 범위 내에서 성에 대한 본능적인 욕망을 스스로 조절하면서 남녀 간의 바람직한 관계를 유지해 나가야 할 것이다. 인격적이고 평등한 남녀 관계를 추구해 나갈 때, 인간다움을 잃지 않으면서 성적인 욕구도 충족할 수 있는 것이다.

그러기 위해서는 먼저 가정에서의 노력이 우선적으로 요구된다. 부모가 일상생활 속에서 모범을 보여야 한다. 교사들은 학생들의 생활하는 모습만 보아도 그 아이들의 부모가 가정에서 어떻게 생활하는지를 대체로 짐작할 수 있다고 한다. 자녀들은 가정에서 부모가 하는 것을 보고 느낀 대로 행동하기 때문이다. 자녀들은 부모가 하는 행동을 주시하면서 서로 대화하는 태도, 자녀들에게 대하는 언행들이 좋은 모범이 될 것이다. 즉, 아버지를 닮은 이성(異性)을 좋아하거나 어머니를 닮은 배우자를 선택하는 경우를 어렵지 않게 볼 수가 있다.

또한 아버지가 어머니를 구타하는 광경을 보고 자녀가 성장하여 자기 아내를 때린다는 사실을 우리는 경험을 통해 주변에서 많이 볼 수가 있다. 그만큼 환경에서 어떻게 성장하는가에 따라서 성격형성에 영향을 준다고 본다. 따라서 화목한 가정에서 서로 존경하며 아껴주는 부부관계야 말로 가장 중요한 성교육임을 잊지 말아야 하겠다.

그리고 부모가 올바른 성지식과 성에 대한 바람직한 태도를 갖추고, 자녀들에게 적절한 성교육을 해야 한다. 뿐만 아니라, 바람직한 부부 관계를 통해 남녀 간의 관계가 어떠해야 하는지를 자녀들에게 보여 줄 필요가 있다. 성적인 사회화는 어린 시절 가정에서부터 자연스럽게 이루어진다. 성에 대한 부모의 태도나 행동, 말은 아이들의 성 의식을 형성하는 데에 영향을 미친다. 부모가 서로 존중하는 모습이나 친밀감을 주고받는 모습은 아이들에게 좋은 동일시의 모형이 될 것이다.

학교에서도 그들을 향한 노력은 앞으로 계속 강조될 것이다.

성교육은 성지식 교육에서 그치는 것이 아니라 청소년들의 신체변화에 따른 호기심을 바르게 충족시켜 줌으로써 신체적, 정신적 관리를 잘 할 수 있도록 하고 충동적이거나 우발적인 성행동을 절제할 수 있는 능력과 올바른 성 가치관의 수립을 돕는 내용이어야 한다고 본다. 성교육은 남녀간의 올바른 관계와 삶의 자세를 바로 세우기 위한 바람직한 남녀관계를 위한 내용으로 채워져야 할 것이다. 그리하여 성을 자연스럽고 풍부하게 수용하도록 하는 정서성, 서로의 입장을 존중하고 생명을 존귀하게 여길 줄 아는 사회성, 바른 지식과 태도를 스스로 가지는 과학성, 성적 욕구를 적절하게 조절할 줄 아는 자기 조절력 등을 갖추어 나가는 데 도움이 되는 내용으로 성교육이 이루어져야 할 것이다.

그리고 개인의 신체적 특성을 고려해야 한다. 다른 사람과의 비교는 아이들에게 위로나 용기를 주기보다는 열등감에 사로잡히게 하는 경우가 더 많다. 적당한 열등의식은 발전을 향해 도약할 수 있는 계기를 마련하기도 하지만 누적되는 열등감으로 인하여 강박관념에 쌓이게 되는 일이 드물지 않다.

신체나 외모와 관련된 열등의식은 심각한 문제를 불러일으키는 원인이 되기도 한다. 특히 성에 대해 부정적인 생각을 가지고 있는 경우 이성에 대한 두려움 내지는 적대감을 불러일으켜 급기야는 이성(異性)을 만나는 일이나 결혼을 기피하는 결과를 낳거나 성행동에 있어서 성기능 장애나 불감증을 나타나게 한다. 더 심하면 다른 사람과의 인간관계를 단절시키는 자폐증상이 나타날 수도 있다.

사회의 문화 풍토가 성에 관한 태도와 가치관에 큰 영향을 주기 때문에 언론의 역할 또한 대단히 중요하다. 대중 매체는 정보를 발굴하고 전달할 뿐만 아니라 스스로 만들어 내기도 하면서, 사람들이나 사회 전반에 큰 영향을 끼친다. 성문화는 언론에 의해 가장 쉽게 영향을 받는 부문인 데다가, 대중 매체가 바람직한 역할을 해야 할 필요가 있다.

한편, 청소년들은 성에 대한 건전하고 정확한 지식을 갖추고자 노력해야 한다. 성은 몰라도 되는 것이 아니라 '잘' 배워야 되는 것이다. 성은 친구들끼리 숨어서 몰래 배우는 것이 아니라, 국어나 수학을 배우듯이 진지하게 배워야 하는 것이다.

이와 같이, 남녀평등의 이념을 바탕으로 한 올바른 성문화를 확립하기 위해서는 부모와 사회는 물론 청소년 자신들의 노력과 협력이 있어야 한다. 우리 사회에서는 전통적으로 성을 은밀한 것으로 취급하여 왔으며, 오늘날에도 그러한 경향이 있다. 그렇다고 해서 청소년들에게 성적 충동이 일어나지 않는 것도 아니고, 관심 없어지는 것도 아니다. 이러한 상태에서는 성에 대한 이야기가 점점 더 은밀해질 수 있고, 어른들이 없는 곳에서는 또래들끼리 그릇된 성 정보를 교환하게 된다. 뿐만 아니라 오늘날에 와서는 각종 대중 매체와 정보 통신 수단의 발달로 인하여, 어느 곳에서나 성에 대한 정보를 쉽게 접할 수가 있다. 그런데 문제는 청소년들이 이들을 통해서 정확하고 가치 있는 성 정보를 얻기가 어렵다는 데 있다. 청소년들은 각종 대중 매체를 통해 접하게 되는 성 정보들의 특성을 비판적으로 인식하여 올바른 것과 그릇된 것으로 구분하지 않고 그대로 받아들이기 때문이다. 그러므로 청소년들은 먼저 다양한 통로를 통해 제공되는 수많은 성 정보들의 허상과 실상을 올바르게 비판할 수 있는 판단 능력을 길러야 한다. 특히 대중 매체의 상업적 특성을 이해하고 이를 통해 제공되는 성 정보들 중 올바른 것을 취사선택하는 노력을 해야 한다. 가능한 한 학교나 공인된 기관에서 발행되는 인쇄물이나 시청각 자료를 통해 근거 있고 믿을 수 있는 성 정보를 얻어야 한다.

청소년 시절에는 또래 집단의 친구들로부터 성 정보를 얻는 일이 많은데, 그러한 정보는 대개 사실과 다르거나 호기심을 충족시키기 위해 과장된 경우가 많다. 그러므로 앞으로의 건전한 성생활을 준비하려면 친구들끼리만 성 정보를 교환하려 하지 말고, 부모님이나 선생님을 모신 자리에서 근거 있는 성 정보를 바탕으로 진지하게 토론하고 대화하는 것이 좋을 것이다.

어떤 청소년들은 성에 관해 혼자 고민하는 사이에 별것도 아닌 문제가 신체적 정신적으로 큰 병이 되기도 한다. 어떤 고민이든 의사나 상담 전문가와의 상담을 통해 빨리 해결하는 것이 밝고 명랑한 삶으로 되돌아가는 지름길이다.

'성' 혹은 'sex'라는 말을 접했을 때 중고등 학생들이 보이는 반응 중 가장 많은 것은 '망측하다', '싫다'는 것이고, 그 다음은 '재미있다'는 반응이며, 대부분 성교나 임신을 머리에 떠올린다고 한다. 이것은 성을 비천한 것으로 또는 흥미 본위로 받아들이고, 생리적인 면이나 육체적인 면으로 제한하여 생각하는 어른들의 성문화가 반영되고 있음을 보여 준다.

성의 의의를 생물학적인 측면에서 보면, 자손을 낳게 함으로써 생명의 영속성을 유지시켜 준다는 점에서 동물과 공통된 면이 있다. 그러나 인간의 성이 가지는 보다 큰 의의는 남녀의 정신적인 결합이라고 할 수 있다.

따라서, 올바른 성윤리는 남녀평등의 이념을 바탕으로 남성과 여성이 서로를 존중하면서 조화로운 인간관계를 발전시켜 나가는 방향으로 확립되어야 할 것이다. 그러기 위해서는 우리 사회의 잘못된 성문화를 먼저 바로잡아야 한다. 즉 남성과 여성에게 서로 다른 기준을 적용하여, 여성들에게만 순결을 요구하는 등의 성차별적 문화가 개선되어야 한다. 순결은 남녀 모두에게 요구되며, 성충동의 조절이나 바람직한 성문화의 형성에 있어서도 남녀가 함께 참여해야 한다.

성과 관련된 문제를 윤리적 측면에서 슬기롭게 해결해 나가려면 성에 관한 정확한 지식을 적절한 시기에 습득하여야 한다. 즉 인간의 신체적 심리적 정신적 발달, 생명의 탄생, 결혼의 의의 등에 대한 이해가 바탕이 되어야 성과 관련된 문제를 합리적으로 해결해 나갈 수 있다.

우리가 올바른 성윤리를 확립해야 하는 가장 중요한 이유는 남성과 여성 모두가 행복한 생활을 할 수 있도록 이끄는 데 있다. 올바른 성윤리의 확립은 개인적 측면에서는 행복한 생활의 기초이며, 사회적 측면에서는 건전한 사회 질서의 바탕이 되는 것이다.

1 스턴버그(R. Sternberg)의 사랑의 유형에 관한 설명으로 옳지 않은 것은?

① 우정(friendship)은 친밀감은 있고, 열정과 언약은 없는 형태이다.

② 열정적(infatuation) 사랑은 친밀함과 언약은 없고, 열정은 있는 형태이다.

③ 공허한(empty) 사랑은 친밀감과 열정은 없고, 언약은 있는 형태이다.

④ 우애적(companionate) 사랑은 친밀감은 있고, 열정과 언약은 없는 형태이다.

⑤ 낭만적(romantic) 사랑은 친밀감과 열정은 있고, 언약은 없는 형태이다.

2021년 청소년지도사 필기 기출문제

1 스턴버그(R. Sternberg)가 제시한 사랑의 유형 중 다음 설명에 해당하는 것은?

친밀감(intimacy)과 열정(passion)은 높고, 책임감(commitment)이 낮다.

① 공허한 사랑(empty love) 　　② 얼빠진 사랑(fatuous love)

③ 낭만적 사랑(romantic love) ④ 우애적 사랑(companionate love)

⑤ 열정적 사랑(infatuation)

1 청소년 이성교제의 기능에 관한 설명으로 옳은 것을 모두 고른 것은?

> ㄱ. 성 정체성을 확립하게 한다.
> ㄴ. 이성 간의 호기심을 해소시킨다.
> ㄷ. 사랑하는 감정과 만족을 얻는다.

① ㄱ   ② ㄱ, ㄴ   ③ ㄱ, ㄷ   ④ ㄴ, ㄷ   ⑤ ㄱ, ㄴ, ㄷ

Chapter 09 ｜ 청소년 여가문화

청소년이 가지는 여가문화란 어떤 것들이 있을까? 흔히 떠오르는 것은 PC를 통한 게임, 스마트폰, 영화, 독서 등이 있을 것이다. 청소년기의 여가 활동은 특히 몇 가지 특징을 가지고 있다. 또래 중심이며 집단 문화주의적인 것 등의 특징을 보이는데, 이들이 갖는 이러한 여가의 특징이 왜 나타나는지에 대해서 이해하고, 사회문화적 특징만이 아니라 심리적 요인 등 여가가 청소년에게 왜 필요한가에 대해서 심층적으로 알아볼 필요가 있다. 그런 후 이들 여가의 실태를 알아보는데, 이때 여가 활동에 있어서도 몇 가지 사례를 중심으로 살펴보고자 한다. 또한 여가에 대한 시각은 다양한 것을 참고하여서 편향되지 않도록 해보고자 한다.

1. 여가의 개념

1) '유한계급론'적 접근

베블렌은 당시 유한계급들에 의해 이루어지던 여가를 '비생산적 시간의 소비'라고 하였는데, 그 이유는 그 시절 노동의 가치를 부정하고 노동 행위 자체를 불명예스러운 것으로 간주하던 유한계급들이 정작 그들의 부와 여가를 위해서는 그들이 인정하지 않고 부정 시 하던 노동자들의 노동을 착취하는 모순과 허구성을 보여주고 있었기 때문이었다.

2) 강단사회학적 접근

여가에 대한 강단사회학적 접근은 여가를 과학적 접근 방법에 의거하여 객관적이고 실증적인 차원에서 분석하고자 하는 일련의 사회학적 관점들을 말한다.

3) 맑시즘적 접근

여가에 대한 맑시즘적 접근은 여가의 문제를 사회 변동과 계급 모순에 의한 사회구조적 갈등의 문제로 보고자 하는 관점을 말하는데, 대표적인 학자로는 프랑크프루트 학파에 속하고 있는 아도르노(Adorno)와 마르쿠제(Marcuse) 등을 들 수 있다.

아도르노는 "현대사회에서의 대중의 여가는 문화산업이 지니고 있는 기만과 조작 등의 의미로 인하여 개인의 자발적인 선택이 결여된 제한되고 종속적인 여가이다"라고 주장하였고, 마르쿠제는 아도르노의 비판적 관점에 동의함과 동시에 여가활동의 자율적이며 능동적인 변화능력을 중요시한다.

4) 결합체(configuration) 사회학의 관점

결합체 사회학이란 사회 속에서 볼 수 있는 '상호 의존적 네트워크'를 중요시하며, 이렇게 상호 지향되어 있고 의존되어 있는 인간들의 집합구조인 결합체를 주요 연구 대상으로 위치시켜놓고 있는 사회학 및 인류학의 연구 분야를 말한다. 대표적인 학자로는 엘리아스(Elias)를 들 수 있다. 엘리아스는 여가란 '선진

산업사회에서 적당하게 자극적인 행동이 공공연히 일어나는 것을 사회적으로 승인하고 고무하는 이색적 영역이다'라고 주장하였다.

5) 여가를 인간 행위의 목적으로 보는 관점

이 관점에서는 여가를 인간 행위의 본질을 해석하고자 하는 철학적 관점에서 바라보고자 하며, 인간이 노동하는 이유가 곧 여가를 갖기 위한 것이라고 규정하고 있다. 대표적인 학자로는 아리스토텔레스(Aristotle)를 들 수 있다.

아리스토텔레스는 여가란 "영원한 진리를 반영하는 것이며, 가치 있는 사유와 계획을 생각할 수 있는 기회를 제공하기 때문에 사람들이 여가를 즐길 때 가장 진실하게 삶을 살아가는 것"이라고 주장하였다.

6) 여가의 역사

여가의 역사는 세 가지 시기 및 특징으로 구분하여 살펴볼 수 있다.

첫째, 특권 유한계급이 사회의 중심적 위치를 차지하고 있었던 전통사회를 통해 보편화된 여가는 특권계층은 노동생활과 여가생활을 정확히 구분해서 향유한다. 반면 일반시민은 노동생활 속에서 한정된 여가를 즐긴다.

둘째, 사회의 기본 시스템을 과학적 합리성에 의한 분업이 장악하기 시작한 근대 산업사회에서의 여가이다. 부르주아계급은 여가를 즐길 수 있다. 반면, 일반 노동자는 지나치게 노동에 종속되어, 여가의 기본적 권리를 박탈당한 상태였다. 또한 여가의 권리 자체를 게으름의 권리라고 주장하는 측면도 있었다. 이를 해결하기 위해 1919년 국제 노동기구에서는 "1일 8시간 1주일 48시간" 노동조약을 체결하였다.

셋째, 20세기 이후 본격적으로 이루어지게 된 대중문화의 시대를 통해 볼 수 있는 대중여가로, 양적인 팽창이 일어나는 시기이다. 대중문화가 산업으로 접근되어 급진적으로 팽창되어, 사람들의 일상생활의 대부분을 지배하던 노동시간에 대한 철저한 법적 규제가 생겨났고, 이는 노동자들의 여가활동증진에 긍정적인 영향을 미치게 되었다.

이러한 여가의 시대적 변화를 바탕으로 최근에는 여가의 양적인 측면뿐만 아니라 질적인 측면이 더욱 중요한 의미를 차지해 가고 있는 실정이며, 따라서 여가 산업의 방향성 또한 질적 가치에 따라 보다 다양한 차원으로 범위를 넓혀 가고 있다고 할 수 있다.

2. 청소년 여가의 기능

여가의 개념은 초기에는 "일에서 해방되었을 때"에 한정하여서 사용하였으나, 이제는 시간적 개념의 확장으로 인해 "여가를 즐기기 위해 행해지는 활동"까지로 포괄적 지칭을 하게 되는 변화를 가져왔다. 여가의 기능으로는 극도의 정신성 긴장을 완화시키는가 하면 인간 소외의 문제를 해결하기 위한 쪽으로 진행되었다. 이러한 필요에 따라서 인간의 노동과 여가는 반드시 균형을 이룰 필요가 있다고 인식되어왔다.

이러한 맥락에서 청소년 역시 여가시간과 활동이 필요하다. 여가라는 것은 근로와 같은 경제적 생산성을 가진 노동뿐만이 아니라 공부 같은 정신노동까지 포괄하여서 다룰 필요가 있는 개념이기 때문이다. 그러므로 청소년의 여가의 기능 역시 다른 연령대의 여가 기능과 크게 다르지 않다고 생각하는 것이 옳겠다.

여가의 기능에 대해서는 많은 연구가 진행되어왔다. 이것은 특히 체육학 분야와 경영학에서 많이 다루었는데, 체육학과 경영학 모두 인간의 활동이 어떠한 기능을 갖는가에 대해서 살펴보는 것이었으며 그 연령대가 다양하기 때문에, 연령대와는 상관없는 공통의 특징을 여기에서 제안하여 보고, 그런 다음 청소년에게는 이것이 어떻게 적용될 수 있을지 살펴보는 것을 이 장의 목표로 하고자 한다.

여가의 기능은 첫째, 휴식의 기능, 둘째, 기분 전환의 기능, 셋째, 자기계발의 기능이다. 이것을 바탕으로 하여서 여가의 기능을 조금 더 자세히 보도록 하겠다. 이러한 기능을 다시 분야로 살펴보면, 개인적 차원에서는 심리·정서적 안정감, 건강 증진 등의 정신적인 것뿐만 아니라 신체적인 건강까지 관장하고 있음을 알 수 있다. 또한 사회 전체적인 차원에서도 분명 노동의 질적 향상을 보여

준다. 이것은 사회화와 재생산, 그리고 사회적 통합과 여러 사회 문제의 해결이라는 기능을 한다는 데 효과적이다. 그리고 학습 기능에서도 우수한 효과를 가져오는데, 학습 기능으로는 학습의 형성 기능과 발상 학습 기능, 도해 학습 기능, 인식 학습 기능과 태도 학습 기능에 영향을 준다.

또한 인간은 자아실현을 위해서 여가를 가질 필요가 있는데, 이것은 첫째, 인간이 자연적인 리듬을 찾아갈 필요가 있기 때문이며, 둘째, 정신적 환기의 필요성이 대두되었기 때문이며, 셋째, 자신을 초월하는 어떠한 과정이 필요한데 여가가 그 기능을 하고 있다는 것이었다.

이러한 여가의 기능을 정리해보면, 긍정적으로는 휴식과 심리적, 자기실현 기능과 사회적기능, 교육문화적 기능 등이 있다. 부정적 기능으로는 획일화와 모방 기능, 위장화 기능, 무감각 기능, 향락화 기능 등이 있다.

청소년의 여가는 이 중에서 전자는 자기실현의 기능이 우세하며, 후자로는 획일화와 모방의 기능이 크다고 할 수 있겠다.

이를 통해서 알 수 있듯이, 청소년의 여가는 성인의 여가에 비하면 그 규모가 상당히 작음을 알 수 있다. 누릴 수 있는 여가 시간과 활동이 주는 효과와 부작용의 수가 현저히 작기 때문이다. − 이러한 문제는 시간과 연령, 그리고 금전에 따른 한계가 분명하게 있기에 이와 같이 진술할 수 있다.

그러나 청소년 여가는 분명 하나의 여가로의 기능을 하고 있는 것만큼은 분명하다. 청소년 여가는 대체로 자아실현의 과정으로 이해하고, 그 과정에서 나타나는 부작용도 과정으로 이해하는 것이 옳을 것이다. 이에 대해서는 다음 항에서 상술하도록 하겠다.

3. 청소년 여가의 필요성

청소년 여가의 필요성은, 단적으로는 그들의 학습으로 인한 스트레스를 풀어주기 위함이며 동시에 학업 능력의 증진을 위해서 필요하다고 할 수 있다. 그런데 청소년 여가는 단순히 어떠한 사건이나 현상의 효율 증진뿐만이 아니라 그들의 자아정체성을 형성하는 데 있어서도 상당히 중요하다고 할 수 있다. 그 이유로는 다음과 같다.

첫째, 청소년기는 자아중심성을 여전히 가지고 있으며, 그것의 형태가 달라지는 시기이다. 그렇기 때문에 청소년은 여가를 통하여서 자기중심적인 성향을 사회 속에서 조절할 필요가 있다. 청소년기에 접하는 교육과 그로 인한 학습이라는 것은 획일성을 중시하며 이것을 통한 자아 중심성의 실현은 현실적으로 불가능한 것에 가깝다. 개성적인 중심화를 해야 할 필요가 있는데, 획일적인 교육 아래에서는 오히려 도덕적 상대주의 잘못된 적용으로 인하여서 청소년의 탈선과 비행을 초래할 수 있기 때문이다.

바로 이러한 문제를 해결하기 위해서는 다양성을 존중해주는 여가가 필요하다. 청소년기에 해당하는 각각의 개인들은 모두 자신의 위치를 찾아가는 것에 대한 욕구가 있으며, 이것은 보다 남들과는 다르고 특별하게 진행되어야 한다고 생각하는 경향이 많기 때문이다. 그러므로 청소년 여가는 이러한 다양성의 확보와 자기중심적 성격을 다루는 데 있어서 상당히 유의미하다고 할 수 있다.

둘째, 청소년기는 자아정체성과 자아정체성의 혼미에 따라서 정체성의 위기를 극복하는데, 그것은 여가 활동의 권장을 통하여서 해결될 수 있기 때문이다. 이것은 청소년기의 심리적 특성과도 무관하지 않다. 청소년기는 심리적 이유기로 부모에게서 벗어나고자 하는 욕망이 상당히 강하다. 그런데 이러한 과정에서 부모를 대신할 사람을 찾게 된다. 이때, 공통적인 특질을 가지고 있는 사람들과의 만남을 통하여서 보다 안정적으로 이 상황을 벗어나고 적응해 나아갈 수 있기 때문이다. 청소년 여가는 이처럼 청소년의 생활 전반에 있어서 청소년의 올바른 사회화를 위하여서 반드시 필요하다고 할 수 있을 것이다.

청소년 여가의 필요성은 다시 말하면 다음과 같이 정리해볼 수 있을 것이다. 위에서 살펴본 청소년기의 특징과 그에 따른 특수한 필요성이 있다고 하더라도, 결국 다음에 제시하게 될 공통적인 특질도 가지고 있기 때문이다.

이것은 개인적 측면과 사회적 측면, 그리고 교육적 측면으로 나누어서 살펴볼 수 있다. 개인적 측면으로는 먼저 학업으로 인한 스트레스를 풀 수 있으며,

여가를 통하여 자아계발을 하고 이를 바탕으로 한 자아실현을 할 수 있기 때문이다. 또한 성취감과 근로에 대한 의욕을 높일 수 있으며, 이것은 생산성과 같은 효율의 강화로 이어진다. 그러므로 개인적 측면에서의 청소년 여가 역시 반드시 필요하다고 할 수 있겠다.

다음으로는 사회적 측면이다. 사회적 측면에서의 핵심은 공동체, 그리고 공동체 의식이다. 여가 활동의 참여는 개인적으로 이루어질 수 있으나 대체로는 어떠한 것을 새로이 학습하는 과정을 거치기 때문에 타인과 교류할 수밖에 없게 된다. 그러므로 소속감이나 공동체 의식을 갖게 된다. 이것은 또한 개인에게 있어서 안정감을 주기 때문에 사회 안정의 기능까지 수행한다고 할 수 있겠다.

그러므로 사회 통합에 영향을 미친다고 할 수 있다. 이것은 스포츠, 스크린, 섹스로 연결지었던 전두환 정부의 3S 정책과도 일치하는 효과를 가져온다. 사회 통합의 기능이 긍정적인 사회적 영향을 줄 수도 있으며, 부정적인 영향을 줄 수도 있는데 그러한 세부적인 것과는 별개로 사회 통합 자체는 실현 가능하게 해 준다.

다음으로 특히 청소년기의 문화는 대중 문화 발전에 기여를 한다. 청소년기의 문화는 소비를 중심으로 할 수밖에 없는데, 대체로 그 대상은 TV 스크린이나 아이돌 등의 대상을 특정한 소비로 이어진다. 청소년기에 과외 활동을 통한 여가의 효과 증진은 경제적이나 연령적 측면에서 실현하는 데에는 어려움이 있기 때문이다.

이러한 여가도 결국 지금까지 살펴본 바와 같이 긍정적일 수도 있고 부정적일 수도 있다. 그러므로 여가 활동에 대한 교육 역시 이루어져야 한다. 이것은 국가의 경쟁력을 높인다는 측면에서 중요하며, 교육을 하는 데 있어서 창의 인재 양성을 할 수 있기 때문이다. 결국 이러한 것은 모두, 보다 완성된 성인으로 만들기 위함이기 때문에 사회화의 기능을 가진다고 할 수 있을 것이다. 이에 대해서 "알맞은 청소년 프로그램을 개발하여 청소년 문화가 바로 정착될 수 있도록 심려를 기울"일 필요 역시 있다.

4. 관련정책 및 법규 소개

1) 청소년보호법

청소년에게 유해한 매체물과 약물 등이 청소년에게 유통되는 것과 청소년이 유해한 업소에 출입하는 것 등을 규제하고, 폭력·학대 등 청소년유해행위를 포함한 각종 유해한 환경으로부터 청소년을 보호·구제함으로써 청소년이 건전한 인격체로 성장할 수 있도록 함을 목적으로 하는 법률이다(1997. 3. 7, 법률 제5297호).

이 법에서 '청소년'이라 함은 19세 미만의 자를 말한다. 청소년에 대하여 친권을 행사하는 자 또는 친권자를 대신하여 청소년을 보호하는 자, 사회 및 국가, 지방자치단체는 청소년이 청소년유해매체물과 청소년유해약물 등 및 청소년유해업소·청소년폭력·학대 등에 접촉이나 출입을 못하도록 필요한 노력을 하여야 하며, 청소년이 유해한 매체물과 유해한 약물 등을 이용하고 있거나 유해한 업소에 출입하고자 하는 때에는 이를 즉시 제지하여야 한다.

청소년유해약물이라 함은 술, 담배, 향정신성의약품관리법의 규정에 의한 향정신성의약품, 마약, 대마, 환각물질, 기타 중추신경에 작용하여 습관성·중독성·내성 등을 유발하여 인체에 유해작용을 미칠 수 있는 약물 등으로 대통령령이 정하는 기준에 따라 청소년보호위원회가 결정하여 고시한 것을 일컫는다.

청소년유해매체물은 음반 및 비디오물에 관한 법률의 규정에 의한 음반 및 비디오물을 비롯해 기타 청소년의 정신적·신체적 건강을 해칠 우려가 있다고 인정되는 것으로서 대통령령이 정하는 매체물을 가리키며, 이를 청소년을 대상으로 판매·대여·배포하거나 시청·관람·이용에 제공할 수 없다.

청소년유해업소의 업주는 청소년을 고용해서는 안 되며, 청소년 출입·고용금지업소의 업주 및 종사자는 출입자의 연령을 확인하여 청소년이 당해 업소에 출입하거나 이용하지 못하게 해야 한다. 지방자치단체는 청소년보호를 위하여 필요하다고 인정할 경우 청소년에게 정신적·신체적 건강을 해칠 우려가 있는 구역을 청소년통행금지구역 또는 청소년통행제한구역으로 지정해야 한다.

이 법의 규정에 의한 청소년보호업무를 수행하기 위하여 국가청소년위원회를 둔다. 전문 56조와 부칙으로 되어 있다.

2) 셧다운제

청소년의 인터넷 게임 중독을 예방하기 위해 마련된 제도로 신데렐라법이라고도 한다. 2011년 5월 19일 도입된 청소년보호법 개정안에 따라 신설된 조항(26조)으로, 2011년 11월 20일부터 시행되었다. 계도 기간을 거쳐 2012년부터 단속을 실시하게 된다. 주무부처는 여성가족부이다.

셧다운(shutdown)제의 골자는 '16세 미만의 청소년에게 오전 0시부터 오전 6시까지 심야 6시간 동안 인터넷 게임 제공을 제한한다'는 것이다. 인터넷게임을 서비스하는 업체들은 이 시간대에 연령과 본인 인증을 통해 청소년 게임 이용을 강제로 원천차단해야 한다.

이 제도는 인터넷을 이용하는 PC 온라인게임과 CD를 통해 접속하는 PC 패키지게임에 우선 적용되어 개인정보를 요구하는 게임은 모두 셧다운제의 적용을 받으며, 개인정보를 요구하지 않는 게임 중 추가 이용료가 들 경우에도 적용된다. 단, 개인정보를 요구하지 않고 추가 이용료가 없거나, 온라인 접속이 필요없는 콘솔 게임기에는 적용되지 않는다. 또한, 스마트폰이나 태블릿 PC를 통한 모바일 게임의 경우 아직 청소년들이 모바일 기기를 많이 갖고 있지 않아 심각한 중독 우려가 없다는 의견을 반영하여 적용을 유예했다. 셧다운제가 적용되는 게임물의 범위에 대해서는 여성가족부장관과 문화체육관광부장관의 협의하에 2년마다 평가하여 개선 등의 조치를 취하게 된다.

5. 청소년 여가문화를 위한 개선방안

1) 청소년 전용 여가 공간 및 시설 확충

청소년 전용 공간과 시설이 부족하기 때문에 성인시설에 대한 접근이 보다

용이하게 정당성을 확보해야 한다.

2) 지역단위 스포츠 시설확충

모든 세대가 어우러져 함께 할 수 있는 여가 공간의 중요성 또한 매우 높다. 구체적이고 세밀한 계획에 의거하여 지역단위 스포츠 시설을 확충하는 정책이 필요하다.

3) 대입 위주의 교육 정책 탈피 및 공교육의 강화

대입 위주의 교육정책을 개선하여 보다 현실적이고 실질적이며, 올바른 인성발달을 중심으로 한 교육정택의 구성이 이루어져야 한다.

4) 수련시설의 활성화

수련시설에 대한 실질적 지원과 개선을 통해 청소년 여가를 위한 대표적인 시설이 될 수 있도록 하는 정책이 중요한 의미를 지닌다.

5) 청소년 동아리 지원 확대

청소년 전용 공간과 시설들을 이용하여 그곳에서 그들만의 여가가 이루어질 수 있도록 집단적 차원에서 지원해주는 것이 중요하다.

6) 청소년 여가 프로그램 활성화

청소년들이 스스로 만들어 가는 여가도 중요하지만 참여할 수 있는 다양한 기회를 제공하는 것도 중요하다.

7) 여가 지도를 위한 학부모 연수 실시

부모나 여타 성인 가족 구성원들에 의한 모델 케이스 제공, 실질적 여가 활용 방안 지도 등이 요구된다.

8) 여가 지도를 위한 교사연수 실시

여가를 지도하는 경우 부모의 지도보다는 더 많은 긍정적 영향력을 행사할 수 있다.

9) 학교 내 여가 시설확충

학교에 다양한 여가 시설 및 공간을 확충해 줌으로써 청소년들이 여가와 학업을 병행할 수 있게 하고 나아가 이들 두 가지 영역 간의 시너지 효과가 나타날 수 있도록 하는 정책이 필요하다.

10) 소외 청소년 여가 지원

소회 청소년들 또한 한국사회의 미래를 책임질 정당한 구성원이며, 따라서 그들의 문제점을 해결해 주고 올바른 인성을 갖게 하기 위한 적극적인 여가 지원정책이 마련되어야 한다.

11) 청소년 체험활동 확대

농촌체험, 직업체험, 봉사활동 체험 등 다양한 체험활동은 문화적 다양성의 가치관을 갖게 해주고 사회구성원 서로에 대한 이해도를 증진시켜주는 역할을 한다.

12) 청소년 문화·예술 활동 지원

문화·예술 활동은 일상을 통해 쌓인 심적 갈등과 불안 등과 같은 부정적 요인을 감수성 함양을 통해 해소할 수 있게 해주는 역할을 한다.

13) 지역단위 청소년 축제의 활성화

개인의 삶에 있어 역동적이고 능동적인 삶의 에너지가 보충될 수 있는 계기가 된다고 하는 중요한 의미도 내재되어 있다.

청소년 여가활동에 대한 조사 - 2018 보건복지부

방과후 활동(아동)

만 9-17세 아동이 응답한 평일 방과후 주로 하는 활동은 학원이나 과외로 47.3%가 응답하였다. 여아는 집에서 TV를 시청하거나 숙제를 하고, 방과후 학교에 남아서 자율학습 등을 참여한다는 응답이 높은 반면, 남아의 경우, 집에서 스마트폰이나 컴퓨터 게임을 한다는 응답이 높은 것으로 나타났다. 또한, 연령이 높을수록 스마트폰 사용, 컴퓨터 게임, 방과후 학교 활동 참여 등의 활동이 많고, 연령이 낮을수록 집에서 숙제를 하거나 학원이나 과외 활동 등이 많은 것으로 나타났다. 수급 가구의 아동은 일반 가구 아동에 비해 스마트폰 사용, TV시청, 컴퓨터 게임, 숙제하기 등의 활동의 비율이 높게 나타났으며, 일반 가구의 아동은 학원이나 과외 활동이 월등히 높게 나타났다. 또한, 소득이 높을수록 학원이나 과외 활동의 비율이 높고, 소득이 낮을수록 방과후 돌봄기관을 이용한다는 응답이 높게 나타났다. 농어촌 지역의 아동은 도시 지역의 아동보다 스마트폰 사용, TV시청, 컴퓨터 게임 등 집에서 하는 활동의 비율이 높게 나타난 반면, 대도시 지역일수록 학원이나 과외 활동을 한다는 응답이 많았다. 또한, 한부모/조손 가구의 아동은 양부모 가구에 비해 스마트폰 사용, TV시청, 컴퓨터 게임, 숙제 등 집에서 하는 활동의 비율이 높게 나타난 반면, 양부모 가구의 아동은 학원이나 과외 활동을 한다는 응답이 많았다. 기타 가구의 아동은 맞벌이 및 외벌이 가구에 비해 스마트폰 사용, TV시청, 컴퓨터 게임, 숙제 등 집에서 하는 활동의 비율이 높게 나타난 반면, 맞벌이, 외벌이 가구의 아동은 학원이나 과외 활동을 한다는 응답이 많았으며, 그 중에서도 외벌이 가구 아동이 더 높게 나타났다. 한편, 맞벌이 가구의 아동은 타 가구의 아동에 비해 방과후 학교 응답 비율이 높은 편으로 나타났다.

방과후 활동(아동)(단위: %, 명)

| 구분 | | 집에서 쉬기 | | | 집에서 숙제 | 친구 | 방과후 학교 | 학원 과외 | 방과후 돌봄 | 신체 활동 운동 | 기타 | 계 |
		스마트폰 사용	TV 시청	컴퓨터 게임								
2013 전체			21.8		9.4	8.6	15.5	40.6	1.9	1.8	0.4	5,498,618
2018 전체		14.1	7.8	4.7	8.5	5.0	10.3	47.3	1.0	0.9	0.3	2,506
아동 성별	남	14.6	7.1	6.9	7.2	5.2	9.4	47.0	1.0	1.5	0.1	1,312
	여	13.6	8.6	2.4	10.0	4.8	11.3	47.5	1.0	0.3	0.5	1,193
아동 연령	9-11	9.9	8.7	4.5	9.8	7.1	9.3	48.8	0.9	0.8	0.2	839
	12-17	16.2	7.4	4.8	7.9	4.0	10.8	46.5	1.1	1.0	0.3	1,666
표본	일반	13.4	7.5	4.5	8.4	4.7	10.3	49.5	.6	0.9	0.3	2,367
	수급	25.6	13.2	8.9	11.8	10.4	11.2	9.5	7.9	0.8	0.8	139
소득 수준	중위소득 50% 미만	21.6	10.8	6.6	10.0	5.9	7.0	33.2	3.7	1.0	0.2	231

구분		집에서 쉬기			집에서 숙제	친구	방과후 학교	학원 과외	방과후 돌봄	신체 활동 운동	기타	계
		스마트 폰 사용	TV 시청	컴퓨터 게임								
	중위소득 50%~100%	18.4	11.1	6.8	10.4	4.5	7.4	39.5	1.0	0.8	0.2	790
	중위소득 100~150%	11.8	6.6	3.0	8.0	4.4	14.0	50.2	0.9	0.9	0.3	1,039
	중위소득 150% 이상	8.5	3.5	4.2	6.0	6.5	8.8	62.5	0.0	0.0	0.0	412
	무응답	0.3	0.0	3.9	3.8	12.0	7.8	48.8	0.0	15.5	7.8	33
지역	대도시	12.9	6.7	4.5	9.7	2.9	10.1	51.3	1.5	0.3	0.1	1,134
	중소도시	14.8	7.6	4.2	7.7	6.8	10.4	46.1	0.5	1.4	0.4	1,216
	농어촌	17.2	17.6	10.6	6.4	6.7	11.4	26.3	1.4	1.4	1.0	156
가구 유형	양부모	13.4	7.4	4.2	8.3	5.0	10.4	49.2	0.8	1.0	0.3	2,322
	한부모·조손	22.6	12.9	11.3	11.9	5.3	8.9	22.5	4.1	0.2	0.4	184
맞벌 이여 부	외벌이	13.9	7.4	4.8	8.0	4.6	8.6	50.4	1.3	1.0	0.2	1,147
	맞벌이	13.9	7.7	4.5	9.0	5.3	12.1	45.6	0.8	0.7	0.4	1,307
	기타	24.1	21.3	9.8	9.6	6.0	4.1	19.1	2.0	3.7	0.4	51

주: 2013년, 2018년도는 1순위만 포함.

방과후 희망 활동(아동)

만 9~17세 아동이 희망하는 평일 방과후 활동은 스마트폰 사용, 친구들하고 놀기, 학원이나 과외, TV시청, 컴퓨터 게임, 집에서 숙제 등의 순으로 나타났다. 이 중 희망하는 활동과 실제 하고 있는 활동의 격차가 가장 큰 것은 친구와 놀기로 희망하는 응답보다 실제로 하고 있다는 응답이 약 19%p 차이가 났으며, 다음으로 학원이나 과외로 약 28%p 차이가 났다.

남아는 집에서 컴퓨터 게임하는 것과 신체활동 또는 운동하기, 여아는 집에서 TV시청하기와 숙제하기, 친구와 놀기, 방과후 학교활동 참여하기 등의 활동을 더 희망하는 것으로 나타났다. 연령이 높을수록 스마트폰 사용하기, 방과후 학교 활동 참여하기의 비율이 높은 반면, 연령이 낮을수록 친구와 놀기, 신체활동 또는 운동하기 등의 비율이 높은 것으로 나타났다. 소득수준이 낮을수록 TV시청하기를 희망하는 비율이 높았고, 소득수준이 높을수록 아동은 신체활동 또는 운동하기를 희망하는 비율이 높은 것으로 나타난 가운데 학원이나 과외 활동 을 희망하는 아동은 최저와 최고 소득 가구에 높게 나타났다.

농어촌 지역의 아동은 스마트폰 사용, TV시청, 컴퓨터 게임, 숙제하기 등의 활동을 희망하는 비율이 높게 나타났으며, 중소도시 아동은 친구들과 놀기, 대도시 지역 아동은 학원이나 과 외 활동의 응답 비율이 다른 지역의 아동에 비해 높은 편이었다. 한부모/조손 가구의 아동은 스마트폰 사용하기 활동을 희망하는 비율이 높았고, 양부모 가구의 아동은 친구와 놀기 학원 이나 과외 활동을 희망하는 비율이 높은 것으로 나타났다. 또한 맞벌이 가구의 아동보다는 기타 가구의 아동이, 외벌이 가구의 아동보다는 맞벌이 가구의 아동이 스마트폰 사용하기,

집에서 숙제하기를 희망하고 맞벌이 가구 아동은 외벌이 가구 아동보다 방과후 학교, 학원이나 과외 활동을 희망하는 비율이 다소 높았다.

방과후 희망 활동(아동)(단위: %, 명)

구분		집에서 쉬기			집에서 숙제	친구	방과후 학교	학원 과외	방과 후 돌봄	신체 활동 운동	기타	계
		스마트폰 사용	TV시청	컴퓨터 게임								
2013 전체	실제	55.6			36.9	21.7	19.8	55.6	3.0	7.3	1.0	6,700,396
	희망	33.3			39.8	16.9	27.0	49.2	5.3	25.2	1.4	6,695,093
2018 전체	실제	39.1	23.0	17.0	31.2	13.8	13.1	57.6	1.6	2.6	1.0	2,506
	희망	40.5	27.4	22.9	20.1	32.7	11.6	29.7	2.5	11.5	1.0	2,506
아동 성별	남	40.1	22.2	31.4	18.0	30.9	9.6	30.0	2.9	13.8	1.0	1,312
	여	41.1	33.0	13.5	22.4	34.7	13.8	29.5	2.2	8.9	1.0	1,193
아동 연령	9-11	34.7	28.3	23.2	21.3	38.3	6.8	30.3	3.1	13.2	0.7	839
	12-17	43.5	26.9	22.7	19.5	29.9	14.1	29.5	2.3	10.6	1.1	1,666
표본	일반	40.1	27.3	22.9	19.9	33.0	11.4	30.6	2.2	11.6	1.0	2,367
	수급	47.9	28.2	22.4	23.3	27.8	15.8	15.1	8.8	9.3	1.3	139
소득 수준	중위소득 50% 미만	46.2	31.6	20.6	23.0	18.9	14.3	37.0	3.7	4.1	0.6	231
	중위소득 50%~100%	48.5	29.6	24.9	21.7	32.8	9.7	23.0	1.8	7.9	0.1	790
	중위소득 100%~150%	33.2	28.7	22.9	19.3	37.0	12.0	30.2	3.0	13.3	0.5	1,039
	중위소득 150% 이상	40.3	19.6	21.4	18.1	31.4	11.9	33.5	2.5	17.6	3.7	412
	무응답	43.2	.3	10.7	10.8	11.2	23.3	76.8	0.0	15.9	7.8	33
지역	대도시	41.7	28.0	22.5	20.1	26.6	12.6	36.8	2.3	9.3	0.1	1,134
	중소도시	38.5	25.8	23.0	19.7	40.2	10.3	23.6	2.9	14.0	2.0	1,216
	농어촌	48.1	34.6	24.8	22.6	19.0	15.4	26.2	1.8	7.4	0.1	156
가구 유형	양부모	40.0	27.4	22.7	19.8	33.5	11.5	30.2	2.2	11.8	1.1	2,322
	한부모·조손	48.1	27.5	26.1	23.5	23.1	13.8	23.7	6.4	7.4	0.3	184
맞벌이 여부	외벌이	39.1	29.0	23.5	18.9	38.1	9.5	29.1	2.1	10.6	0.1	1,147
	맞벌이	41.7	26.1	22.1	20.9	28.4	13.3	30.5	2.9	12.2	1.8	1,307
	기타	44.2	21.5	29.6	26.1	21.4	17.7	24.6	2.4	11.9	0.5	51

주: 1,2순위 포함.

출처: 2018년 아동종합실태조사보고서

[아동권리 보장 강화] "일상의 행복 위해 아동에게 다양한 기회를"

우리나라 아동(만18세 미만)은 과거에 비해 경제적으로 풍족해졌으나 행복 만족도는 낮다. 특히 국제비교 지표에서 낮은 행복도와 높은 극단적 선택 비율은 우리나라의 미래 성장동력과 글로벌 시대 국가 위상을 침해한다.

사회적 차별, 마음건강 악화, 여가 등 창의적 활동기회 부족, 성장 격차 등 여러 문제에 빠져 있다. 과거와 다른 새로운 대응이 요구된다. 특히 아동수는 매년 줄어듦에도 학대피해 아동이나 부모로부터 버려지는 아동은 줄지 않는다.

전문가들은 미래세대인 아동이 건강하게 성장해 자유롭게 자기 역량을 발휘할 수 있도록 우리 사회의 근본적인 고민과 패러다임 전환이 필요하다고 지적했다. 아동의 삶의 모습을 살펴보고 아동권리보장을 위한 대안을 모색했다.

7월 3일 아동총회 부산지역대회가 열린 아르피나그랜드블룸에서 참석한 아동들이 작성한 결의문을 펼쳐보이고 있다.

우리나라 아동의 삶을 단정적으로 표현하면 '낮은 행복도, 높은 자살률'로 대변할 수 있다. 2018년 아동실태조사에 따르면 경제협력개발기구(OECD) 회원국의 아동 행복도를 비교해보면 OECD 평균이 7.6인데 반해 우리나라는 6.6으로 낮다. 2022년 자살예방백서에는 주요국 청소년 자살률(인구10만명당)이 OECD 평균 6.4명인데 반해 우리나라는 10.4명으로 높다.

유엔아동권리위원회는 2019년 "대한민국 아동 사망의 주요 원인인 높은 아동 자살률에 심각한 우려를 표한다. 아동의 아동기를 사실상 박탈하는 지나치게 경쟁적인 교육 환경에 대해 심각하게 우려한다"고 밝혔다.

우리나라 아동의 낮은 행복도와 높은 자살률은 △낮은 아동권리 △마음건강 악화 △여가 부족 △성장 격차 등이 종합적으로 작용한 결과로 분석된다.

- 낮은 아동권리 = 우리 사회는 아직 아동을 독립된 인격체가 아닌 보호와 육성의 대상으로만 바라보는 전통적인 아동관이 지속된다.

잼민이 급식충 노키즈존 등 아동을 차별하거나 비하하는 행태들이 유행하고 '내 자식 때리는데 웬 참견이냐'라는 등 자녀를 부모의 소유물로 인식해 아동학대나 자녀 살해가 이어진다.
강미경 아동권리보장원 아동권리본부장은 13일 "아동은 '미성숙하다'는 인식이 아동을 비하하는 표현을 합리화시키고 아동의 생명까지도 부모나 가족이 대신 결정하게 한다"며 "이러한 인식을 전환하기 위해 사회가 아동권리에 관한 다양한 정보를 제공하고 교육해야 한다"고 말했다.

이미 아동권리 교육이 시행되고 있긴 하지만 비정기적이고 단편적으로 이루어지고 있는 경우가 대부분이다.

학교 교과 과정 정비, (예비)부모를 위한 교육, 아동 관련 종사자를 위한 교육 등 참여자 특성과 상황을 고려한 맞춤형 아동권리교육이 더 적극적으로 제공될 필요가 있다는 지적이 나온다.

- 여가 부족과 발달 저하 = 우리나라 아동은 가족 친구와 보내는 시간과 여가 기회 부족 등 시간과 관계 결핍이 두드러지며 이는 창의성과 사회역량 발달에도 악영향을 미치는 것으로 나타났다.

한국교육과정평가원에 따르면 2019년→2021년 학업성취도(보통 학력이상 비율 중3)가 국어 82.9% 수학 61.3% → 국어 74.4% 수학 55.6%로 떨어졌다.

아동이 부모와 함께 보내는 시간은 OECD 국가 중 가장 낮은 수준이다. OECD 평균 2시간 30분인 데 반해 우리나라 아동은 하루 48분에 불과했다. 2018년 아동실태에 따르면 청소년기 친구의 수도 감소 추세다. 2013년 7.8명 → 2018년 5.4명이었다.

과도한 경쟁으로 학업 스트레스가 증가하고 수면 여가시간 부족, 관계 결핍에 노출됐다. 아동은 놀 권리와 쉴 권리가 침해되고 있다고 생각했다.

정익중 이화여대 사회복지학과 교수는 13일 "전 세계 아동 중에 가난한 아이들이 불행하다는 것은 공통점이다. 그런데 우리나라는 가난하지 않지만 불행한 아이들이 많다는 점이 다른 나라와 비교해서 독특하다"며 "일상의 불행을 해결해야 한다. 공부도 하나의 역량인데 하지 못하는 아이들에게 또 다른 다채로운 기회를 제공해야 한다. 부모의 의식 전환이 필요하다"고 말했다.

- 신체활동 부족, 마음건강 악화 = 아동이 마음껏 활동하고 뛰어놀 기회는 줄어드는 한편 우울감과 스트레스 등 정서장애 위험과 자살률은 증가했다.

전반적인 신체 건강은 양호하다. 하지만 신체활동 등 건강행태는 악화됐다. 2018년 아동실태조사에 따르면 1주일에 하루 이상(30분 이상) 운동하는 아동은 36.9%에 불과했다. 2019년 학생 건강검사 통계에 따르면 비만군이 2016년 22.9%에서 2019년 25.8%로 많아졌다. 청소년 자살률은 2019년 10만명당 10.4명으로 OECD 평균의 1.8배 수준이다.(2021년 자살예방백서). 회원국 중 4위로 최상위다. 아동의 자해시도도 꾸준히 증가했다. 10대의 자해·자살시도로 인한 응급실 내원이 2015년 2291건에서 2019년 4,598건으로 100% 많아졌다.

강 본부장은 "(청소년 자살 예방을 위해) 학교를 비롯해 아동·청소년이 이용하는 복지시설 등에서 다양한 수준의 정신건강 서비스를 제공할 수 있어야 한다. 전문가가 아동의 정서적 변화를 알아채고 선제적으로 개입할 수 있어야 한다"며 "아동을 양육하는 가족 기능을 회복할 수 있는 통합적 서비스가 제공되어야 한다"고 말했다. 강 본부장은 "최선의 가족복지를 통해 예방 가능하다는 것을 기억해야 한다"고 강조했다.

- 성장 격차, 불행의 되물림 가능성 높아 = 빈곤 아동과 보호자 없는 아동 등 취약계층 아동의 불행한 삶의 행태는 성인기에도 이어지고 다음 세대로 대물림될 가능성이 높다.

정부의 담당인력 확충 등 제도적 노력에도 중대 아동학대 사건은 지속되고 있다. 또 우리나라는 2만여 명의 국가보호아동이 있다. 이들은 아동학대, 가정해체, 부모 유기 등의 사유로 가정외 보호가 되고 있다.

정 교수는 "가장 취약한 아동은 가정 외 아이들이다. 국가가 아동을 보호하고 있다고 해서 아무 문제가 없는 것은 아니다. 대부분 양부모든 한부모든 보호자가 있다. 이들이 돌봄을 제공하지 않아 아이들이 친부모와 교류할 권리를 침해받고 있다"며 "친부모가 아이들과 지속적으로 교류하지 않고 면접을 거부·중단하는 경우 친권을 정지하든지 박탈하는 것을 검토할 필요가 있다. 양육비에 대한 이야기를 많이 하는데 그에 못지않게 중요한 것이 부모와 교류"라고 말했다.

배금주 보건복지부 인구아동정책관은 14일 "미래세대인 우리 아동들이 건강한 사회구성원으로 성장하고 자기 역량을 발휘할 수 있도록 아동의 삶의 질을 높이고 공정한 성장 기회를 보장하는 사회환경을 갖추도록 사회적 논의와 개선의 장을 늘려가겠다"고 말했다.

출처: 내일신문 2022-07-15

---

1 청소년 여가의 특징에 관한 설명으로 옳은 것을 모두 고른 것은?

> ㄱ. 개인주의적이다.   ㄴ. 생산지향적이다.   ㄷ. 물질지향적이다.
> ㄹ. 현실만족주의적이다.   ㅁ. 자기표현적이다.

① ㄱ, ㄴ   ② ㄴ, ㄹ   ③ ㄱ, ㄷ, ㄹ

④ ㄱ, ㄷ, ㄹ, ㅁ   ⑤ ㄱ, ㄴ, ㄷ, ㄹ, ㅁ

2021년 청소년지도사 필기 기출문제

---

1 다음이 설명하는 스테빈스(R. Stebbins)가 제시한 여가의 유형은?

> A는 주말에 동영상 제작의 전문 기술을 배우기 위해 문화센터에서 강좌를 듣고 있다.

① 일상적 여가   ② 진지한 여가   ③ 소극적 여가

④ 적극적 여가   ⑤ 구조화된 여가

1 청소년 여가의 일반적 기능으로 옳지 않은 것은?

① 다른 사람들과 함께 즐기면서 문화를 형성하게 한다.

② 사회적 역할 습득을 통해 사회성 발달을 증진시킨다.

③ 자신의 자아실현에 도움을 준다.

④ 일상생활에서의 긴장 상태를 유지시킨다.

⑤ 육체적 피로감을 해소시키고 신체적 건강을 증진시킨다.

> 소비: 인간의 욕구를 충족시키기 위하여 필요한 물자 또는 용역을 이용하거나 소모하는 일
>
> 네이버 지식백과

1. 소비의 개념

소비의 어원적 의미를 살펴보면, '다 써버리다', '없애 버리다'에서 파생되었으며, 물건을 구입하여 사용하는 과정으로 정의된다. 현대사회에서 느끼는 소비는 과거의 의미와 많이 달라졌다. 산업사회 초기에 소비는 생산의 결과나 파생물로서 인식됐다. 이 시기는 생산영역(노동) 중심의 사회적 가치를 가졌기 때문에 소비는 그저 생산영역의 부차적이고 종속적인 개념이었다. 산업사회가 점점 발전하면서 소비영역이 생산영역과 동격의 자리에 위치하게 되었고 후기 산업사회에 이르러 생산중심의 경제에서 소비중심적인 경제로 전환되면서 소비에 대한 인식은 크게 변화했다. 수입의 증가, 노동시간의 단축, 여가의 증가 등 전반적인 생활수준이 향상되면서 개인의 생활양식, 사고 및 가치관 또는 삶의 의미와 목적이 기존과는 다른 양식으로 바뀌었다. 이에 상응하여 생산영역(노동)의 중심이

었던 사회적 가치는 점차 재생산영역의 가치로 변하였다. 후기산업사회에서 소비행위는 더 이상 단순히 상품 자체에 대한 구매행위를 넘어서 자신의 정체성과 이미지를 창출하고 타인과 구별짓는 중요 수단으로서 자리잡게 되었다. 즉, 경제적 의미의 소비가 사회적(상징적) 의미의 소비로 바뀌게 되었다. 이와 같이 소비의 의미가 변화하면서 하나의 문화로서 소비문화가 형성되었다.

1) 소비문화에 대한 관점

(1) 베블렌의 관점 : 과시소비

소비의 상징적 차별성과 계급 정체성을 연관시킨 선구적 작업을 한 학자는 베블렌(Veblen, 2005)이다. 베블렌은 당대 미국사회 전반에 확산되고 있는 과시적 소비를 병리적 현상으로 보고, 그것을 주도하는 유한계급을 비판하였다. 베블렌은 사람들이 자신의 사회적 지위를 드러내고 인정받기 위한 소비를 과시적 소비라 하였는데, 그것의 본질적 특징은 재화, 용역의 사용으로부터 효용을 얻기보다는 사치나 낭비 그 자체로부터 효용을 얻는 것으로 남에게 보이기 위한 지출이라는 것이다. 즉, 과시적 소비 스타일은 모든 유용성으로부터의 절제와 거리두기에 달려 있다. 베블렌은 상품이 사회적 지위의 상징적 징표로서 상류층의 고급취향을 과시하기 위한 목적으로 사용되는 방식을 분석하고자 하였다.

(2) 부르디외의 관점 : 구별짓기

베블렌 이후 사회학자들은 어떻게 각각의 계급이 소비행위를 통해 정체성을 형성하고 계급 간 구별을 지으려고 하는지 혹은 어떻게 특정 상품이 특정 계급의 정체성 기호로서 작용하는지를 구체적으로 분석하고자 하였다. 그 대표적인 학자의 하나가 부르디외(Bourdieu, 1995)이다.

사람들이 음식, 의복, 인테리어, 스포츠, 음악, 회화 등 일상생활의 다양한 소비영역에서 소비방식에 있어 차이를 보이고 있다면, 그것은 바로 취향이 서로 다르기 때문일 것이다. 그런데 부르디외는 취향이 단지 개인적인 선택이 아니라, 사회화된 계급적으로 몸에 밴 습성의 산물임을 밝히고자 하였다. 부르디외는 취향을 서로 대립적인 '사치취향'과 '대중적 취향'으로 구분한다. 사치취향은 형식을 중시하고 무사무욕적이고 반성적이면서 현실생활의 절박한 필요로부터 거리를 둘 수 있는 초연함을 나타낸다. 반면 대중적 취향은 형식보다는 일상생활에서의 실제적 필요와 기능을 강조하며 보다 물질적이고 감각적이다. 음식소비의 예를 들자면, 식품의 종류, 음식의 양과 질, 격식을 갖춘 식사와 격의 없는 편안한 식사, 요리를 내놓는 방식, 식사방법과 매너 등에 대한 강조 등에서 계급 간에 취향의 차이를 보인다. 지배계급에 의해 사치취향은 정통적 취향으로, 민중계급의 대중적 취향은 야만적 취향으로 인식되고 차별화된다. 취향이 중요한 것은, 그것에 의해 구성되는 상이한 생활양식들이 사회적 지위를 상징적으로 표현하고, 또 상징적으로 인지하게 된다는 점이다.

이렇듯 사람들의 생활양식을 인식하고, 분류하고 평가할 수 있도록 해주는 것이 바로 취향이기도 하다. 결국 소비행위가 중요한 것은 소비행위가 취향을 통해서 이루어지며, 사람들은 그러한 취향을 통해서 사람들의 정체성을 인식하고 평가하며 귀속적 판단을 한다는 점이다.

(3) 보드리야르의 관점 : 기호의 소비

프랑스 사회학자 보드리야르(Baudrillard)는 '기호의 소비'와 '차별의 기호'의 개념으로 분석하고 있다. 보드리야르(Baudrillard, 1991)는 소비의 사회에서 사물의 지위에 언급하면서 "현대사회에서는 사물이 필요에 의해 소비되는 것이 아니며 상상에 의해 소비가 되는 사물의 의미작용에서의 변화"를 지적하고 있다. 그는 현대사회에서의 소비를 사물에 대한 결여의 욕구가 아니라 사회적 의미화된 욕구를 해소한다는 것이다. 이에 대해 '소비활동은 의미를 갖게 되는 코드에 기초한 의미작용 및 커뮤니케이션의 과정'이라고 말하고 있다.

소비자들이 소비하는 것은 상품에 내계된 사용가치가 아니라 사회적으로 구성되는 차이표시 기호이다. 소비는 집단정체성을 표시하고 확인하는 행위이며, 그것을 통해서 정체성이 형성되고 유지된다. 보드리야르(Baudrillard)는 "사물의 체계"에서 사물의 의미작용의 변화에 대해 "사물의 객관적인 체계화에서 주관적인 체계화"로 설명하고 있다. 이것은 어떤 의미일까? 이는 광고 속의 이데올로기적 체계에서 그 의미를 찾을 수 있다. 광고는 상품에 문화적으로 구성된 세계의 표현을 특정한 광고의 틀 속에 결합시킴으로써 의미를 이전시킨다. 이로써 상징적 등가성이 성공적으로 확립되면, 시청자들과 독자는 문화적으로 구성된 세계에 존재한다고 알고 있는 일정한 속성들을 상품에 귀속시키며, 소비자는 은유로서 상품을 보고 광고에서 상징하고자 하는 것과 똑같다고 생각하며, '어울리는 것'으로 생각하게 된다. 따라서 상품을 생산하는 업체나 광고들은 사람들이 이미 알고 있는 세계의 속성들, '아름답다', '섹시하다' 등을 상품의 속성들에 내재시킴으로써 그 이미지와 상품을 결합시키는 의미화 작업을 한다.

(4) 지루의 관점

미국사회에서 지난 30년간 시장이데올로기인 신자유주의의 강력한 영향으로 사회질서의 모든 측면이 시장에 의해 틀지어지고, 모든 것이 시장의 논리로 인식하고 평가하는 관념이 강력해졌다는 것이 미국 교육사회학자 앙리 지루(A. Giroux)의 지적이다. "경제적 담론이 사회정의를 압도하고 있으며, 신자유주의적 담론이 유행하면서 이것이 더욱 강화되고 있다."

신자유주의적 담론에서는 인간의 모든 행동과 영역들이 경제체제 안으로 흡수될 수 있고 또한 흡수되어야 한다는 주장이 강력한 힘을 얻고 있다는 것이다. 지루는 민주주의가 시장정체성, 소비가치 및 소비관계와 동일시되는 위험스러운 상황이 전개되었다고 비판한다. 그리하여 정의, 평등, 인간 존엄성의 가치는 빈약해지고, 대신 소비가 시민성의 인증마크가 되었고, 개인적 경쟁과 사적 책임(사회적 책임이 아닌)이 사람들을 위한 새로운 복음으로 고양되었다는 것이다. 그에 의하면, 신자유주의 이데올로기가 지배적인 미국사회에서 소비자 사회에 동참할 수 있는 사람에게는 시민이라는 보호막으로 보답하는 반면에, 소비자가 될 수 없는 사람들은 '실패한 존재'나 심지어는 '처분될 수 있는 대상'(처벌하거나 감옥에 수감)으로 그 가치가 규정되었다. 이제 시장가치가 공적 가치를 지배하는 상황하에서 인간을 비시장적 가치, 예를 들어 신뢰, 사랑, 성실, 열정, 존경, 예의, 용기, 시민성 등과 같은 가치들로 규정할 수 있는 언어는 그 힘을 잃어버리게 되었다(Giroux, 2009). 이렇듯 지루가 보기에 소비와 시장가치의 만연은 인간적인 삶에 위협이 되고 있는 것이다.

2. 현대사회의 소비문화 특성

1) 물질주의

상품 생산이 확장됨에 따라 기업의 생존을 위한 사회적 동인에 의해 소비주의 문화가 확산되어, 광고와 대중매체가 소비주의 문화를 촉진함으로써 특정 집단과의 유대나 타인과의 차별성을 나타내고 유지하려는 지위상징에 대한 소비자의 욕구와 소비를 즐기는 쾌락주의로 인해 물질주의가 발전되었다.

물질주의는 재화의 소유, 축적, 쾌락적 소비에 대한 강한 욕망, 행복과 성공을 위해 물질의 소유와 돈이 중요하다는 가치, 물질적 소유가 삶의 중심이 되며 인생의 만족과 불만족을 초래하는 가장 큰 원천이라는 믿음 등으로 정의된다.

물질의 획득 자체가 중요한 의미를 지니기 때문에 물질의 소유가 삶의 중심이 된다. 물질의 소유를 통해 행복을 추구하고 삶의 성공 여부를 판단하기도 한다. 물질주의 성향이 높을수록 주관적 안녕감이 낮고 불안과 외로움의 수준이 높다.

2) 소비주의

소비주의는 제품 구매를 통한 쾌락을 추구하고 소비욕구의 만족을 의무나 목적처럼 생각하는 태도를 말한다. 생산기술, 운송수단, 광고매체, 인터넷 등의 발달로 세상은 하나의 거대한 시장으로 변하였고 현대 소비문화는 '소비를 위한 소비'라고 표현되기도 한다. 이는 상징성이 강조된 더 심화된 물질주의라고도 볼 수 있다. 소비주의가 출현한 후 사람들은 소비를 통해 자신들의 개성이나 사회적 지위를 보여주고 자신이 갖고 있던 욕망이나 꿈을 실현하기도 한다. 때론 재화의 소유와 소비가 삶의 목표에 있어 중요하게 인식하기도 한다. 이에 대한 예로 욜로를 들 수 있다. 요즘 욜로를 외치는 사람들이 많다. 욜로란 현재 자신의 행복을 가장 중시하고 소비하는 태도라는 뜻이다. 이는 소비주의에 의해 탄생된 개념이라고 본다.

3) 과시소비

SNS를 둘러보면 많은 사람들이 과시적으로 살아가는 모습을 쉽게 찾을 수 있다. 과시적 여가, 과시적 여행, 과시적 소비 등 우리는 이와 같은 행위를 비난하면서도 나는 잘 살고 있다는 모습을 남들에게 보이기 위해 과시적 소비 행태에 자유롭지 못하다.

짐멜은 소비가 사회적 평등을 만들어 냄과 동시에 신분적 위계를 만들어냈다 밝히면서 상류층은 경쟁적 소비를 하게 되며 하류층은 상류층을 보며 모방적 소비를 한다고 말했다. 베블린의 저서「유한계급론」에 따르면 과시소비는 소비는 실용적인 것을 기준으로 하는 것이 아닌 의례성이나 과시성을 기준으로 부유함을 상징하는 소비에 몰두하는 것으로 말한다.

이처럼 과시소비는 비싼 상품이 더 높은 사회적 지위를 가진다는 가치로서, 본인의 정체성 형성을 이루는 수단과 사회적 관계로서의 매개체가 되었다는 것을 반영하였다. 또한, 경쟁적 소비와 모방소비를 촉진하는 원인이 되기도 한다.

4) 상징소비

현대인들은 일상생활 속에서 많은 것들을 구매하고 소비한다. 물건뿐 아니라 영화, 음악, 지식, 각종 서비스 등 상품의 형태로 구매되어 소비되고 있다. 이처럼 물질적인 목적으로만 아닌 상품에 내재되어 있는 의미를 소비하는 개념이다. 소비자들은 재화의 기능적 사용을 넘어 자아개념의 전달 수단 및 의사소통 수단으로서 소비를 한다. 즉, 상품의 소비하는 과정에 있어서 그 의미는 개인적일 뿐만 아니라, 사회적인 관계 안에서도 새로운 의미가 부여된다고 할 수 있다. 이 같이 현대 자본주의 사회에서는 대부분의 상품은 갈수록 상품의 본래적 실용성보다도 상호의미전달을 위한 매개체로서의 역할이 더 중요해지면서 소비자는 자신의 지위를 소득에 기준을 두기보다 무엇을 소비하고 어떤 취향을 드러내는가에 의존하기도 한다.

3. 청소년소비문화의 유형

1) 동조소비

동조소비는 개인이 필요에 따라 자주적·주체적으로 제품을 소비하는 것이 아닌 다른 사람들과 동일시하거나 소외되지 않으려고 수동적으로 제품을 선택하는 소비행동이다. 이는 유행을 추구하고 모방과 같은 맥락의 소비행동이다. 집단의 응집력이 강하거나 그 집단에 소속되고 싶은 욕구가 클 경우에 잘 나타난다.

동조소비는 청소년기에 특히 두드러지게 나타나는 소비행동의 양식이다. 청소년들은 자기 자신의 의견이나 목표보다는 또래 친구들의 의견과의 조화나 집단의 목표에 중요성을 두고 다른 사람과 잘 어울려 고립되지 않기 위해 노력한다. 이러한 특성으로 자신에게 꼭 필요하고 어울리는 제품보다는 친구들이 선호하는 제품 또는 브랜드를 선호한다.

최근 쇼미더머니가 유명세를 타면서 래퍼들 사이에서 처음 유행했던 플렉스 문화가 대중들에게 인기를 끌었다. 방송가들은 이를 적극적으로 유행을 만들어 냈고 청소년 문화에도 역시 흡수되었다. 파급력을 가진 유명인들이 플렉스하는 장면들을 보며 그들이 사는 제품들을 따라 사는 청소년들이 많다. 한참 노스페이스 패딩을 많은 청소년들이 구매를 하며 일명 부모님들의 '등골브레이커'라는 용어가 탄생되기도 했었다. 최근은 이를 더 넘어서 청소년들 사이에 명품열풍이 불고 있다. 청소년들이 동조현상으로 인해 자신의 수준을 넘어서 비합리적 소비를 초래한다. 또한 이 같은 소비는 청소년들에게 부족한 절약정신을 형성하도록 한다.

2) 과시소비

과시소비는 생활수준의 향상으로 현대인에게 있어 점점 보편화되고 있는 소비행동이다. 과시소비는 지위나 특권을 나티낼 수 있는 상품을 고가의 가격으로 구매하여 사람들에게 과시하기 위한 수단으로 소비하는 행위를 말한다.

앞서 말한 동조소비와 상응하여 청소년들이 고가의 제품을 사며 친구들 사이에서 과시하는 경우들이 많다. 과시 소비를 충족할 수 없는 청소년은 과시적 욕구를 이기지 못하고 범죄를 일으켜 사회적 문제를 일으키기도 한다.

3) 충동소비

청소년들은 물건을 구매하기까지 직관적이고 충독적인 판단에 의해 행동하는 경향이 있다. 청소년들은 자아 개념의 확립되지 않아 불안감을 느끼기도 한다. 정서적 안정을 위한 수단으로 청소년들이 소비행위를 하는 경우도 많다. SNS발달로 청소년들에게 있어 제품에 대한 접근성은 매우 쉬워졌다. 청소년들은 각종 매체들을 이용하면서 다양한 광고에 노출되기 쉽다. 지불결정능력이 부족한 청소년들은 충동적으로 거액의 돈을 지불하는 등 사회적 이슈로 드러나기도 한다.

4) 10대를 겨냥한 마케팅

(1) 반기성세대 정서 이용 전략

'아이들이 지배한다'는 모토는 어린이들을 대상으로 한 미디어사나 광고의 핵심철학이다. 미국 미디어그룹인 비아콤의 MTV는 부모로부터 독립하고 싶고 부모에게 저항하고 싶은 십대들의 욕망을 이용해 십대들이 그들만의 문화 속에 빠져들도록 유도했다. 보다 어린 아이들이 시청하는 니켈로던은 어린이들의 시청률이 가장 높으며, 웹사이트는 어린이들이 가장 많이 방문하는 사이트이다. 니켈로던은 아이들이 필요로 하는 것, 즉 행복, 재미, 결정권을 제공하고 있다.

비디오 게임광고 역시 반기성세대 정서를 이용하는 전략을 사용하고 있다. 광고들은 오이디푸스 콤플렉스에서 비롯된 반항심리와 따분한 공간으로 그려지고 있는 가정에 대한 거부감을 통해 결정권을 행사하게 된 남자아이들을 주제로 하고 있다. "닌텐도 광고는 종종 어른들의 세계에 포위되어 있는 현실을 제시하며 아이들이 통제력과 결정권을 행사할 수 있는, 현실과 다른 가상세계를 약속하고 있다"(Schor, 2005: 80 재인용).

이외에도 과일맛 캔디, 스타버스트의 교실광고, 탄산음료 브랜드인 스프라이트 광고 등도 마찬가지이다. 미디어 비평가인 밀러의 지적은 시사하는 바가 크다.

부모는 시시한 존재이고 교사는 바보, 멍청이이며 권위 있는 인물들은 조소의 대상들이다. 자사(광고주)를 제외하고는 아무도 아이들을 이해할 수 없다는 것이 광고계의 공공연한 태도이다. 흥미로운 점은 광고인들이 영웅으로 부상하고 있다는 사실이다. 소비문화에서 광고인들은 가장 '쿨'한 존재가 되었다(Schor, 2005: 81 재인용).

(2) 연령 단축 전략

청소년 마케팅에서 가장 새로운 트렌드는 '연령 단축'이다. 10대 청소년들을 타깃으로 한 제품 및 마케팅 메시지가 12세 미만의 어린 아이들을 공략하고 있다. 연령 단축 트렌드는 점점 확산되고 있다. 디자이너 브랜드 의류는 유치원생과 초등학교 1학년을 타깃으로 한 제품을 팔고 있으며, R등급의 영화가 9세 어린 아이들을 타깃으로 홍보되기도 한다. 많은 어린이들이 여타 십대 프로그램, 성인 프로그램을 시청하고 있는 것도 이러한 현상을 부채질하고 있다.

마케터들은 연령 단축 트렌드를 묘사하기 위한 각종 약어를 만들어내었다. 예를 들어, 'KAGOY'가 있다. 이는 '아이들이 보다 성숙한 청소년들이 되고 있다(Are Getting Older Younger)'를 줄인 말이다. 아이들을 마치 어른처럼 대우해도 되는 듯한 트렌드가 형성되고 있는 것이다.

(3) 이중 메시지 전략

어른들이 존중하는 것은 우스워 보이게 하고 어른들이 경멸하는 것은 위엄 있어 보이도록 함으로써 어른들이 확립해놓은 규칙들을 바꾸어놓는 전략이다. 식품분야가 가장 두드러진 분야이다. 아이들은 어른들이 못 먹는 것 혹은 지저분한 것으로 생각하는 식품들에 열광한다. 아이들은 밝은 색상의 혀 모양의 캔디 혹은 신체 일부 모양의 캔디를 좋아한다. 입 안에서는 톡톡튀거나 거품이 이는 식품, 혹은 입 안을 얼얼하게 하는 식품을 좋아한다.

캐릭터 모양의 식품, 심지어는 사람 모양의 식품을 즐겨 먹는다. 예를 들어,

영국에서는 값싼 어린이 사탕이 '켓'(ket)이라 불린다. 하지만 어른들의 세계에서 그것은 쓰레기, 혹은 쓸모없는 물건을 의미한다. "어른들의 세계에서는 병에 걸릴 위험이 있어 먹을 수 없는 것 취급을 받는 제품이 어린이용 식품으로서 큰 사랑을 받고 있다"(Schor, 2005: 86).

(4) 장난감화 전략

일상의 모든 물건들을 장난감으로 변화시키는 전략이다. 예를 들어, 캐릭터 칫솔, 뚜껑이 캐릭터의 얼굴인 샴푸는 물론이고 3M은 벤드에이드를 몸에 붙이는 장난감, 즉 문신으로 변화시켰다. 학용품에도 캐릭터가 이용되고 있고 옷 역시 장난감이 되어 가고 있다. 비타민제도 둥근 풍선점 모양으로 출시되고 있다. 이외에도 입과 혀의 색깔이 변하는 '유색' 치토스, 공룡알과 보물이 숨겨져 있는 퀘이커 오트밀, 파란색이거나 겉에 설탕이 묻어 있는 펑키 프라이스 등이 있다.

글로벌 시대에 미국기업의 이러한 광고전략은 우리나라 청소년 소비문화에도 영향을 주고 있는 것으로 보인다. 세계 여러 나라의 10대들이 사고방식이나 소비패턴 면에서 유사한 태도와 취향을 가진 '글로벌 틴에이저'임을 감안할 때 10대들의 소비문화가 동질화되는 경향이 높다고 생각된다.

그리고 광고전략 역시 거의 유사하게 사용되고 있지 않나 생각된다. 예를 들어, 연령 반기성세대 전략, 단축전략, 장난감화 전략 등도 정도의 차이는 있겠지만, 아이들이 소비하는 식품 등을 보면, 우리나라 소비시장에서도 사용되고 있다는 추측을 가능케 한다. 그리고 특히 '쿨하다'는 기호는 우리나라 청소년들에게 매우 강력한 소비상품이다. 우리나라 청소년들이 잘 쓰는 표현 중의 하나가 "쿨"하다는 것이다. '너 쿨한데…' 이런 말들은 이미 일상적인 용어가 되어 있다시피 하다.

청소년 소비문화 관련 기사 – 청소년 대상 마케팅 전략

믿을 모르고 마케팅하려는 사람도 있나요?

사람들은 언제 나이 들었다고 느낄까? 나에겐 생소한 말이 유행어라는 말을 들었을 때가 아닐까 한다. 물론 트렌드 변화 주기가 길었을 때는 어느 정도 맞는 말이었지만, 최근 트렌드는 한 달에도 여러 번 바뀐다. 요즘 MZ세대는 '입 닫고 빵이나 먹어' '북극곰은 사람을 찢어'라는 이미지를 자주 사용한다. 이는 종영한 지 4년이 넘은 인기 예능 〈무한도전〉에서 나왔던 대사 중 하나다. 요즘 유행어는 젊다고 해서 자연스럽게 알게 되는 것이 아니다. 트렌드를 파악하기 위해서 꾸준히 공부해야 한다. 이러한 유행어를 밈(Meme)이라 칭한다.

Meme, 문화의 최소 단위
밈과 유행어의 차이는 무엇일까? 유행어는 그 자체에서 시작되는 새로운 창작물임에 반해 밈은 2차 창작물이다. 또한 유행어는 언어에 한정되지만 밈에는 그 제한이 없다. 2021년 대표 밈은 세계적 인기 드라마 〈오징어 게임〉 관련 밈이다. 드라마를 시청하지 않은 사람이라도 '우린 깐부잖아'라는 대사는 들어봤을 것이다. 이에 어떤 치킨 프랜차이즈 업체가 큰 수혜를 입었다. '깐부치킨'은 수많은 밈을 생성하며 최고의 마케팅 효과를 얻었다. 유튜브·틱톡·인스타그램 등 동영상 플랫폼에서 '무궁화 꽃이 피었습니다' '달고나 뽑기' '구슬치기'를 행하는 외국인의 영상을 볼 수 있다. 드라마가 종영한 후에도 글씨체, 체육복 등 〈오징어 게임〉과 관련된 모든 것이 바이럴되며 새로운 즐거움을 만들었다.
밈은 마치 바이러스같이 자기복제적 특징이 있어 스스로 번식해 확산된다. 이러한 특성으로 '복제하다'라는 그리스어 미메시스(Mimesis)와 유전자(Gene)의 합성어다. 이 새로운 언어는 영국의 진화생물학자 리처드 도킨스(Richard Dawkins)의 저서 『이기적 유전자(The Selfish Gene)』에서 등장했다. 도킨스는 "밈은 사람들 사이에서 구전을 통해 재생산되는 모든 문화적 현상을 총칭한다"고 언급했다. 실제 밈은 세대에서 세대로 이어지는 유전자처럼 특정 콘텐츠에서 파생돼 사람과 사람을 통해 확산되는 문화의 최소 단위다.

MZ세대와 소통하는 TOP 3 밈
1일 1깡은 필수 아닌가요?
밈이 되는 음원들의 공통적인 특징은 '역주행'이다. 2017년에 발매된 '깡'은 당시 트렌드에 부합하지 않았다. 제아무리 월드스타 비(정지훈)라도 유치한 가사·과장된 안무를 소화하지 못했고 흥행에 실패하며 그는 비난과 조롱의 대상이 됐다. 인생사 새옹지마라 했던가, 2019년 상반기 깡의 뮤직비디오 댓글창이 오픈되며 많은 사람이 방문했다. 유튜브 알고리즘으로 인해 뒤늦게 빛을 봤다.
이러한 인기로 '1일 1깡(하루에 한 번씩은 깡을 들어야 한다는 의미)'이라는 신조어가 생겼고, 틱톡·인스타그램 등 SNS에서 깡 첼린지 열풍이 불었다. 덕분에 새우깡·감자깡·고구마깡

등 농심의 깡 시리즈도 인기에 편승했다. 편의점 CU는 '1일 3깡'이라는 이름으로 2+1 행사를 진행하며 좋은 반응을 얻었다.

야누스의 두 얼굴, 잔망 루피

2019년 최고의 밈이 깡이었다면 2020년은 루피의 해였다. 〈뽀로로〉 멤버 중 하나인 루피는 암컷 비버 캐릭터다. 순진무구한 루피는 사악하게 웃는 표정으로 변형되며 인기 밈이 됐다. 얄밉도록 맹랑함이라는 뜻을 지닌 '잔망'이 더해지며 두 번째 캐릭터 인생을 살고 있다. 잔망 루피는 특유의 표정으로 인해 사용되는 패턴이 있다. 겉으로 순진한 척하면서 속으로 다른 생각을 할 때 사용되며 '군침이 싹 도노'라는 멘트를 동반한다.

루피는 단순한 외모로 인해 많은 사람이 변형해서 사용했다. 자칫하면 저작권 침해로 이어질 수도 있었지만 제작사인 아이코닉스에서 좋은 반응을 보였고, 오히려 사용을 권장하며 카카오톡 이모티콘으로 출시했다. 작중에서 과자를 자주 만드는 설정으로 인해 빼빼로·상쾌한·배스킨라빈스 등 다양한 브랜드와 컬래버레이션을 진행하며 최고의 마케팅 수단으로 활용됐다.

긍정의 힘, '오히려 좋아'와 '가보자고'

이는 내가 자주 사용하는 말이다. 그동안 자연스럽게 사용해서 밈이라고 인식하지 못했다. 예상과 다르게 일이 진행될 경우 좌절하지 말고 긍정적인 경우의 수를 생각하며 좋게 받아들이자는 의미로 사용된다. 특히 인기 게임 '리그 오브 레전드'에서 자주 쓰인다. 전투의 승리가 전쟁에서 이겨야 하는 게임으로 바둑처럼 치밀한 수 싸움을 바탕으로 크고 작은 전투에서 이득을 챙겨야 승리할 수 있다. 그렇기에 작은 교전에서 손해 봤을 때 '오히려 좋아. 상대는 방심할 테니까'라고 말한다. 리그 오브 레전드를 바탕으로 밈은 보급됐고, 인기 웹툰 작가이자 100만 유튜버 '침착맨'이 사용하며 게임을 하지 않는 사람에게도 유명해졌다.

'오히려 좋아'는 침착맨의 시그니처가 됐지만 원작자는 따로 있다. 아프리카TV의 'BJ만만'이다. 그는 게임 내에서 아이템이 사라지자 "오히려 좋아요"라 말했고, 점차 다른 게임 방송인도 사용하며 확산됐다. 해당 밈으로 인해 긍정의 힘이 무엇인지 느꼈다. 처음에는 장난처럼 사용했지만 점차 힘든 상황에서 좌절하기보다 좋게 받아들이며 새로운 방법을 찾는 내가 됐다. 이와 비슷한 말로 〈디지털 인사이트〉 신주희 기자가 자주 사용하는 '가보자고'도 있다. 아이돌 팬덤에서 시작된 밈이다. 말 그대로 '한 번 해보자' '시작하자'라는 의미를 지녔다. 중요한 일·새로운 일을 하기 전 긴장될 때 '가보자고'라고 외쳐보자. 자신감과 의욕이 생길지도 모른다.

페페로 배우는 밈의 잘못 사용된 사례

밈은 때로 잘못된 정보나 부정적인 이미지로 예상치 못한 방향으로 흘러가는 경우가 있다. 그 대표적인 예가 페페다. 튀어나올 듯한 커다란 눈, 우수에 찬 눈동자, 두꺼운 입술을 지닌 개구리를 한 번쯤은 본 적 있을 것이다. 미국의 애니메이션 〈보이즈 클럽(Boy's Club)〉의 주인공으로 이름보다 슬픈 개구리로 유명하다. 2009년을 기점으로 특유의 슬픈 표정으로 유명해졌고, 슬픈 표정·화난 표정 등 여러 표정이 응용되며 그 유명세는 세계로 확산됐다.

2016년 페페는 타임(Time)이 선정한 가장 영향력 있는 캐릭터가 됐다. 문제는 긍정적인 인기로 선정된 것이 아니라는 사실이다.

인터넷을 통해 확산되는 밈은 특정 커뮤니티를 중심으로 확산된다. 페페의 인기가 시작된 4챈(4chan)은 미국 사춘기 청소년이 주 사용층인 익명 커뮤니티다. 이곳에서 페페는 원작자의 허락 없이 저작권이 침해받을 정도로 재창조됐다. 결국 페페는 미국 극우파의 마스코트가 되며 혐오와 차별의 상징이 됐다. 이러한 이유로 페페는 가장 영향력 있는 캐릭터가 됐지만 기뻐할 수 없었다. 페페의 원작자 맷 퓨리(Matt Furie)는 페페의 이미지를 정화하기 위해 노력했지만 역부족이었다. 결국 그는 체념하며 애니메이션 속에서 페페의 장례식을 진행하며 그에게 안식을 선물했다.

왓챠는 페페의 일생을 바탕으로 다큐멘터리를 제작했다. 〈밈 전쟁: 개구리 페페 이야기〉에서 창작물과 관련된 의무와 권리에 대해 고민해 볼 수 있다. 밈의 특성 중 하나가 바이럴로 전파되기 시작하면 다시 되돌릴 수 없다는 것이다. 또한 표현의 자유란 핑계로 저작권·초상권 등 누군가의 권리를 침해하는 경우는 없어야 한다.

밈을 활용하면 MZ세대가 따라온다

바이러스처럼 복제되고 강한 전파력을 지닌 밈은 강력한 마케팅 수단이다. 그도 그럴 것이 밈은 MZ세대와 궁합이 좋다. 밈은 앞서 말했듯 인터넷 커뮤니티에서 생성돼 구성원들이 복제·변조 등 재창작하며 사용한다. 흐름을 타 다른 커뮤니티로 확산되며 전국적·세계적 유행으로 번지기도 한다. 이러한 과정은 누군가 시켜 발생하는 현상이 아닌 요즘 세대의 놀이며 문화다.

유행하는 현상에 편승해 자기 스스로 열정과 에너지를 쏟고 자신의 방식대로 콘텐츠를 재가공한다. 그리고 그 결과를 SNS를 활용해 대중과 공유한다. 이는 자기주도적인 MZ세대의 성향과도 정확히 맞아떨어진다. 요즘 마케팅에서 가장 중요한 단어가 MZ세대인 것을 감안한다면 밈을 활용한 마케팅 효과는 걱정하지 않아도 된다.

밈의 보물창고

없는 게 없는 〈무한도전〉

호랑이는 죽어서 가죽을 남기고, 사람은 죽어서 이름을 남긴다. 그렇다면 예능은 종영하고 무엇을 남길까? 대한민국 예능에 큰 획을 그은 〈무한도전〉은 밈을 남기고 있다. MBC의 유튜브 채널 '오분순삭'은 과거 MBC 인기 프로그램을 5분 정도 길이로 편집해 업로드한다. 부담되지 않는 길이와 유튜브 알고리즘으로 인해 당시 방송을 즐겁게 시청자는 물론, 직접 시청하지 않은 시청도 함께 즐길 수 있다.

〈무한도전〉은 방영 기간 동안 예능 트렌드를 주도했던 방송이기에 수많은 유행어와 명장면이 담겨있다. 13년간의 방송이 모두 특집으로 구성될 만큼 다양한 콘텐츠가 있기에 최근 발생하는 현실과 우연히 일치하는 경우가 다수 있다. 그래서 '없는 게 없는 무한도전'이라는 별명이 붙으며 역주행 중이다. 그 대표적인 예로 사회적 거리두기가 있다. 코로나19로 생겨난 지침이지만, 2009년 〈무한도전〉에서는 "무슨 밤 9시에 회식을 해"라고 말한 장면이 있었다. 또한 2012년에는 박명수가 이나영을 어색하게 여기며 거리를 두고 있는 모습이 마치 사회적 거리두기를 실천하는 모습과 부합됐다. 이외에도 정작 중요한 것이 없는 상황에는 '홍철없는 홍철팀', 누군가 깜짝 등장할 때 '형이 왜 거기서 나와', 영국의 브렉시트를 예견하는 듯한 장면 등 모든 회차에 밈이 있다. 미국에서는 〈심슨가족〉이 비슷한 역할을 한다. 〈무한도전〉만 잘 활용하더라도 밈을 잘 활용할 수 있다.

김성모는 몰라도 이 그림을 모르진 않을걸?

김성모는 일간스포츠에 연재했던 〈대털〉을 필두로 〈마계대전〉〈럭키짱〉 등 많은 인기작을 그린 만화가지만 누군지 모르는 사람이 많다. 반면 그의 만화를 보여주면 모두 '이 그림 본적 있어'라고 말한다. 진지한 표정으로 '더 이상 자세한 설명은 생략한다'고 말하는 남자가 대표적이다. 당시 김성모의 골수 팬들은 귀찮아서 설명을 생략했을 거라 생각했고, 그런 용도의 밈으로 활용됐다. 하지만 김성모는 실제 모방범죄와 정보보안 문제로 생략한 것이라 밝히며 더욱 재조명받았다.

녹십자에서는 김성모 작가와 계약을 체결한 후, 밈을 활용한 광고를 제작했다. 해당 광고로 한달 만에 4만 7,000개를 판매했고, 그 기세로 '2020 대한민국 제약바이오산업 광고 대상'을 수상했다. 밈의 위력을 깨달은 녹십자는 또 다른 밈의 주인공인 비와 계약하며, 밈과 밈이 컬래버레이션하는 이색 광고를 만들었다.

작중에서 항상 근성을 강조하는 김성모 작가는 만화도 근성으로 그리며 다작의 상징이 됐다. 그의 작품은 〈무한도전〉처럼 수많은 명장면이 담겨있는 보물창고다. 기존의 그의 작품 중에서 활용하기도 벅차지만, 다른 인기 만화가인 박태준과의 협업인 〈쇼미더럭키짱〉에서 화제의 밈이 탄생됐다. '여자가 말대꾸?'라는 장면으로 근 몇 년간 젠더 이슈에 민감했던지라 해당 장면을 모두에게 충격을 안겨줬다. 하지만 자칫 잘못하면 여혐으로 인식될 수 있는 장면이었지만 해당 작가가 김성모였기에 오해 없이 재미있는 밈이 됐다.

〈신과 함께〉의 원작자 주호민은 자신의 개인 방송에서 이에 대한 부연 설명을 하며 오해가 발생할 상황을 미연에 방지하기도 했다. 평소 주호민과 이말년은 김성모 팬임을 자처하며 방송 중 많이 언급했고, 다수의 협동 방송도 진행했다. 그로 인해 김성모는 MZ세대에게도 인지도를 높일 수 있었고 자연스레 만화가 김성모라는 브랜드를 구축했다. 그의 작품이 주로 성인극화이기에 이를 활용하기 위해서는 많은 연구가 뒷받침돼야 한다.

이렇듯 밈이 자리 잡은 지 얼마 되지 않았지만 마케터들은 이를 보고 본능적으로 느꼈다. 밈 자체의 파급력도 있지만, Z세대와의 공통점을 파악했다. Z세대의 다른 이름은 디지털 네이티브다. 디지털 세상에 태어난 Z세대처럼 밈은 디지털에서 탄생한 문화다. 자유로우며 모든 것이 자발적으로 진행된다. 전파되는 속도, 변화하는 주기 등 관련된 모든 것이 빠르다.

자발적 확산·역주행·유튜브 알고리즘으로 인해 밈의 위력은 커지고 있어 배제할 수 없는 상황에 이르렀다. 많은 전문가가 Z세대를 분석하려 하지만 아직도 명확히 분석하지 못했고, 밈도 마찬가지다. 큰 위력을 가졌지만 밈과 Z세대는 때로는 위력만큼의 역효과를 발생시키는 양날의 검이 되기도 한다. 확실한 건 밈을 제대로 활용할 수 있다면 Z세대는 물론, 모든 세대와 소통하기 위한 가장 강력한 수단을 얻었다고 봐도 무방하다. 다소 어려운 과제이긴 하지만 오히려 좋다. 어려운 만큼 이를 해결했을 때 기쁠 테니까.

출처: 디지털인사이트 2022-04-18

4. 청소년 소비문화의 개선방안

청소년 소비문화를 합리적 소비문화로 개선하기 위한 대책은 다음과 같다.

첫째, 전반적으로 사회에 건전한 소비문화가 자리잡을 수 있도록 노력해야 한다.

청소년들에게 합리적인 소비 행동을 요구하기에 앞서 어른들이 먼저 건강한 소비문화를 갖고 나아가야 한다. 우선 돈에 대해 관심을 갖는 것을 욕심이 많은 사람으로 바라보는 것부터 깨어나야 한다. 돈에 대한 개념을 올바르게 이해하고 돈을 효율적으로 관리하는 방법에 대해 함께 고민할 수 있도록 하고 가정에서 연습하도록 한다. 어른들이 먼저 돈과 관련하여 청소년들과 대화를 할 때 그들이 경제적인 부분에 대해 관심을 갖게 되고 고민할 수 있을 것이다.

둘째, 경제활동에 참여하는 청소년에 대한 사회적 인정과 지원이 필요하다.

청소년 노동자가 증가하고 있는 만큼 사회적으로 그들을 인정해 주는 것이 중요하다. 대부분의 사람들이 청소년들이 노동자로서 일하는 것을 좋지 않은 시선으로 본다. 지역사회에서 청소년들을 노동자로서 알맞게 대우를 해야 하며 이를 실현하기 위해서 정부는 청소년 노동자를 위한 보호에 더 힘써야 할 것이다. 또한 금융기관에서 청소년들이 사용할 수 있는 청소년을 위한 금융상품을 제공함으로써 그들이 주도적으로 경제관념을 갖도록 도울 수 있다.

셋째, 청소년 소비자교육이 필요하다.

청소년들은 일반적으로 경제활동을 하지 않기 때문에 소비에 대해 크게 고민하지 않는다. 따라서 청소년들이 경제활동에 대해 고민하도록 하고, 소비에 대해 올바른 인식을 가질 수 있도록 돕는 교육과정이 필요하다. 학교에서 금융교육과 소비자 교육에 대한 교육과정을 확대하여 청소년들이 주도적으로 그들의 소비 가치관을 갖도록 도와야 한다. 교육과정과 더불어 학교 내에서 건전한 소비자 운동 캠페인, 소비자 학생회나 경제 소비 관련 대회나 토론을 개최 등도 있다. 이와 같은 활동을 청소년들이 직접 운영하고 자신들이 경험한 소비문화를 서로 공유함으로써 그들만의 하나의 소비문화가 형성될 것이다.

넷째, 청소년의 소비에 부정적인 영향을 미치는 과도한 광고를 제한해야 한다.

청소년들이 인터넷 이용이 많음에 따라 수많은 광고에 노출되기 쉽다. 기업의 이윤을 추구하기 위하여 청소년들의 소비를 부추기는 일부 대기업의 과도한 광고를 제도적으로 제한하여야 한다. 이를 어기는 기업은 벌금을 부과하거나 세금을 거둬들이는 등 제제를 가하여 매스컴 등의 광고문화를 개선해야 한다. 또한 학교 주변 환경을 정화하는 것도 중요하다. 이를 통해 바람직한 청소년 소비문화를 만들어 나갈 수 있다.

다섯째, 바람직한 소비프로그램 개발 및 운영을 한다.

청소년수련관과 청소년 문화의 집 등 사회적 인프라가 많이 확립되어 있다. 이러한 인프라를 활용하여 미처 학교 교육과정에서 다룰 수 없는 청소년 소비자 교육프로그램과 같은 체험교육의 기회를 확대할 수 있다. 또한 청소년들이 미래에 희망하는 직업을 미리 체험하고 배울 수 있는 직업체험 프로그램을 다양하게 활성화하는 것도 좋은 방법이다.

스마트학생복, 청소년 소비 실태 설문조사 진행

청소년 소비문화 관련 기사 - 청소년 소비실태 설문조사

스마트학생복(대표 윤경석)이 10대 청소년들을 대상으로 '명품 등 소비 실태' 설문조사를 진행했다고 전했다.

이번 설문조사는 청소년들의 소비문화에 대해 함께 알아보고 공감대를 형성하고자 진행됐다.

12월 1일부터 2주 동안 스마트학생복 공식 SNS 채널을 통해 총 783명의 청소년들이 설문에 참여했으며 △한 해 동안 어디에 가장 많이 소비했는지, △구매를 결정할 때 어떤 점을

중요하게 생각하는지, △명품을 구매하는 이유는 무엇인지 등의 질문에 자유롭게 의견을 표시했다.

◆ 명품(액세서리, 의류, 신발 등)을 구입해 본 적 있는지?(응답인원: 783명)

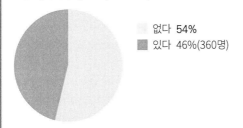

없다 54%
있다 46%(360명)

◆ 명품을 구매하는 이유는 무엇인지?(응답인원: 명품을 구매한 적 있는 학생 360명)

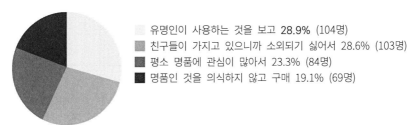

유명인이 사용하는 것을 보고 **28.9%** (104명)
친구들이 가지고 있으니까 소외되기 싫어서 28.6% (103명)
평소 명품에 관심이 많아서 23.3% (84명)
명품인 것을 의식하지 않고 구매 19.1% (69명)

'2021년 한 해 동안 어디에 가장 많이 소비했는지'에 대한 질문에 학생들은 ▲외식, 간식 등 식비(57.1%, 447명), ▲의류, 화장품 등 쇼핑(17.1%, 134명), ▲책, 학용품 등 학업 관련 소비(8.8%, 69명), ▲취미생활(8.7%, 68명), ▲교통비(6.9%, 54명), ▲기타(1.4%, 11명)라고 응답했다.

'구매를 결정할 때 어떤 점을 가장 중요하게 생각하는지'에 대한 질문에는 ▲가격(32.8%, 257명), ▲실용성(26.8%, 210명), ▲디자인(14.7%, 115명), ▲브랜드(10.2%, 80명), ▲리뷰, 후기(8.4%, 66명), ▲트렌드(6.3%, 49명), ▲기타(0.8%, 6명)라고 응답했다.

'구매를 결정할 때 가장 영향을 많이 받는 것은 무엇인지'에 대한 질문에는 ▲나의 과거 경험(37.3%, 292명), ▲인플루언서, 유튜버 등의 추천(24%, 188명), ▲친구 및 지인의 추천(22.9%, 179명), ▲SNS 광고(5.6%, 44명), ▲아이돌, 배우 등 연예인의 사용(5.6%, 44명), ▲기타(4.6%, 36명)라고 응답했다.

'명품(액세서리, 의류, 신발 등)을 구매해 본 적 있는지'에 대한 질문에는 ▲없다(54%, 423명), ▲있다(46%, 360명)라고 응답했다.

명품을 구매한 적이 있는 학생들을 대상으로 한 '명품을 구매하는 이유는 무엇인지'에 대한 질문에는 ▲유명인(연예인, 인플루언서 등)이 사용하는 것을 보고 예뻐서(28.9%, 104명), ▲친구들이 가지고 있으니까 소외되기 싫어서(28.6%, 103명), ▲평소 명품에 관심이 많아서(23.3%, 84명), ▲명품인 것을 의식하지 않고 구매(19.1%, 69명)라고 응답했다.

'학생들의 명품 구매에 대해 어떻게 생각하는지'에 대한 질문에는 ▲여유가 있다면 구매하는 것은 괜찮다고 생각한다(52.5%, 411명), ▲명품 구매는 과소비라고 생각한다(32.1%, 251명), ▲명품 구매와 학생인 것은 상관없다(15.1%, 118명), ▲기타(0.4%, 3명)라고 응답했다.

스마트학생복 관계자는 "학생들의 명품 소비가 사회적으로 문제가 되는 가운데 청소년들의 소비문화에 대해 함께 이야기해 보고 그들의 생각을 알아보고자 설문조사를 진행하게 됐다." 라며, "앞으로도 진솔하고 학생 친화적인 콘텐츠들을 통해 청소년들과 지속적으로 소통을 이어갈 것"이라고 전했다.

출처: 시사매거진 2021−12−20(https://www.sisamagazine.co.kr)

1 다음의 소비문화 관련 개념과 이를 주장한 학자가 올바르게 연결된 것은?

- 개인의 소비양식이나 취향은 자연적 산물이 아니라 사회적 산물
- 개인의 소비양식이나 취향은 소비행위 주체가 귀속된 계급성의 표현
- 개인의 사회적 지위 또는 계급과 소비양식 간의 관계 설명

① 생산 주도적 소비문화 - 콜맨(J. Coleman)

② 기호의 소비 - 보드리야르(J. Baudrillard)

③ 합리적 선택 - 에써(H. Esser)

④ 과시소비 - 베블렌(T. Veblen)

⑤ 아비투스(habitus) - 부르디외(P. Bourdieu)

2 청소년의 일반적인 소비 성향으로 옳지 않은 것은?

① 감각 지향적 소비 경향　　　② 소비욕구에 대한 자제

③ 개인의 이미지나 개성 강조　　④ 과시적 소비 경향

⑤ 동조 소비 경향

Chapter 11 │ 청소년의 언어문화

버스나 지하철, 또는 상가나 집 주변과 같은 곳에서 교복을 입은 학생들을 보고 있자면 비슷한 세대임에도 불구하고 그들의 행동에 대해 의문점을 갖게 된다. 여럿이서 우르르 모여 다니면서 큰 소리로 웃는다든가, 들으라는 듯이 주위의 이목을 끌며 크게 말하기, 또는 건들거리는 걸음걸이를 하며 속된 말들, 심지어 욕을 섞어 쓰면서도 부끄러워하지 않는 아이들을 쉽게 볼 수 있을 것이다. 때로는 그들이 하는 생각과 이야기를 들어보고자 귀를 기울여 보지만 음성은 들리지만 그 뜻을 알아들을 수 없었다. 그래서 나는 요즘을 바야흐로 '세대별 동상이몽'의 시대가 아닌가 생각해본다. 그들과 우리 세대, 그리고 우리 부모님 세대는 대한민국이라는 같은 곳에서 유기적 관계를 맺으며 함께 살아가는 동시대에 속해 있지만 서로간의 '말'이 달라서 깊은 의사소통이 제대로 이루어지지 못하고 있는 실정이다.

사실 언어란 단순히 정보를 전달하고, 생각을 나누고, 글을 쓰기 위한 도구가 아니다. 말 속에는 그 사람의 생각이나 신념, 성격, 심리상태 등 많은 것이 포함되어 있기 마련이다. 확대해서 보면 말은 한 사회 문화공동체의 정체성과 역사를 대변한다. 언어는 사회적인 약속물이며, 사회를 반영하고, 사회를 발전시킨다. 즉, 언어는 특정한 시대, 특정한 공간 안에서 살고 있는 사람들끼리 의사소통을 하기 위한 매개체로서, 일정한 형식과 체계를 갖추고 있다는 것이다. 그러므로 언어는 시대가 바뀌거나 공간이 달라지면 형식과 체계에 변동이 일어나게 된다.

동서고금을 막론하고 신세대들은 즉, 청소년들은 생기발랄, 역동적이며 혁신적이고 창조적인 태도를 보인다. 그런 까닭에 언어에 있어서도 청소년의 언어가 가장 진보적이고 창조적이며 사회의 변화에 가장 민감하다고 할 수 있겠다. 청소년들의 언어는 사회의 각 측면을 정나라하게 묘사하고, 그들의 관습이나 관념, 사고를 잘 드러낸다. 그러므로 현 사회에서 청소년들이 언어문화를 이해하는 것은 그들의 사고와 관습을 이해하는 거울이 되며, 나아가 사회의 변화와 양상을 이해하는 수단이 되고 나아가 우리나라의 미래까지도 생각해 볼 수 있을 것이다.

1. 청소년 언어의 실태

1) 사이버 은어, 문자 메시지/이모티콘

최근 인터넷과 핸드폰의 보편화로 인해 청소년들만의 사이버 은어, 휴대폰 문자 메시지(SMS)라는 그들만의 대화법은 신속한 의사소통과 실감나는 표현의 필요성, 자신들만의 문화를 구축하기 좋아하는 그들의 성향이 그들만의 언어사용으로 표출된 것이라 할 수 있다.

(1) 사이버 은어

사이버 은어란 인터넷상에서 사용하는 네티즌의 언어이다. 우리나라는 인터넷 사용자 3,000만 명을 넘어서고 또한 초고속인터넷 보급률은 세계 1위의 수준이다. 인터넷 강국답게 인터넷과 관련한 여러 가지 새로운 문화들이 생기게 되는데, 인터넷상에서 주로 사용하는 네티즌들의 언어, 통신언어에 대해 살펴보고자 한다.

(2) 문자 메시지와 이모티콘

삐삐를 시작으로 이동전화 등의 보급으로 문자메시지 이용이 확대되어 문자메시지는 신세대들의 새로운 대화법으로 떠오르기 시작했다. 이동전화의 이용이 보편화된 지금 아이들은 단순한 통화를 떠나서 문자 메시지를 통해 때와 장소를 가리지 않고 대화를 나눈다. 이모티콘(Emoticon)이란 감정(emotion)과 아이콘(icon)의 합성어로서 컴퓨터 키보드의 문자와 숫자, 특수기호 등을 조합해 만들어낸 사이버 공간의 언어를 뜻한다. 이모티콘은 사람의 얼굴 표정에서부터 긴 문장까지 간단히 표현해낸다. 네트즌들끼리만 통하는 일종의 은어로 사용되기 시작했지만 지금은 인터넷뿐만 아니라 핸드폰에 곁들여 쓰여 지고 있다. 한 통의 문자메시지 안에 많은 의미를 담기 위해서는 이모티콘이 최적이기 때문이다.

(3) 외계어

통신어체가 단순히 쓰기의 편함과 빠름을 추구해 탄생한 거라면, 외계어는 그와는 성격이 조금 다르다고 할 수 있다. 무언가 남과는 다른 자신만의 독특한 개성을 찾던 청소년들은 한글에 이상한 문자를 섞어 쓰기 시작했다. 그것이 점점 발전하여 지금에 이르러서는 남과의 대화도 단절될 정도로 심하게 한글이 파괴되기에 이르렀다. 즉, 통신어체가 빠름을 추구하긴 해도 한글의 원형을 유지하고 있는 데 반해서 외계어는 한글의 원형이 유지가 안 될 정도로 심각하게 언어를 파괴하고 있다. 이런 것들이 통칭 '외계어'인 것이다.

2) 언어폭력 : 욕, 비속어

학교, 인터넷, 가정에서 청소년 삶의 전반에 언어폭력은 이미 위험수위에 와 있다. 친구들 사이의 대화에서 사용하는 욕, 비속어 등은 이제 단순히 화냄의 표현이라기보다는 감정이나 의사소통이 있어서 일상용어처럼 부담 없이 사용한다. 공부를 잘하고 못하고, 성격이 좋고 나쁘고를 가릴 것 없이 습관적으로 또래 안에서 무분별하게 사용되어지는 모습을 보면서 갈수록 거침없고 거친 말들을 내뱉는 현상이 단순한 일회성이 아님을 알 수 있었으며 이는 청소년들이 많이 사용하는 인터넷에서 더 심하고 확실히 나타난다. 인터넷의 익명성과 비대면성, 즉 당장 보지 않고 보이지 않기 때문에 무엇을 하든지 자신의 행동에 대한 책임을 질 필요를 느끼지 못하고 막무가내로 하는 것이다. 자신에게 피해가 올 것 같으면 컴퓨터를 끄거나 사이트에 들어가질 않으면 된다. 또 현실에서는 전혀 다른 모습을 보임으로써 자신의 죄에 대해 도망칠 수 있다. 이러한 언어폭력은 언어를 사용한 폭력으로서 신체적인 폭력에 비해 외형상 어떤 상처를 남기지는 않지만, 그 피해는 외형적인 상처보다 훨씬 심각한 문제를 야기시킬 수 있다는 측면에서 주의를 기울일 필요가 있겠다.

3) 외래어 혼용

외국어는 외국의 말을 뜻하지만 외래어는 외국어를 우리말처럼 바꾼 것이다. 외국의 새로운 문화가 들어와서 우리나라에 그 말이 없다면 외래어를 이용해 대신 사용하여 마땅하나 요즘은 고급스러워 보이고 세련돼 보인다는 이유로 학교에서나 사회에서, 방송에서 무분별하게 사용되고 있다. 학교에서 선생님들은 중점이나 요점이라는 단어 대신 '포인트'를, 문제해결방법이란 말 대신 '솔루션'이란 단어를 쓰고, 방송매체에서는 고급스럽다를 '럭셔리하다', 답글을 '리플'로 사용하며 심지어 아파트 이름까지 '래미안, 쉐르빌' 등 뜻을 알 수 없는 외래어를 남용하고 있다. 청소년들도 흔히 '오버한다', '필받다', '쿨하다' 등 일상대화에서도 말하곤 한다. 어떤 연구소의 조사에 의하면 신조어 656개중 56%가 외래어를 혼용한 것이고, 순 우리말 신조어는 3.9%뿐이라고 한다. 언어는 의사소통의 도구일 뿐만 아니라 생각의 틀이라고 볼 때, 아무 생각 없이 사용되는 외국어 때문에 우리말과 사회가 흔들릴 수 있는 것이다.

2. 청소년 언어의 원인

1) 심리적 요인

청소년기는 아동기로부터 성인기로 전환해 가는 시기이기 때문에 아동과 성인의 독특성을 동시에 갖는다. 아동기와 성인기의 중간에 끼여 있지만 사고나 행동에 있어서는 그들만이 가지고 있으며 독특한 모습들을 갖고 있는데, 청소년들은 독립적인 욕구와 자기주장의 특권을 강조하면서도 아직 사회경험의 반경이 좁고 능력이 부족하기 때문에 부모나 다른 기성세대들에게 의존하고 싶은 무의식적 욕망을 동시에 지니고 있다. 그래서 청소년들은 아이로 취급하면 화를 내지만 반대로 어른 취급을 하면 불안해하며, 이 두 욕구 간의 갈등으로 이유 없는 반항의 행위를 나타내기도 한다. 우리는 이러한 청소년의 특성들을 통해 이들의 언어문화의 배경을 이해하고자 한다.

청소년의 성격은 청소년의 사회적 위치에서 경위한다. 그들은 아동기에 속하지도 않고 성년에 속하지도 않는다. 그래서 사회 속에서 그들만의 문화를 찾기란 쉽지 않다. 게다가 그들은 신체적 성숙과 더불어 서서히 성숙한 자아상을 정립하고 자아정체감을 확립시켜나가는 시기이기 때문에 자신만의 고유한 문화가 필요하고, 결국에는 그것을 스스로 창조하고 공유하기를 바란다. 이 시기에는 아동기 때 부모-자녀관계가 중요시 되었던 것과는 달리 자아의식의 발달과 독립심으로 말미암아 부모에 대한 신뢰감이나 존경심이 약화되고 자립적·독립적 인간관계가 가능한 교우나 동료집단 관계를 중요시하게 되기 때문이다. 즉 청소년기는 청소년 자신이 자주적으로 선택한 친구와 상호대등·수평적 입장에서 자신의 내면적 생활에 대한 의견을 교환하는 친구에의 의존도가 높은 시기인 것이다. 이러한 청소년의 특징은 그들만의 문화를 창조해 '우리만의 문화'라는 특별한 소속감을 증가시키고, 그들은 한글의 맞춤법을 무시한 채 그들만의 언어를 만들어 사용하고 있는 것이다.

청소년들은 기성세대들이 만들어 놓은 형식을 중요하게 생각하지 않는다. 형식이라는 것은 사회 기존에 기성세대에 의해서 만들어진 사회적 특징과 같은 것이다. 그러나 청소년들은 기성세대보다는 자신의 또래, 친구들이 더 중요하고 기성세대들의 문화나 규범보다는 그들 사이에서 만들어진 문화와 규범을 더 중요하게 생각한다. 또한 이때 독립적으로 성장하고자 하는 자아가 성인들로부터 수용 받지 못하고 거부당하거나, 청소년 자신의 가치 및 이상과 맞지 않는 기성세대의 가치, 제도, 관습을 강요당할 경우엔 문법은 청소년에게 이것을 어겨서는 안 되는 하나의 금지로서 작용하게 된다. 그 결과 청소년들의 기성세대에 대한 반감은 기성세대가 지배하는 공간에서는 허용되지 않기에 그들만을 위한 은밀한 공간인 사이버 공간에서 그 욕구를 펼치려 한다. 즉 청소년들은 자신의 정신적 자주성을 강하게 주장하면서 자기만의 세계로 이탈해 그들만의 문화를 만들어 내는 것이다. 이때 만들어지는 그들만의 문화는 기성세대에 대한 반발감으로 사회의 기존 형식을 거부하려는 움직임으로 변화되기 쉽고, 그 결과 청소년들은 자신들이 주도하는 통신세계에서 맞춤법과 같은 형식을 거부하고 그들만의 언어와 맞춤법을 만들고 있는 것이다.

2) 사회적 요인

청소년들이 즐겨 사용하는 은어와 비속어들이 청소년들에게 전달되고 인상에 깊게 스며들게 된 데에는 또래집단 속에서 버티기 위해 자가 학습을 하고 지속적으로 사용을 하게 되기 때문이다. 그러나 어떠한 제지나 재인식의 단계 없이 무분별하게 사용되고 있는 데에는 분명 그 사회의 어른들의 방관도 큰 역할을 했다고 볼 수 있다. 그중 가장 큰 영향을 미치는 것은 TV와 연예인이 아닌가 생각된다. 공영방송에서조차 은어, 속어가 난무하고 있다. 특히 청소년들이 주로 보는 쇼 프로그램이나 오락 프로그램에서 더 심하게 나타나고 있는데, 기본적인 발음조차 제대로 구사할 줄 모르는 아나운서 등의 방송인들이나 각종 프로그램에서 난무하는 잘못된 자막들은 국어를 더 오염시키고 잘못 이해하도록 만든다.

하지만 더욱 문제가 되는 것은 청소년들의 선망의 대상이 되는 유명 연예인들이 구사하는 언어가 언어구사에 있어 신경조차 쓰지 않고 아무런 여과 없이 그대로 방송된다는 것이다.

각종 소설이나 잡지, 만화책 등에서의 언어도 갈수록 상업화에 힘입어 청소년들을 보호대상이 아닌 소비층으로 보기에 청소년들을 선도하는 것이 아닌 그들의 비위에 맞춰지고 있다는 데에도 원인이 있다고 볼 수 있다. 그리고 각종 광고의 문안에서는 자신들의 상품을 효과적으로 전달하기 위해 말초신경을 자극하는 엽기적인 문구들로 가득 채워지고 있다.

또한 청소년들이 제일 많은 시간을 보내는 공간인 학교도 그들의 언어문화 형성 원인이 될 수 있을 것이다. 학교라는 공간에서 청소년들에게 영향을 가장 많이 주는 어른은 바로 선생님일 것이다. 교사의 말투나 행동, 가치관 등은 학생들에게 바로 반영이 된다. 교사들은 나서서 학생들의 언어에 관심을 가지고 올바른 모델링을 해야 함에도 불구하고, 많은 학교와 교사들은 이러한 부분들을 소홀히 하는 경향이 있다. 인식과 교정을 통해 바른 학습을 시켜주어야 하는 학교에서 이런 부분들을 소홀이 하면서 청소년들도 자연스레 오염된 언어를 무감각적으로 사용하게 되었다고 할 수 있다.

3. 청소년 언어의 특징

1) 순기능
① 서로 간의 비밀이 보장된다.
② 의사소통이 빠르다.
③ 또래집단 간의 소속감을 강화시킨다.
④ 청소년들의 스트레스 해소의 한 방법이다.

2) 역기능

① 청소년과 기성세대 간의 세대차가 벌어진다.

② 패거리문화 구축할 수 있다.

③ 청소년들의 생각과 행동이 언어에 물들 수 있다.

④ 사전에 없는 단어를 많이 사용함으로써 언어체계가 흔들릴 수 있다.

4. 청소년 언어문화와 나아갈 방향

청소년들 언어는 자신의 솔직한 감정의 표현과 말하는 이들 사이의 친교를 목적으로 이루어져 되도록 재미있게 표현하려는 마음과 자기를 드러내 보이고 개성을 강조하려는 마음을 갖게 되면서 생겨난 것이라 여겨진다. 특히 통신 언어는 탈락·축약·생략·첨가와 같은 어휘의 변형과, 대치·아라비아 숫자와 로마자의 도입과 같은 형태의 발음대로 적기, 약어·의미 변형을 포함한 은어와 의성어·의태어·감탄사의 사용, 이모티콘 등의 특성을 보인다. 이러한 특성을 지니는 통신 언어는 욕이나 속어, 타인 비방과 같은 불건전한 언어의 사용과 같은 내용상의 문제와, 현행 맞춤법과 문법을 완전히 무시한 언어라는 형식상의 문제점을 드러내며 최근에는 외계어라는 심각한 언어 파괴현상까지 나타나고 있다.

그러나 문제는 이런 통신 언어가 일상 언어로까지 사용된다는 점에서 더욱 심각하다고 볼 수 있다. 앞으로 이 나라 미래의 주역들이 될 청소년들이 변질되어 버린 언어를 일상생활에 많이 사용하고 있음을 볼 때, 앞으로 우리의 언어생활은 지금과는 사뭇 다른 모습을 하며 파괴되고 혼란스러워지리라 생각된다. 이렇게 계속되다가는 어쩌면 앞으로 이런 청소년들이 성인이 되었을 때 우리의 언어생활은 더욱 혼란스러워지며 지금의 문법 체계도 변화되리라 예측된다.

이런 문제를 해결하기 위해서는 사회적으로 청소년들 언어문화에 관심을 가지고 함께 개선해 나가야 한다. 10대들만이 알고 그들만의 세계에서 통하는 10대들의 언어는 어쩌면 하나의 사회방언으로 볼 수 있다. 본인들의 소속감과 친밀감을 높이고 기발하고 창조적인 표현수단으로서 이용된다는 측면에서 어느 정도 가치를 인정하지만, 그들의 언어가 집단 밖의 사람들 즉, 기성세대와의 의사소통에서 그것이 벽으로 작용될 수 있다면 그것은 결코 올바른 것이라 할 수 없을 것이다. 그들의 언어문화 중에서 취해야 할 것과 취하되 버릴 건 버려야 한다. 문제는 그것을 나누는 기준인데, 그 기준은 10대들의 욕구와 특성을 상당부분 감안한 관점에서 기존의 기성세대들과의 합리적이고 합당한 약속을 통해 정해져야 한다. 무조건적인 금지는 또 다른 반감을 낳고 또 다른 형태로 번져나갈 우려가 있다. 그러므로 기성세대들과 청소년들은 한 발짝 물러서서 서로의 문화를 인정해야 한다.

사이버 은어들 중 특히 신조어 같은 경우 사회의 변화와 계속되는 새로운 문화 생성에 의해 생겨난 것들이다. 이 말들이 바람직하지 않다면 그것을 대신할 수 있는 대체적인 말을 알려주고 교육해야 한다.

또한 인터넷이 보급화된 지금, 더 이상 통신언어를 나쁜 언어로 인식하고 금지할 수만은 없다. 그러므로 우리는 아이들이 어릴 때 네티켓과 통신언어예절 등을 교육하여 네티즌의 의식을 강화시키고, 통신언어와 표준어를 뚜렷이 구분하여 가르쳐줄 필요가 있겠다. 또는 이와 함께 인터넷 강국의 명성에 걸맞게 경제적 효용과 친근감을 동시에 이룰 수 있는 통신언어 맞춤법 통일안을 제정할 날도 머지않았다는 생각을 해본다. 청소년의 은어, 비속어 사용은 지금 시행되고 있는 욕설 차단 프로그램과 같은 기술적 대응과 함께 표준어와 맞춤법의 교육이 확실히 이루어져야 한다. 또한 통신 언어를 자제하고 언어를 순화하자는 자발적인 노력도 있어야겠다.

정부에서도 대중문화와 방송매체에 대해 좀 더 체계적이고 강화된 언어규범규제가 필요하다고 생각한다. 사실 방송위원회의 고위층이나 규제를 가할 수 있는 정부 고위층은 기성세대이다. 그들이 청소년의 언어순화를 위한 대책으로 대중문화와 매체에 제재를 가한다면 역으로 실제 민중들의 언어생활을 반영하지 못하고 동떨어진 모습을 나타내게 될 수도 있다. 그러므로 정부 측에서도 언어순화에 대한 노력을 기울이되 좀 더 열린 마음을 가져야 하겠다. 예를 들면 국어

연구소나 시민단체의 지속적인 피드백을 통한 상호 보완, 수정을 통해 장기적으로 개선해 나간다면 청소년의 언어생활, 나아가 한국 모든 세대들의 언어생활에도 긍정적인 역할을 할 수 있을 것이다.

청소년의 언어문화를 한 번에 뿌리 뽑아 바꾸겠다는 것은 어려운 일이다. 좀 더 시간적 여유를 가지고 통신상 언어순화를 실행하는 것이 좋은 방법이라 생각한다. 흔하게 볼 수 있는 현상으로 맞춤법을 무시해 표기하는 것을 최소화하는 일부터 시작해서, 우리말 사용하기 운동에 이르기까지 통신 공간에 확산시켜 나갈 수 있을 것이다. 사회에서 어른들이 관심을 가지고 효과적인 대안의 모색과 방법을 제시하고 보급이 꾸준히 이루어진다면 청소년들의 언어문화도 점차적으로 바뀌게 될 것이다. 또한 그들의 언어문화를 보며 눈살 찌푸리고 무조건적으로 비판하기보다는 이전에 그들이 왜 그런 생각과 행동들을 하는지 알고, 그들을 진정으로 이해하며 바람직한 방향으로 나아갈 수 있도록 환경을 제공하고 지도하는 것이 더 중요한 것이 아닌가 생각해본다.

신조어가 만들어지는 과정

1. 축약어
단어 또는 문장의 길이를 줄이고자 정상적인 표기의 일부분을 생략하는 작성법. 다만, 이 경우는 새로 만든 게 아니라 원래 있는 것을 줄인 것이기 때문에 일반적인 신조어이면 보통은 합성어를 줄여서 부른다. 이 가운데에 단어 및 용어의 머리글자만 사용하는 축약어를 'Acronym'이라고 한다. 한마디로 말하자면, 줄임말이다.

예시
Newb, Noob (Newbie)
MR(Music Recorded / Music Revolution)
AR (All Recorded) - 'MR'의 반대 개념.
딸배(배달사원을 비하하는 말)
믿거ㅁ(믿고 거르는 ㅁㅁ)
인조새(인생 조진 새끼)
낄끼빠빠(낄 때 끼고 빠질 때 빠져라)
답정너(답은 정해져 있고 너는 대답만 해라)

비담(비주얼 담당)

취존(취향 존중)

핑프(핑거 프린세스): 손가락 공주라는 뜻으로, 조금만 검색해봐도 쉽게 찾을 수 있는 정보를 찾아보지도 않고 바로 남에게만 물어보는 진상을 뜻한다.

동사나사(동기 사랑은 나라 사랑)

할많하않(할 말은 많지만 하지 않겠다)

케바케(케이스 바이 케이스; Case by case)

솔까말(솔직히 까놓고 말해서)

자낳괴(자본주의가 낳은 괴물)

넌씨눈(넌 시X 눈치도 없냐)

자만추(자연스러운 만남 추구)

정줄놓(정신줄을 놓아버렸다)

정뚝떨(정이 뚝 떨어진다)

애빼시(애교 빼면 시체)

좋댓구알(좋아요 댓글 구독 알림설정)

정착 단계에서 뜻이 달라진 말

괄호 안의 내용은 첫 등장 때 기준

전일(전국 1위)

즐(즐거운 게임)

짤방(잘림 방지(용 이미지))

표준어가 된 축약어들

A.I. (Avian Influenza)

CD (Compact Disc)

Radar (RAdio-Detection And Ranging)

2. 파생어

기존에 있는 단어 및 용어에 접두사 또는 접미사 등의 보조를 붙여 새로운 단어 및 용어를 만들어내는 작성법.

예시

개이득('개-' + '이득')

주린이(주식 + -린이)

복돌이(1. '福' + '-돌이'. 복스러운 사내아이를 일컫는 말이다. 2. '복사' + '-돌이'. 불법 복제품을 사용하는 사람을 일컫는 말로 쓰인다.)

정돌이(1. 사람이나 동물을 어떻게 부르는 말이다. 2. '정품' + '-돌이'. '복돌이'와는 반대로, 정품을 사용하는 사람을 일컫는 말로 쓰인다.)

자빡('自' + '빡'): 이 단어는 화투가 유입된 시기의 세대와 현 세대에서 쓰이는 의미가 다르다('빡'의 어원이 다르다).

친목질('친목' + '-질')

plutoed: 명왕성의 퇴출로 말미암아 발생한 신조어. '갑작스러운 강등' 또는 '퇴출'을 의미하는 단어

정착 단계어서 뜻이 달라진 말

쌩까다('生'의 된소리 '쌩' + '까다')

표준어가 된 파생어

어린이('어리-' + '-ㄴ-' + '이'): 방정환이 만든 말. 이 말에서 접미사 '-린이'가 파생되어 위 '주린이'처럼 쓰인다.

3. 합성어

기존에 있는 단어 및 용어를 둘 이상 합쳐서 새로운 단어 및 용어를 만들어내는 작성법. 축약과 달리 원 용어의 의미를 잃어버리는 경우가 있다.

예시

뉴비(Newbie): 원래의 구성 단어는 'New' + 'Baby'. 해당 항목의 유래와 'New' + 'Bee' 같은 바리에이션은 정착 단계에서 나타났다.

덕통사고('덕후' + '교통사고')

딸내미바보: '팔불출'과 같은 의미지만 일본어에 해당하는 '오야바까(親バカ)'를 '팔불출'로 해석하려니 정말 팔불출처럼 뭔가 모자라는 부분이 있는 의미라서, 효율적으로 해석하고자 만들어낸 신조어.

발컨('발'+'control'): 발로 하는 것처럼 컨트롤을 못하는 것을 의미한다. 단, 발이 중요한 축구나 DDR에서 쓰이는 것은 예외.

표준어가 되는 과정의 6단계에 있는 상태이다. 한 예, 표준어 등재 가능성 관련 답변

웃프다('웃다'의 사동사 '웃기다' + 형용사 '슬프다')

자존감: '자존심'의 '自尊' + 감정을 나타내는 접미어 '-감(感)'이 만나서 생긴 신조어. 자기계발서의 난립으로 보급된 단어로 보인다.

어쩔티비: 어쩌라고+티비 (어쩔 뒤에 전자기기를 붙여도 된다.)

4. 도치

발음의 편의성, 표기상의 이점, 순화할 필요성이 있는 경우를 위하여 원 단어 및 용어의 순서를 변경하는 작성법.

예시

서순: 순서를 틀렸다는 것을 강조하고자 순서의 음절 순서를 바꿔서 부르게 된 말.

능지: 퍼즐이나 전략 게임에서 스트리머의 지능이 낮다는 것을 놀리다가 생긴 신조어.

5. 의미변화

이미 있는 단어 및 용어의 뜻을 바꾸는 작성법. "바꾸는"을 썼지만 사실 신조어를 먼저 접해서 기존 단어의 의미를 모르는 사람이 많아짐에 따라 상당한 확률로 기존 단어의 의미를 날려먹기 때문에 이 방식으로 만들어진 신조어를 사용하는 경우, 기성세대와 신세대 사이의 의사소통에 많은 지장이 있다(신조어에서 언급하는 기성세대와 신세대는 나이 차이를 의미하는 것이 아닌, 해당 언어를 접하는 시기의 차이를 의미함). '은어'와는 다른 게 원래 의미에서 영감을 얻는 경우

예시

깨알같다: 기존 단어는 '깨알 같다'로 띄어 써야 한다.

작업: 원래는 일을 하는 것을 이르는 말이지만 윤다훈이 세 친구에서 이성적인 목적으로 접근하는 것의 의미로 사용한 게 유행하면서 속칭이 되었다. 사실 일을 하는 것만 따지면 이 또한 '작업'이라고 할 수는 있다.

미러링: 컴퓨터 기술 용어지만 적대 진영에 대해 똑같은 방법으로 응징한다는 뜻이 생겼다.

밈: 문화가 전파되는 현상을 뜻하며, 인터넷 문화가 발달하여 유행 및 전파가 매우 빨라지자 인터넷의 문화 현상에 적용되었다.

성지, 성지순례: 종교적인 의미의 단어지만, 유명 작품의 배경이나 인터넷 유행요소 원본 같은 특별한 이유로 유명해진 장소와 그 장소를 방문하는 무대탐방을 의미하는 신조어로도 쓰인다.

세계관: 원래는 현실 세계에 대한 생각을 의미하지만, 최근엔 작품 속 세계에 대한 설정을 의미하는 경우가 많아졌다. 종교, 신화, 정치이념 등 인류 사회를 지배한 세계관을 창작물의 설정을 통해 흉내내는 것.

소울푸드: 흑인들의 영혼을 달래준 음식을 뜻하나, 모든 인류집단과 개인을 달래주는 음식이란 뜻으로 의미가 확장되었다.

모종의 사건으로 변화가 일어난 경우

옥동자: 원래는 잘생긴 아이를 칭찬하는 데에 쓰는 말이지만, 정종철이 봉숭아 학당에서 '옥동자'라는 명칭으로 개그한 게 유행하면서 멸칭으로 전락했다.

민주화: 민주주의 체제로의 변화를 뜻하는 말인데, 어느 커뮤니티에서 조롱하려고 사용한 뒤로는 금지어로 완전히 찍혀 버렸다.

운지: 원래는 구름버섯을 뜻하지만 디시인사이드의 합성-필수요소 갤러리에서 노무현 전 대한민국 대통령에게 대하는 고인 모욕 단어로 쓰이기 시작하면서 '민주화'와 마찬가지로 인터넷상에서 함부로 써서는 안 되는 말이 되었다(현실에서도 마찬가지다).

혼모노: 원래는 진짜를 뜻하는 일본어이지만, 한국에서는 서브컬처계에서 폐를 끼치는 사람이라는 의미로 사용되고 있다. 기존에 비슷한 의미였던 씹덕이 오타쿠를 대체하면서, 혼모노

가 씹덕을 대체해 남에게 피해를 주는 오타쿠라는 의미를 가지게 되었다.

원래 의미를 잘못 이해한 경우

고증: 사실 이는 잘못된 언어 사용에 해당한다.

역선택: 역선택 이론이라는 경제 용어에서 선거 용어로 바뀌었는데, 엄밀히 말해 원래 의미를 따진 게 아니라 단어의 모양만 보고 활용한 것에 가깝다. 이 때문에 원래 의미와 완전히 반대가 되었다.

쌩까다: 2000년대에 탄생해서 정착한 파생어로서, 맨 먼저 등장한 때에는 '거짓말하다'라는 뜻이었지만 정착 단계에서는 '무시하다'라는 의미로 정착되었다.

전일: 처음에는 '전국 1위'의 준말로 등장했으나 나중에는 '전 세계 1위'의 준말이 되었다.

즐: 이 단어는 특히 PC통신 채팅 시절 세대와 현 온라인 게임 세대의 인식차가 매우 크다.

짤방: '쌩까다'와 비슷한 시기에 탄생해서 정착했는데, 맨 먼저 등장한 때에 '뻘글 짤림 방지용 이미지'라는 뜻이었지만, 나중에는 그냥 '이미지' 정도의 뜻으로 정착되었다. 게다가 어원의식이 옅어져 '짤빵'도 많이 보이는 편이다.

빤쓰런: 해병대를 비난하기 위해 만들어진 표현이지만 최근엔 그런 의미는 없어지고 허둥지둥 도망간다는 의미가 되었다.

6. 외래어

다른 문화권에 이미 있는 단어 및 용어를 그대로 또는 비슷한 형태로 사용하려는 문화권에 맞게 들여오는 작성법.

예시

페이크 더블

투 해처리

7. 고유명사의 보통명사화

'인명유래용어(eponym)'라고도 하고, 'Self Titled'라고도 한다. 고유명사를 일반명사로 바꾸는 작성방식으로, 가장 흔히 볼 수 있는 것이 학문 분야에서 발견자나 이론을 정립한 학자의 이름을 학명 같은 학술용어로 사용하는 방식이다. 인명만이 아니라 다른 명칭이 사용되는 경우도 있는데, '스카치테이프'처럼 딱히 바꿀 필요가 없는데도 워낙 입에 붙거나 '포스트 잇'처럼 원래 일반명사가 워낙 저질스러워 고유명사에 밀리기도 한다. 이는 언어의 사회성과 관련이 크다.

예시

비수류 (화려한 테크니컬 전략의 eponym. 신조어의 유래는 스타크래프트 프로게이머 김택용의 아이디 '비수')

대일밴드 (손가락이나 무릎 또는 발뒤꿈치 등 상처가 난 데에 붙이는 밴드로 상품명인 '대일밴드'가 eponym으로 쓰인다.)

구글 (영어권 나라에서 '검색하다'라는 뜻의 eponym)

표준어가 된 고유명사들

스카치테이프 (셀로판테이프의 eponym)

포스트잇 (재생가능접착용지의 eponym)

스판바지 (스판덱스재질로된 바지의 eponym.)

출처: 나무위키

1 현대 청소년 언어문화의 특징으로 옳지 않은 것은?

① 집단적 소란 현상   ② 경음화와 고성화 현상

③ 끊임없는 신조어 창조   ④ 욕설로 강렬한 정서 표현

⑤ 통신언어와 일상언어의 구분

1. 또래집단이란?

또래집단이란 같은 공간을 공유하며 연령대가 비슷한 사람들끼리 주로 놀이를 중심으로 형성된 무리라고 정의할 수 있다. 여기에서 또래란 나이와 수준이 비슷하여 어울리는 사람으로 정의되어 있으며, 유사하게 통용되는 말로는 친구가 있다. 친구에 대한 정의는 가깝게 오래 사귄 벗이다. 또래와 친구는 일상적으로 같은 의미로 주로 사용되지만 차이점을 찾아보자면, 친구는 정서적 관계가 있는 친밀함에 더 중요도가 있어, 나이차이가 나거나 지역이 같지 않아도 정서적인 친밀함이 있다면 친구라고 표현하기도 한다. 반면 또래는 지역적 공유와 나이나 수준이 비슷함을 중요도 있게 표현한 말로, 정서적 관계와는 큰 관련 없이 사용되기도 한다.

청소년기에 들어서면서 청소년들은 부모의 그늘에서 벗어나 또래집단에 참
여하는 일을 더 중요시하며 증가시켜 나간다. 심리학자들은 또래집단의 참여가
현대사회에서 청소년들이 사회에서 구성원으로 적응해 나가는 데 연습의 장으로
활용된다고 보았다. 이 집단 안에서는 비슷한 수준의 사람들과 관계를 맺기 때
문에 관계를 시작하고, 유지하는 기술들을 연습하고 새로이 배울 수 있고, 사회
적 발달을 촉진하며, 정서적 지지와 친밀함을 제공하는 역할을 한다. 또한 청소
년은 또래집단에서 사회에서 필요로 하는 행동양식을 학습하게 되고, 여러 가지
상황에서 적절한 행동을 찾아가는 연습을 하는 등 스스로에 대한 인성과 능력을
측정하고 평가하는 기준의 역할까지 하게 된다(Erwin, 1998).

1) 친구관계와 인지발달

초기 청소년기에 나타나는 여러 가지 변화는 청소년기 대인관계의 특징을
변화시킨다. 신체적, 정서적 성숙과 인지적, 언어적 능력의 진보는 청소년들이
세상을 보는 방식을 변화시키고 또래와의 상호작용 관계 역시 변화시킨다.
Selman(1980)은 초기 청소년기의 인지적 능력의 향상으로 나타나는 조망 능력
(Perspective taking)은 대인관계가 어떻게 작용하는지를 이해할 수 있게 한다고
하였다. 이들은 대인관계가 정직, 협동, 그리고 감수성 등과 같은 요인에 의해
영향을 받는다는 것을 이해하게 된다.

Selman에 따르면, 청소년들이 감정 이입적인 이해를 할 수 있게 됨에 따라
이들은 친구들과 좀 더 가까워지고, 친구관계를 중요하게 생각하고, 친구에게 친
절하게 대하고 자기 노출을 통해 타인과 친밀감을 형성한다. 또한 청소년기의
또래관계는 아동기에는 생각하지 못했던 문제, 예를 들어 친구 간의 신뢰, 충성
심 등을 고려한다. 성공적인 대인관계를 형성하기 위해서는 사람은 타인의 욕구
와 기대를 관찰해야 한다.

Parker와 Gottman(1989)은 친구관계는 정체감 형성과 관계가 있다고 보았
다. 상호적인 자기 노출을 포함하는 친구들과의 대화는 폭넓은 정서를 유도하고
청소년들이 자신을 대인관계적 맥락에서 평가하도록 도와준다. 이는 가족 구성

원, 친구, 교사, 그리고 다른 많은 사람들과의 관계에 의해 정의되는 '나는 누구인가'라는 의문에 대한 답을 제시한다. 이들은 청소년기 동안 더 많이 감정이입을 하고 자기중심성을 줄일 수 있게 된다.

2) 가족과 친구

대부분의 청소년들은 그들의 가족과 함께 지내는 것보다 또래와 같이 시간을 보내는 것을 선호한다(Larson et al., 1996; Reisman, 1985). 이러한 현상은 아마도 청소년들이 자신의 부모가 자기들을 지배한다고 생각하기 때문에 부모와 함께 시간을 보내는 것보다 친구와 같이 있는 것을 좋아할 수 있다. 친구들은 부모보다 덜 위압적이고, 비판적이고, 잔소리를 하지 않으며, 기꺼이 자신이 원하는 것을 준다. 청소년들은 아동보다 부모의 통제를 더 많이 느끼고 이에 저항하기 시작하며, 평등한 부모-자녀 관계를 원한다. 이에 비해 또래관계는 부모-자녀 관계보다 훨씬 평등하다.

대부분의 청소년들은 가족 구성원에게 소외되거나 부모에게 고통을 주려는 생각은 없다. 비록 가족과의 접촉 빈도가 감소하지만 그렇다고 해서 청소년들이 가족에 대한 친밀함이 감소하거나 가족관계의 질이 저하된다는 의미는 아니다(O'Koon, 1997). 대부분의 청소년들은 가족들이 가장 가까운 사람들이라는 것을 잘 알고 있다(Field et al., 1995).

비록 또래가 현재 활동이나 여가생활에 큰 영향을 미치기는 하지만, 교육이나 진로지도 등과 같은 미래 지향적인 영역에서는 여전히 부모의 영향은 크게 나타난다.

청소년기에 가족과 함께 보내는 시간이 감소하는 이유를 가족 갈등으로 인한 소원함이나 또래집단의 유인으로만 설명할 수는 없다. 왜냐하면 가족과 함께 보내는 시간의 감소만큼 청소년들은 집에서 혼자 보내는 시간이 증가하기 때문이다(Larson, 1997; Smith, 1997). 그럼에도 불구하고 대부분의 청소년들은 가족과 함께 어떤 놀이나 활동을 하는 것보다 동료 집단과 함께 시간을 보내거나 음악이나 데이트 등과 같은 다른 주변의 관심거리에 더 흥미를 갖는다.

3) 친구와 비행의 관계

아마도 청소년 비행 행동의 가장 강력한 단일 예측 요인은 비행 친구와의 접촉일 것이다. 이는 비행 친구와 어울리다 보면 문제해결 상황에서 긍정적인 방법보다는 부정적인 방법을 학습할 기회가 증가하기 때문이라고 해석할 수 있다. 그렇지만 비행 행동과 비행 친구의 존재는 밀접한 관계가 있지만, 관계의 방향성에 대해서는 의견의 차이가 있다. 즉 반사회적 친구의 존재가 비행을 유발하는 원인이 되는지, 아니면 비행을 저지르는 아이들이 반사회적 친구를 사귀게 되는가에 대해서 크게 세 가지 관점이 존재한다(Siegel & Senna, 1994).

첫째, 사회통제 이론에서는 비행 청소년들은 일반 청소년들에게 거부를 당하기 때문에 이들은 주로 자기와 유사한 가치를 가진 반사회적 동료와 관계를 갖는다고 주장한다. 둘째, 구조주의 이론이나 사회학습 이론에서는 반사회적 동료와의 교제가 청소년 비행을 증가시킨다고 주장한다. 즉, 비행친구와 교제함으로써 친구의 일탈행동을 모방, 학습한다는 것이다. 세 번째 견해는 비행 친구의 존재와 비행 행동은 서로 영향을 주고받는다는 상호작용적 견해이다.

그러나 청소년기에 나타나는 반사회적 행동의 원인을 일탈된 또래의 영향으로만 간주하는 것은 잘못된 것이다. 많은 젊은이들이 청소년기가 되기 전부터 반사회적 행동을 저지르는 경우가 많다(Fergusson & Horwood, 1996). 사회이론가들이 일탈행동의 기원을 가족에서 먼저 찾는다(Patterson, 1986). 비록 어떤 연구자들은 반사회적 행동을 유발하는 유전적 요인을 강조함에도 불구하고, 대부분의 이론가들은 가족 요인이 청소년들의 대인관계 스타일이나 가치를 결정하는데 많은 영향을 미칠 것이라고 추정한다. 많은 경우에 있어 반사회적 행동을 보이는 청소년들의 부모들은 그러한 특성을 공유하고 있다(Patterson & Dishion, 1985).

일탈적인 행동을 하는 청소년들은 학교에서 파괴적인 행동을 보이고 일반적인 또래로부터 거부당하며, 정상적인 또래들은 일탈적 행위를 하는 청소년들을 이기적이고 불쾌한 아이로 간주한다. 친구들에게 거부당한 일부 청소년들은 문제가 있는 또래와 어울리고, 이들의 대부분은 불행한 가정환경을 공유하고 있다(Simons, Whitbeck, Conger, & Conger, 1991).

Dishion 등(1995)의 연구에 의하면, 친사회적 소년들과 비교할 때 반사회적 청소년들의 상호작용은 질이 낮고, 상호작용의 지속시간이 짧고, 상호작용에 대해 만족을 덜 느끼고 종종 적대적으로 끝나기도 하였다. 이러한 이유는 반사회적 청소년들의 상호작용에는 정적인 행동이 적고, 반대로 위압적이고 우쭐대는 행동이 빈번하게 나타나기 때문이라고 볼 수 있다. 비슷한 맥락에서, 일탈 청소년들과 그렇지 않은 청소년의 교우관계를 비교 연구한 Marcus(1996)도 일탈 청소년들 간의 친구관계는 더욱 갈등적이고 공격적이며, 낮은 애착관계를 형성하고 있으며, 친구관계에 문제가 발생되었을 때 이를 회복하는 능력이 부족하였으며, 인지적으로 왜곡되어 있고, 사회–인지적 문제를 잘 해결하지 못한다고 하였다.

2. 또래 관계의 중요성

또래 관계는 유아기, 청소년기 더 나아가 성인이 되었을 때의 사회적 관계의 기초가 되기 때문에 중요하다고 할 수 있다. 개인이 갖고 있는 심리적 요인과 사회적 요인을 동시에 충족시킬 수 있는 관계이기 때문이다.

개인이 갖는 여러 가지 심리적인 욕구들이 적당히 받아들여지는 동시에, 사회로부터의 요청을 개인이 폭넓게 받아들이고 소화시켜, 개인과 사회 간에 생길 수 있는 불균형과 불안 등의 요소에 대해 긴장 없이 조화가 되게끔 균형을 잡아 주는 관계가 된다. 아동기 때부터 또래와 보내는 시간과 그 영향력이 커지게 되고, 동등한 위치에서의 상호작용을 통해 가정에서 습득하기 어려운 사회 인지 발달을 촉진시키고 이는 곧 사회적 능력 발달의 기틀이 된다.

3. 또래관계의 영향

1) 또래집단의 역동성

어떤 청소년들은 다른 친구들에 비해 동년배들과 잘 지낸다. 청소년들이 친구들과 얼마나 잘 지내는가는 가정에서 밀접한 관계에 대해 어떻게 학습하느냐에 따라 어느 정도 영향을 받는다. 가족들은 청소년들에게 타인과의 관계에서 어떻게 자기 노출, 신뢰, 충성심, 갈등, 양보, 존경을 할 것인가에 대해 매일매일 일상생활을 통해 학습시키기 때문이다(Collins & Repinski, 1994).

친구들은 마치 결혼한 부부처럼 시간이 지날수록 비슷해진다(Berndt & Keefe, 1995; Dinges & Oetting, 1993). 친구들은 취미, 운동, 관심사 등 여러 다양한 분야의 활동을 같이 하고 서로의 생각에 대해 강화를 준다. 성적이 높은 청소년들은 서로 좋은 성적을 받으려고 노력하지만, 성적에 관심이 없는 학생들은 이러한 친구들을 비웃는다(Epstein, 1983). 대개 어떤 집단이 형성되면 그 집단을 이끌어가는 리더와 리더를 따르는 구성원의 지배적 위계가 형성된다. 집단의 리더는 구성원들이 추종을 하거나 모방하려는 대상이다. 집단의 리더는 어떠한 활동을 하느냐에 따라 리더의 특성은 달라질 수 있으므로, 운동선수 집단의 리더와 사회적 리더는 차이가 있을 수 있다. 그러나 각각의 개인들은 집단의 영향을 받고 집단은 다시 각 구성원에게 영향을 미친다.

Dunphy(1969, 1972)는 비록 또래 집단에서 지배적인 위치에 있는 리더가 구성원들에게 공공연하게 권위를 행사하지는 않지만, 이들이 집단의 의사소통과 의사결정을 통제한다는 것을 관찰했다. 리더는 힘이나 통제를 사용하기보다는 오히려 집단적 활동을 조화롭게 하고 원활하게 하면서 리더의 역할을 시작한다. 어떤 경우에는 또래 구성원들이 생각하는 애상적인 성격을 소유하고 있기 때문에 리더가 되기도 한다. 예를 들어, 친절함, 운동 능력, 지능, 그리고 인기와 같은 동경하는 특질은 청소년 또래집단에서 리더가 될 수 있는 자격 요건이 되기도 한다. 또래집단의 리더는 새로운 아이디어를 가지고 있고 대개 활동을 주도하며, 집단에서 반드시 필요한 존재로 간주된다(Dunphy, 1969, 1972). 그렇지만 청소년들이 선호하는 리더의 특성(예를 들어, 외모, 유머감각, 힘)은 연령이 증가하고 성숙하면서 변할 수 있다.

2) 또래집단의 형성

청소년기 동안 또래의 영향이 긍정적이고 건설적인 면도 많지만, 성인들은 청소년기에 일어나는 반사회적 행동과 파괴적 행동을 설명하는 데 또래의 압력을 중요한 요인으로 고려한다. 또래집단의 구성원들은 집단이 형성될 시점부터 서로 유사한 특징을 가지고 있으며, 서로에게 영향을 미쳐 시간이 지날수록 더욱 유사하게 된다(Mounts & Steinberg, 1995). 친사회적인 성향이 있는 또래들은 타인을 배려하는 행동 등과 같은 친사회적 행동의 모델이 되기도 하고 이러한 행동을 강화하지만, 일탈성향이 있는 또래는 반사회적이고 자기 파괴적 행동을 고무시킨다.

그렇지만 대부분의 청소년들, 심지어 문제를 일으키는 청소년들조차 문제를 일으키지 않는 또래에게 호감을 느낀다(Gillmore, Hawkins, Day, & Catalano, 1992).

한 집단에 속한 구성원들은 서로 유사한 특성을 갖는다. 심지어 청소년들은 자기와 비슷한 수준으로 스트레스를 경험하는 또래들과 유대관계를 맺는 경향이 있다(Hogue & Steinberg, 1995).

또래집단 구성원들은 다음의 과정을 통해 서로 유사성을 갖게 된다. (1) 유사한 사회-인구통계학적 요인은 서로에게 근접성을 느끼게 한다. (2) 차별적 선택을 통해 자기와 유사한 친구를 찾는다. (3) 친구들끼리 서로 상호작용하고 서로를 사회화시킴으로써 더욱 유사해진다. (4) 응집력이 높은 집단에 속한 사람들은 종종 혼자 있을 때는 하지 않는 행동도 집단에 속해 있기 때문에 하게 되는 감염효과(contagion effect)가 일어난다. (5) 집단에 동조하지 않는 구성원들은 자발적으로 집단을 떠나거나 떠나도록 압력을 가하는 선택적 제거가 행해진다. 이러한 과정은 단계적으로 일어나기도 하지만 동시에 진행될 수도 있다.

이론가들은 또한 또래집단이 어떻게 각각의 구성원들에게 영향을 미치는지를 이해하기 위해 다음과 같은 기제들을 제안했다(Kelly & Hansen, 1987). (1) 청소년들은 또래의 특성을 관찰하고 이를 모방한다. 이로 인해 우리는 청소년들

사이에서 유행하는 언어적 표현, 머리 모양, 패션 경향 등을 발견할 수 있다. (2) 청소년들의 행동(친사회적 또는 반사회적 행동 모두 포함)은 칭찬, 비판, 괴롭힘, 가벼운 강요와 같은 또래의 피드백에 따라 수정된다. (3) 거부와 따돌림 등과 같은 부정적인 처벌, (4) 집단활동에 참여, (5) 자신의 사고, 느낌, 그리고 활동을 또래의 그것과 비교한다. 일반적으로 호의적인 비교는 자신을 긍정적으로 생각하게 하지만, 부정적인 평가는 고통스럽다. 이러한 요인들이 청소년들의 행동에 미치는 영향은 또래 상호작용의 구체적인 패턴, 즉 친구와 함께 보내는 시간의 양, 관계의 지속기간, 또래의 영향에 대한 개인의 수용도 등에 따라 다르게 나타난다(Hartup, 1996).

3) 또래관계의 영향

또래 영향은 주로 긍정적이다(Mctosh, 1996). 청소년들은 가정 밖에서 많은 시간을 보냄으로써 가족 이외의 관계나 세상을 탐색할 수 있고, 더 큰 지역사회에 익숙해질 수 있다(Collins & Repinski, 1994). 그렇지만 대부분의 성인들은 청소년들의 사회적 성취나 기술의 획득이 장래의 직업적 성취 혹은 가족생활에 중요한 영향을 미칠 수 있다는 것을 인정하지 않는다(Dombusch et al., 1996).

자아개념(self concept)은 타인의 관점에서 자기 자신을 볼 때 더욱 발달한다. 또래들은 청소년기 자아개념을 형성하는 데 도움이 되는 가치 있는 피드백을 제공한다. 부모들도 피드백을 제공하지만 대부분의 자녀들은 부모들이 자신을 객관적으로 볼 수 없다고 생각하기 때문에 친구들의 피드백은 중요한 의미를 갖는다. 어떤 경우, 친구의 부정적인 피드백이 고통을 줄 수도 있지만, 이러한 피드백은 청소년의 발달에 중요한 역할을 한다.

청소년들은 친구를 통해 갈등을 해결하고, 협상하고, 자기 의견을 주장하는 능력을 기를 수 있다(Collins & Repinki, 1994). 몇몇 청소년들은 상상 속의 친구나 실제로 존재하지 않는 친구를 만들어 자기의 일상에 대해 의사소통하기도 한다. Seiffge-Krenke(1997)는 12~17세의 독일 청소년들을 대상으로 한 연구에서, 상상 속의 친구는 자신과 유사하며 자아 정체감 형성에 중요한 역할을 한다는 것을 발견하였다. 이러한 연구결과는 친밀한 관계를 갖는 친구(현실적이건 상상적이건)의 존재는 청소년 발달에 매우 중요하다는 것을 말해 준다.

또한 청소년들은 또래집단을 통해 성인의 역할과 가치를 실험하고 새로운 신념과 행동을 시도하기도 한다. 대개 친구들은 가족 구성원에 비해 수용적이며 관습적이지 않은 사고를 한다. 또 친구들은 가족 구성원보다 자기의 잘못된 부분이나 문제에 대해 별 간섭을 하지 않는다. 반면 대개의 부모들은 청소년을 도와주기보다는 이들에게 무엇인가를 요구하고 행동을 교정하려고 한다(예를 들어, 공부해라, 방 청소를 해라 등등). 앞에서 청소년들은 부모보다 오히려 친구들(혹은 나이 많은 형제)과 자신의 개인적인 삶에 대해 의논한다는 것을 언급한 바 있다. 이러한 현상은 아마도 부모들이 청소년들에게 여러 가지를 요구하지만 청소년들이 부모가 원하는 것만 수용하지 않으므로 부모와의 관계가 갈등적으로 나타난다.

성별에 따른 청소년들의 사회적 관계망의 크기에 대해서는 연구에 따라 조금씩 상이한 결과를 제시하지만, 많은 경우 남자 청소년이나 여자 청소년들은 성별에 상관없이 친한 친구의 수는 거의 비슷하다. 그렇지만 남자 청소년들은 친구관계에서 더 활동지향적이고 여자 청소년들은 더 관계지향적이다. 여자 청소년들은 남자 청소년에 비해 그들의 친밀한 관계에 대해 더욱 긍정적이고 더 많은 친밀감을 느끼며, 친구들로부터 더 강한 사회적 지지를 얻는다고 보고된다(O'Koon, 1997).

남자 청소년들은 친구들을 평가할 때 운동이나 학업 능력, 관심사 등과 같은 집단적 기능과 관련된 특성을 강조하지만, 여자 청소년들은 상대가 친구로서 얼마나 섬세하고, 협동적이고, 자기와 얼마나 많은 것을 공유하려고 하는지를 평가한다.

4) 또래관계의 긍정적인 영향

또래와의 상호작용을 통해, 자신감을 갖고 또 긍정적인 경험을 할 가능성을 높이게 되는데, 또래로부터의 받는 사회적 지지는 아동이 인생의 중요한 전환기에 적응하거나 스트레스 등의 요소에 대처하는 능력과 연관이 되며, 학문과 사회적 도전을 받아들이는 데 있어서도 큰 도움이 된다.

또래라는 새로운, 부모와는 다른 집단을 접하면서 사회 문화적 습관을 익혀

사회성을 발달시키며, 개인의 여러 가지 정의적 특성을 배우게 된다. 또래 관계를 통해, 사회에서 수용되는 것과 수용되지 않는 것을 구분하게 되며 그 사회의 가치관을 배우게 되고 이는 사회의 구성원으로서의 역할과 자질을 습득하는 과정으로, 친구들에게서 받는 수용과 인정이라는 반응을 통해 자신의 장단점 등에 대한 정보를 제공받으면서 자아 존중감 및 자아 개념 형성에 영향을 받게 된다.

학교를 다니게 되면서부터는 또래와의 상호작용이 점차 더 증가한다. 또래와의 공통된 관심사와 놀이, 문화 등을 접하면서 동등한 입장에서의 타인과 상호작용을 하는 기회를 제공받기 때문이다. 특히 이때에, 또래 관계에서 만족을 느끼고 또래와 많은 시간을 보내게 된다. 또래 간의 접촉을 통해 사회적, 인지적 기술을 제공받아 본인 위주의 자기중심적 사고로부터 벗어나 또래집단을 통하여 상호작용을 하게 되고, 이에 스스로 사고하여 판단하고 행동할 수 있는 기회를 제공받는다.

더 나아가 이타주의 및 헌신으로 또래관계를 형성시켜 나가며, 이러한 관계 속에서 자기수용, 신뢰, 친밀감 등의 대인적 적응에 대한 경험을 습득해 향후 성인이 되었을 때 사회적 관계의 기초를 형성하게 된다.

5) 또래관계의 부정적인 영향

또래와의 친밀한 관계 형성은 청소년기의 중요한 발달 과업 중 하나인데, 이러한 친밀감 욕구가 제대로 충족되지 않았을 때는 불안정, 질투, 갈등, 분개 등의 부정적인 정서를 유발시키게 되며, 이에 대한 부작용이 바로 '집단 따돌림' 현상이다.

하루 중 가장 긴 시간을 학교에서 보내면서 대부분의 또래문화를 학교에서 경험하고 그 집단에 대한 강한 소속감을 원하게 되는데 이러한 소속감을 유지하기 위해 때로는 본인의 의사와 상관없이 집단행동에 동조하게 되고 이렇게 집단에 동조하지 않고 위배되는 의견을 내거나, 혹은 집단에서 수용되지 않는 어떤 특성을 갖는 경우 그 집단으로부터 배척받게 된다.

또래로부터 집단적으로 따돌림을 당하면 정서적, 대인 관계적 박탈감을 경험하게 되며, 이 시기의 중요한 발달 과업인 사회성 발달을 제대로 이루기 어렵고 대인관계 기술에 대해서도 학습하기 어렵다. 이로 인해 학교생활의 부적응, 향후 성인이 되어서도 사회에 적응하지 못하고 대인 관계에 대한 공포를 느끼거나 회피해버리는 등의 심각한 후유증을 겪을 가능성이 있다.

또 다른 문제점으로는 또래집단의 영향으로 인하여 접하지 않아도 될 일탈적 요소들을 접하게 된다는 점이 있다. 예를 들어 '음주', '흡연' 등이 해당된다. 또래집단의 영향으로 갖게 되는 문제점은 다음과 같다.

① 학교폭력

폭력이란 불법 부당한 방법으로 물리적인 강제력을 행사라는 사람의 내·외적 모든 행동을 나타내는 포괄적인 행동으로, 청소년폭력의 범위를 보면 사람의 신체에 대한 힘의 행사뿐 아니라 폭언이나 성희롱, 질서위반 등 심리적인 불쾌감까지도 폭력으로 생각할 수 있다. 즉, 청소년폭력이란 '자기보다 약한 처지에 있는 상대에게 불특정 다수의 학생이 신체적·심리적인 폭력을 반복하여 행하거나 심각한 공격을 가하는 문제 행동'으로 정의할 수 있다.

② 약물남용

약물중독이란 인간의 생각, 감정, 행동 등이 약물에 지배되는 상태를 의미하며, 이러한 단계가 되면 이미 약물사용 이전과는 전혀 다른 사람으로 바뀌게 된다. 약물중독이 되면 더 이상 사람의 도리를 할 수 없게 되며, 가족과 주변사람들에게 신세를 지고, 피해를 주며, 가족들로 하여금 지옥과 같은 생활을 하게 하며, 나중에는 가족에게 직접적인 해까지 입히게 한다. 약값 및 부대비용 때문에 본인이 구할 수 있는 모든 돈(남들에게 빌리기, 은행 카드 이용하기, 공식기관을 통해 빌리기, 훔치기, 강탈하기 등)이 탕진된다.

③ 청소년과 흡연

실제로 흡연이 크게 문제가 되는 것은 청소년의 흡연이라 해도 과언이 아니다. 미국의 국립 암 연구소 발표에 의하면 18세 이하에서 담배를 피우면 유전인자에 영구적인 변형이 생기므로 비록 담배를 끊어도 암 발생 위험은 그대로 지속된다는 것이다. 다시 말하면 담배로 인한 암 발생의 위험은 얼마나 오래, 많이 피웠는가보다는 얼마나 일찍 피우기 시작했는가가 중요하다는 것이다. 어려서부터 담배를 피우면 세포조직과 장기 등이 성숙과정에 있기 때문에 담배의 독성물질에 접촉되면 그 손상 정도가 성인에 비해 더욱 커진다는 것이다. 25세 이후에 흡연을 시작한 경우 폐암으로 인한 사망률이 비흡연자의 2.5배인 데 비해 15세 이전에 담배를 피우기 시작한 경우에는 18.7배에 달한다고 한다. 또한 청소년기에 흡연을 시작하여 계속 흡연하는 사람은 24년의 수명으로 단축된다고 한다. 니코틴 중독은 흡연 시작연령이 1세 빨라질수록 10%씩 높아진다는 것이다. 이처럼 육체적, 정신적으로 미성숙단계에 있는 청소년들이 무서운 담배를 피운다는 것은 그들만이 아닌 국민전체의 미래를 어둡게 하는 심각한 사회문제라 하지 않을 수 없다.

④ 가출문제

지금까지 국내외의 가출청소년과 관련된 연구들을 살펴보면 '가출'에 대한 서로 다른 정의로 인해 끊임없는 논쟁거리가 되고 있다. 가출청소년에 대해 소년법에서는 '정당한 이유 없이 가정에서 이탈한 자'로 정의하면서 그의 성격 내지 환경에 비추어 볼 때 장래 형벌 법령에 저촉되는 행위를 할 우려가 있는 소위 '우범소년'화 될 가능성이 있기 때문에 소년보호사건의 하나로 처리하도록 규정하고 있다.

⑤ 성문제

청소년기는 신장과 체중의 증가는 물론 호르몬의 변화로 생리적 측면에서는 2차 성징(性徵)이 나타나고 성숙되며 성정체성이 형성되는 시기이므로 건강한 성정체감과 성윤리관의 확립이 청소년의 자아정체감 형성과 건강한 성인으로서의 성장에 매우 중요하다. 요즘은 예전과 달리 충분한 영양의 공급으로 인해 중학교시기에 이미 성인과 같은 체격을 갖추게 되며 남·여 모두 성과 관련하여 성인의 역할이 가능해진다. 그러나 정신적으로는 아직까지 미숙한 상태에 있다.

이와 같이 신체적으로는 조숙하나 감정과 정서가 예민하여 조그만 자극과 유혹에도 성충동을 일으키며 이에 대한 통제력과 인내심이 약한 청소년들은 외적인 성 환경과 내적인 성가치가 상호작용하여 성적 충동과 욕구의 조정력을 상실하였을 때 성비행을 저지르게 된다. 오늘날의 청소년들은 왕성한 성적 욕구나 성적 충동을 해결하는 데 있어서 기성세대의 보수성과 사회적 압력, 왜곡된 성정보의 수집으로 인해 음성적이고 은폐적인 방법으로 해결하려 하기 때문에 성폭력, 성매매 등의 성범죄가 발생되는 많은 문제점을 내포하고 있는 것이다.

⑥ 왕따

우리 사회에서 일상적으로 사용하는 용어는 '따돌림'의 줄임말인 '따'이며 이 '따'를 아주 심하게 당하는 경우를 '왕따'라고 부르고 있다. 즉 왕따는 '왕따돌림'의 준말이다. 우리나라 집단따돌림과 유사한 개념으로는 미국의 집단괴롭힘 일본에서의 이지메 등이 있다. 집단따돌림은 두 명 이상이 집단을 이루어 특정인 혹은 특정 집단을 그가 속해 있는 집단 속에서 소외시켜 구성원으로서의 역할 수행에 제약을 가하거나 인격적으로 무시 혹은 음해하는 언어적·신체적 일체의 행위하고 정의할 수 있다.

Herrick(2000)에 의하면 집단괴롭힘은 어떤 학생이 고의적으로 반복해서 일정한 기간 동안에 다른 사람의 신체 감정 또는 소유물들에 신체적·정서적 상해 또는 불쾌함을 가하거나 가하겠다고 위협할 때 일어난다고 하였다. 또한 Olwes(1993)은 집단괴롭힘이란 또래 간에 벌어지는 싸움과 구분되는 것으로 반복적이고 지속적으로 이루어지며 가해학생과 피해학생 간의 불균형적인 힘의 관계에서 발생하는 것으로 규정되며 따돌림은 또래폭력의 하위 유형에 속한다고 하였다. Schuster(1996)는 또래괴롭힘의 개념을 보다 명확히 하기 위해 관련용어도 함께 정의하였다. 즉 또래괴롭힘이란 학령기 아동들이 특정한 피해학생을 배제시키거나 괴롭히고 신체적 공격을 가하는 행동을 의미하는 것으로 가해자와 피해자 사이의 힘의 불균형 상황하에서 적어도 일주일에 한 번 6개월 이상 지속되는 가혹행위를 말한다고 정의하였다. 이 외에도 같이 어울리기를 원하는 또래가 적고 같이 어울리고 싶지 않은 또래들이 많을 때 발생하는 또래배척, 또래들로부터 같이 어울리고 싶다거나 그리고 싶지 않다든가 하는 관심 자체가 없는 또래방임

등이 있다고 한다.

⑦ 자살

자살이란 본인의 의사에 따라 자신의 생명을 끊는 행위라고 말할 수 있다. 다시 말해 자신에게로 향한 살인인 것이다. 자살에는 자살시도(Suicidal attempt), 자살미수, 자살의욕, 자살위협 및 만성자살(알코올의존, 약물남용 또는 의존, 소모성 신체 질환 등) 등의 용어가 있다. 세계보건기구(WHO)는 자살을 죽음의 의도와 동기를 인식하면서 자신에게 손상을 입히는 행위라 하였고 Baumeister(1990)는 자살을 '자기로부터의 도피', 즉 '자기와 관련된 고통스런 감정과 생각으로부터 도피하기 위한 수단'으로 개념화했다.

청소년들의 자살의 원인은 뚜렷이 알 수 없는 경우가 대부분이다. 청소년 자살의 유발요인을 보면 부모 간의 불화, 부모와 청소년 간의 불화, 부모상실, 부모의 이혼, 진학실패 및 성적부진, 친한 친구로부터 거절당했을 때, 학생 신분으로 성관계를 맺고 임신이 되었을 때, 사귀던 이성친구에게 버림을 받았을 때 등 생활 사건이 많은 청소년들을 자살로 이끈다. 한 가지 주의할 점은 우리가 평소에 생각하는 것과는 달리 성적을 비관해서 자살하는 아이들보다는 가정 불화 등 가정 내의 문제 때문에 자살하는 아이들이 더 많다는 것이다. 성적이 떨어질 때도 성적 불량 그 자체보다는 성적 때문에 일어나는 부모와의 갈등이나 무력감 때문에 자살하는 경우가 많다. 또한 외형적으로 성적비관, 입시걱정과 관련되어서 자살한 것으로 보고되나 그 기저에 깔려있는 정신적 측면과 정신과적 진단을 살펴볼 때 이들의 상당수는 이미 우울증에 걸려있거나 또는 정신분열의 초기 또는 가정으로부터의 정서적 지지의 상실을 심하게 경험한 청소년들을 알 수가 있다.

4. 청소년 또래문화에서의 인기

또래집단에서 인기가 있다는 것은 청소년들에게 매우 중요한 목표이며, 어쩌면 학업보다 더 중요할 수도 있다. 친구관계는 둘 또는 그 이상의 개인들 간의 친밀한 결속관계를 말하지만, 인기는 개인이 또래집단에서 어떻게 취급되며, 어떤 대우를 받는가를 의미한다. 일반적으로 인기가 있는 사람은 타인에게 친절하고, 섬세하며 유머감각을 가지고 있다. 또 사교적이고 협동적인 아이들이 또래들에게 인기가 있으며, 신체적 매력 역시 인기에 영향을 미친다.

또한 지적(intelligent)인 사람은 그렇지 못한 사람에 비해 또래집단에서 인기가 높다(Steinberg, 1993). 왜냐하면 지적인 사람은 다른 사람에게 어떻게 행동하면 상대가 자기를 좋아할 것이라는 것을 잘 알고 있기 때문에 타인이 싫어하는 행동을 하지 않기 때문이다. 이는 사회적 기술이나 대인관계 기술이 또래집단에서의 인기에 영향을 미친다는 것을 잘 말해준다.

청소년 또래관계에서의 인기에 영향을 미치는 또 다른 요인으로는 유행을 선도하는 옷차림, 운동능력 등을 들 수 있다. 그러나 또래집단에서의 인기가 청소년들에게 가치롭고 중요하며 누구나 인기있는 사람이 되고자 하지만, 또래집단에서 한 개인의 인기가 너무 높아지면 오히려 그를 싫어할 수도 있다(Eder, 1985). 즉 인기가 높은 개인은 많은 사람들에게서 여러 가지 제의를 받기 때문에 이러한 제의나 요청을 모두 들어줄 수 없게 된다. 또한 이들은 자신의 지위를 유지하기 위해 자기와 비슷한 사람과 어울리게 된다. 따라서 일반 또래들은 인기가 높은 개인들의 이러한 행동에 대해 실망하고 비난을 하게 되면 그 개인의 인기는 떨어지게 된다는 것이다.

한편 또래들이 싫어하거나 거부하는 청소년들은 일반적으로 사회적 기술이 부족하며, 또래들에게 멍청이, 얼간이, 바보 등과 같이 부정적으로 인식된다 (Merten, 1996a). 따라서 거부당한 청소년들은 학교나 주변에 친구가 거의 없으며, 고독함과 낮은 자아 존중감으로 고통을 받는다. 사회적 기술이나 대인관계 기술이 부족한 청소년들의 또래와 어울리려는 시도는 많은 경우에 실패한다. 대개 이들의 대인관계 문제는 적절하지 못한 가족관계에 근거하는 경우가 많다. 즉 이들은 가정에서 타인과 효과적으로 상호작용하는 방법을 익히지 못했기 때문이다. 친구들로부터 거부당하고 가족의 애정적 지지가 없는 아이들은 점점 더 소외감을 느끼고 심리적, 사회적 문제를 일으키게 된다(Berndt & Perry, 1990; East et al., 1992). 특히 적절하고 충분한 사회적 지지를 받지 못하고 또래들에게 인기가 없는 청소년들은 스트레스에 상처받기 쉽다.

또래집단에서 거부당한 청소년들은 여러 가지 적응 문제를 보일 수 있는데, 거부의 빈도와 강도에 따라 부적응의 심각성은 달라진다. 이들이 보이는 부적응 문제는 무단결석, 낮은 학업성취, 공격성 또는 철회된 행동 등이 있다. 비록 또래집단의 거부 빈도와 강도가 강할수록 그 부정적 영향은 크지만, 단 한 번의 거부를 당한 경험만으로도 무단결석과 학업 성취의 저하도 일어날 수 있으며, 심하게는 학교생활의 낙오도 유발될 수 있다. Bronfenbrenner(1989)는 청소년기 사회적 관계망의 와해는 청소년들의 정신 건강, 사회적 행동, 학업수행을 감소시킨다고 주장하였다. 또한 사회적 고립은 초기 성인기까지 공격적이거나 반사회적 행동들을 지속시키기도 하며, 성인이 되어서도 그들은 결혼생활, 성생활, 심리적 문제 심지어는 직업적 문제를 유발하기도 한다(Parker & Asher, 1987).

또래집단에게서 거부되는 청소년들이 대개 사회적 기술이 부족하다는 사실에 초점을 맞추어 이들의 사회적 기술을 향상시켜주는 몇몇 프로그램들이 있다. 이러한 프로그램은 다음의 세 가지 측면에 초점을 두고 있다(Steinberg, 1993).

첫째, 자기표현과 같은 대화 기술과 지도력을 가르치는데, 이러한 사회적 기술향상 프로그램은 청소년들이 동료와 원만한 관계를 유지하는 데 필요한 기술과 방법들을 가르치고 있다. 두 번째 접근법으로는 전문가의 지도 아래 인기가 없는 청소년들과 인기가 있는 청소년들이 함께 집단적인 활동을 하는 것이다. 이러한 활동적 프로그램은 또래에게 거부당한 청소년에게 긍정적인 자아 개념을 갖게 하고, 타인의 인정을 받게 한다. 세 번째로 몇몇 프로그램에서는 문제해결과 같은 행동적, 인지적 능력의 향상에 초점을 두고 있다. 이러한 프로그램에서는 또래집단으로부터 거부당한 아이들이 친구들의 행동을 적대적으로 해석하고 공격적으로 반응한다는 사실에 기초하고 있다. 순환적으로 이들의 공격적인 반응은 다시 또래의 거부반응을 유발하게 된다. 따라서 여기에서는 사회적 상황에 대한 해석방법과 적절한 행동 대안을 가르치고 있다.

5. 청소년 또래문화의 성장방안

지금까지의 청소년 정책은 청소년을 미성숙한 보호대상으로 규정하여 비행이나 범죄를 예방하는 선도·보호정책으로 일관하거나 전인적인 성장을 도모하는 청소년 육성정책을 수련활동에 치중함으로써 전반적인 청소년의 삶의 질을 향상하는 노력은 소홀히 해왔다. 그러나 앞으로는 청소년에 대한 발상을 대전환하여 청소년을 '오늘의 주인공'이란 인식과 관점에서 청소년이 정책과 활동의 주체가 되는 청소년 정책을 수립·추진해야 할 것이다. 내일의 주역으로서 21세기 사회 환경 변화에 대응하는 다양한 자질과 능력, 창의력을 신장하는 '21세기 청소년상'을 실현함으로써 국가와 사회가 필요로 하는 민주시민으로 성장해 나가도록 해야 할 것이다. 이를 위해서 앞으로 청소년 정책의 방향은 다음과 같이 전환되어야 한다.

① 청소년의 권리확보와 권익 증진

지금까지 우리사회의 청소년들은 사회를 함께 살아가는 사회구성원으로 인정받지 못함으로써 기본적 인권과 사회적 권리들을 유보한 채 살아왔다. 이러한 한계를 극복하여 청소년들이 동등한 사회의 한 구성원으로서 권리와 시민권을 되찾을 수 있도록 하여 청소년 정책이 진정한 청소년의 권익을 위해 기능하도록 해야 할 것이다.

② 자율과 참여의 원칙 추구

청소년을 미성숙한 존재로 보고 성인 중심의 시각에서 보호·선도하고자 한 기존 정책의 틀에서 벗어나 청소년의 자율성과 참여 증진을 기본 원칙으로 하는 정책이 수행되어야 할 것이다.

③ 청소년에 의한 정책 개발

어른들의 시각에서 판단하여 결정하는 정책이 아니라 정책의 주인이 될 청소년들의 요구와 희망에 근거하여 정책을 개발할 수 있도록 열린 정책과정 체계를 구축하고 공식적인 청소년 의견수렴의 장이 마련되어야 할 것이다.

④ 청소년을 정책의 주체로

청소년을 정책의 객체로 인식하여 수동적 대상화해 왔던 것에서 벗어나 사회문화적 발전의 원동력으로서 청소년의 잠재력과 가능성을 인식하고 청소년을 위한 정책이 진정 그들을 위한 정책이 될 수 있도록 정책의 주체로 자리매김하는 인식전환이 필요하다.

⑤ 다수의 건강한 청소년들의 활동 지원

소수의 문제청소년과 청소년비행에 대한 예방·선도 위주의 정책에서 다수의 건강한 청소년들이 생활 활동의 현장에서 그들의 자생적 문화를 형성하여 다양한 활동을 할 수 있도록 지원하는 정책으로 전환되어야 한다.

⑥ 수요자 중심의 프로그램

각종 청소년 관련 서비스 개발 및 제공을 공급자 편의중심에서 수요자 중심으로 전환하여 다양하고 특성화된 프로그램 확대, 수요자 평가체계 도입 등을 통해 수요자인 청소년의 선택권과 의사반영 통로를 대폭 확대해야 할 것이다.

⑦ 프로그램 중심 질적 성장

지금까지의 청소년 정책이 공간과 시설 위주의 양적 성장을 이루어 냈다면, 이제부터는 프로그램과 사람중심의 질적 성장을 이뤄야 할 것이다. 기존 시설을 구조조정하고 프로그램의 종합·연계 방안을 마련하며 창의적인 프로그램의 개발·운영을 위한 인적 역량을 개발해야 할 것이다.

⑧ 소규모 다양화·특성화된 프로그램

기존의 대규모의 획일적 프로그램 운영에서 소규모의 다양화·특성화된 프로그램을 확대하여 다양한 청소년의 생활현장과 삶의 과정에 녹아들 수 있도록 하며 청소년들의 다양한 문화적 감수성이 발현될 수 있도록 해야 할 것이다.

⑨ 지역·현장 중심의 자율·책임

규제와 통제적 성격의 운영방식을 전환하여 자율과 책무성을 중심으로 자체 운영되도록 하며, 중앙단위보다는 지역과 현장 중심으로 그 지역 특성과 지역 청소년들의 삶의 현장에 맞는 자율적인 사업들이 확대되도록 해야 할 것이다.

⑩ 정보화네트워크 중심의 열린 운영체제

소수 단체회원 중심의 닫힌 운영체제가 아니라 정보화시대의 첨단 멀티미디어 정보통신기술을 활용하고 인적·물적 자원의 유기적 네트워크를 통해 열린 운영체제를 구축함으로써 청소년서비스 수혜자의 폭을 넓히며 신속한 서비스를 제공해야 할 것이다.

21세기 바람직한 청소년상을 실현하려면 이상과 같은 청소년 정책을 수립·추진해야 할 것이다. 아울러 학교교육과 상호보완하는 의미를 갖는 청소년 육성에 관한 정확한 개념과 내용을 파악하여 이들의 상호 연계방안을 모색하는 일은 매우 중요하다. 청소년 육성은 청소년의 성장발달을 돕는다고 하는 포괄적인 사회적 기능의 하나이므로 청소년 교육과 연관하여 파악해야 할 것이다.

긍정적·부정적 또래관계(아동의 친구애착 및 친구일탈 정도)

청소년 또래문화 관련 실태조사 – 2018 보건복지부

긍정적, 부정적 또래관계를 통해 아동의 친구애착 및 친구일탈 정도를 분석한 결과는 아래 표와 같다. 긍정적 또래관계 항목에서는 "내 친구들은 나를 좋아한다"가 2.95로 가장 낮게 나타났으며 "내 친구들은 도움이 필요할 때 나를 도와준다"가 3.25로 가장 높았다. 담배, 절도, 구타, 무단결석 등으로 구성된 친구일탈의 부정적 또래관계를 살펴보면 다른 사람을 심하게 때린 적이 있거나(3.58), 무단결석, 남의 돈이나 물건을 갈취한다(3.57)가 높게 나타났다. 분석결과, 전반적으로 긍정적인 또래관계보다 부정적인 또래관계가 상대적으로 높은 경향성을 보이고 있음을 확인할 수 있다.

긍정적·부정적 또래관계(아동의 친구애착 및 친구일탈 정도) 문항 내용 및 항목별 빈도

	전혀 그렇지 않다	거의 그렇지 않다	그런 편이다	매우 그렇다	4점 평균	SD
내 친구들은 내가 외롭거나 힘들 때 나와 함께 있어준다*	0.4	4.7	78.8	16.0	3.10	0.46
내 친구들은 도움이 필요할 때 나를 도와준다*	0.8	4.9	62.4	31.9	3.25	0.58
내 친구들은 학교에서 공부를 열심히 한다*	2.6	11.4	63.8	22.2	3.06	0.66
내 친구들은 담배를 피우거나 술을 마신다	66.4	16.2	13.4	4.0	3.45	0.87
내 친구들은 남의 돈이나 물건을 훔친 적이 있다	74.4	11.2	10.7	3.7	3.56	0.82
내 친구들은 다른 사람을 심하게 때린 적이 있다	75.2	10.4	11.7	2.7	3.58	0.80
내 친구들은 학교에 무단으로 결석한 적이 있다	73.7	12.3	10.8	3.2	3.57	0.81
내 친구들은 남의 돈이나 물건을 뺏은(삥 뜯은) 적이 있다	74.9	9.6	12.6	2.9	3.57	0.82
내 친구들은 나를 좋아한다*	7.9	4.6	72.1	15.5	2.95	0.72
나는 친구들과 사이좋게 지낸다*	7.3	2.6	66.1	24.0	3.07	0.75

주: 긍정적·부정적 또래관계 변수는 4점 척도로 측정되었으며, 응답범주는 1점(전혀 그렇지 않다)에서부터 4점
(매우 그렇다)까지임

출처: 2018 아동종합실태조사

Chapter 13 | **청소년문화의 발전과제와 전망**

1. 청소년문화에 대한 새로운 관점

청소년문화를 구성하는 요소는 매우 다양하고, 어떠한 관점을 갖느냐에 따라 개념도 다르게 정의하기 때문에 청소년문화를 정확하게 이해한다는 것은 매우 어려운 일이다. 일반적으로 정의된 청소년문화의 특성을 바탕으로 각기 다른 청소년문화와 개별적인 청소년의 삶을 정확하게 이해하기 위해서는 다양한 모습이 존재한다는 관점을 유지하는 것이 필요하다. 청소년 문화를 올바르게 이해하기 위해서는 다음과 같은 관점을 제시할 수 있다(김연서 외, 2021).

① 청소년문화를 이해하기 위해서는 문화의 다양성을 인정해야 한다.

청소년지도자를 포함한 성인들이 청소년문화를 이해하기 위해서는 청소년의 입장에서 바라보는 태도를 갖고 있어야 한다. 성인으로서의 시각을 유지한다면 청소년 문화를 비판하거나 문제시 여길 가능성이 높다. 청소년의 입장에서 왜 그러한 문화가 유행했는지, 어떻게 받아들이고 있는지를 바라볼 수 있다면 청소년의 문화를 조금 더 수월하게 받아들일 수 있다. 다시 말해, 청소년이 가지는 다양한 문화적 요소를 받아들이고, 그들의 입장에서 생각해 본다면 청소년문화를 이해하는 출발선에 섰다고 이야기할 수 있다.

② 청소년문화를 주도적인 주체로서 인식하고 그 특성이 파악되어야 한다.

현대사회에서의 청소년문화는 청소년이 스스로 문화를 창조하면서 소비하고 새로운 시도를 해보는 등 주도적이고 색다른 잠재력을 가지고 있다는 것을 증명해 내고 있다. 지금까지의 청소년들처럼 어른들에게 온전히 의지하는 모습은 조금씩 벗어나면서 오히려 독립적인 문화를 형성하여 기성문화를 주도하거나 연계하여 이끌어가는 모습을 보인다. 물론, 경제적인 부분이나 직업 등에서는 의존적인 모습을 보일 수 있으나 문화적인 면에서는 주도적인 주체로 인식하고 인정해야 한다.

③ 청소년문화에 대해 다양성을 인정하고 세분화된 관점으로 바라볼 필요가 있다.

청소년들은 나름의 문화를 생산하고 그 문화를 바탕으로 다양한 문화와 관계를 맺고 있음을 알아야 한다. 청소년이 주로 생활하는 학교에서의 문화는 질서를 지키고, 예의를 갖추는 가치가 중요하지만, 또래집단이나 동아리 활동 등의 문화에서는 또 다른 가치를 중시하며 자신들만의 문화를 형성한다. 지금까지의 기성세대들은 대부분 청소년의 문화를 이해하지 못하고 자신의 가치관이나 생각을 강요하는 경우가 많았다. 그러나 이제부터라도 그들의 공간과 가치를 인정해주고, 청소년이 가지는 그 자체의 다양성과 독특성을 확장시켜나갈 수 있도록 한다면 청소년문화는 더욱 다양하고 질 높은 문화로 발전해 나갈 수 있을 것이다.

④ 청소년들을 바라보는 관점을 바꾸어야 한다.

청소년문화라고 하면 많은 사람들이 지나치게 비행문화, 일탈문화를 중심으로 반사회적 문화로 바라보거나 이분법적으로 긍정적인 것과 부정적인 것으로 구분하는 경우가 있는데, 이를 탈피한 관점을 가져야 한다. 청소년을 그 자체로 독립된 인격체로 인정해주고 자신의 권리를 주체적으로 행사할 수 있는 영역을 함께 형성해 나가는 문화를 만들어야 한다. 청소년은 자신이 스스로 판단하고 행동한 것에 대한 책임을 지며, 자신이 가지는 권리를 주장하고 행사할 수 있는 존재이므로, 단순한 보호를 넘어 청소년의 활동을 주체적으로 실행할 수 있도록 도와주어야 한다.

우리나라 기성세대들은 청소년을 아직까지 성인에게 종속되거나 추종하는 존재로 보는 경우가 많은데, 오히려 요새는 청소년의 문화를 성인이 따라가기 어려운 시대가 되었다. 예전처럼 청소년들의 롤모델이 성인이 아닌 같은 청소년에서 나오고, 청소년 문화를 전수시키는 것이 아닌 창조해 나가고 있는 시대이므로, 그들이 스스로 해 나갈 수 있는 환경을 구성하는 데 도움을 주어야 한다.

⑤ 청소년이 사회에 참여할 수 있는 방안을 찾아야 한다.

우리나라는 청소년을 지금까지는 문제가 일어날 수 있는 사회요소로부터 격리, 소외를 통하여 보호하고, 청소년의 욕구를 억압하는 사회분위기가 형성되어 있었다. 그렇기 때문에 청소년문화가 발전하는 데 큰 장애물로 존재하고 있는 것이 사실이다.

물론, 청소년이 유해한 환경이나 학대, 굶주림 등에 노출되지 않도록 보호하고 청소년기에 가져야 하는 교육과 기회를 균등하게 제공하는 일은 우리 사회에서 꼭 해야 하는 역할임에 틀림없다. 반면, 청소년들이 가지고 있는 욕구, 스스로를 표현하고 놀고 성취하고 자아를 실현하고자 하는 욕구를 인정하고 충족할 수 있는 기회를 제공해 주어야 한다.

이를 위해서는 청소년이 직접 사회발전과 문제해결에 참여할 수 있는 기회를 제공해 주어야 한다. 청소년들에게 투표권을 주는 등 정치적 역할을 할 수 있도록 하거나 유해환경 감시나 환경보호, 기후변화 등의 사회문제 해결에도 참여시킬 수 있는 방안이 모색되어야 한다. 특히 현재 진행 중인 청소년 참여 기구, 청소년운영위원회, 청소년참여위원회, 청소년특별회의 등을 활발하게 이용하여 청소년 정책을 기획, 집행, 평가하는 데 의견을 반영할 수 있도록 해야 한다.

2. 청소년문화 발전을 위한 과제

청소년문화는 과연 누가 발전시킬 수 있는가?에 대한 고민을 시작하고자 한다. 청소년들이 스스로 자신들의 문화를 발전시켜 나갈 수 있다는 믿음이 바탕에 있지만, 예산과 공간, 정책 등 현실적인 어려움이 있는 것은 사실이다. 그렇기에 청소년지도자들은 끊임없이 청소년과 사회가 소통할 수 있는 연결고리가되어 청소년들이 소외되거나 현실적인 어려움 때문에 기회를 놓지지 않도록 해야 한다.

다시 말하면 청소년문화를 발전시키기 위해서는 현실적으로 정책에 대한 끊임없는 요구를 해야 한다. 청소년문화정책은 청소년들이 바람직한 방향으로 성장하기 위해 추진되어야 하며, 결과적으로는 민주시민으로서의 성장을 도모하고, 미래에 건전한 성인이 되는 것을 추구한다.

1) 현재의 청소년문화정책

우리나라에서 시행되고 있는 청소년문화 정책은 청소년 정책에서 나오는 접근과 문화예술 또는 문화예술교육에서 나오는 접근 두 가지 차원으로 구분할 수 있다(김상범 외, 2022).

먼저, 청소년정책에서 나오는 접근에서는 [청소년기본법] 제3조 제3호에서 규정한 문화활동은 수련활동, 교류활동과 함께 청소년의 균형 있는 성장을 위해 필요한 활동으로 규정하고 있으며, [청소년활동진흥법] 제2조 제5호에서는 청소년문화활동을 청소년이 예술활동, 스포츠활동, 동아리활동, 봉사활동 등을 통하여 문화적 감성과 더불어 살아가는 능력을 함양하는 체험활동으로 정의한다. [청소년활동진흥법]에서 청소년문화활동의 활성화에 대한 구체적 방안으로 제60조 청소년문화활동의 진흥, 제61조 청소년문화활동의 기반 구축, 제62조 전통문화의 계승, 제63조 청소년축제의 발굴지원, 제64조 청소년동아리활동의 활성화, 제65조 청소년의 자원봉사활동의 활성화 등이 있다.

다음으로 문화예술 또는 문화예술교육에서 나오는 접근은 [문화예술진흥법] 제2조 제1항 제1호에 따라 문화예술을 "문학, 미술(응용미술 포함), 음악, 무용, 연극, 영화, 연예, 국악, 사진, 건축, 어문, 출판 및 만화를 말한다"고 정의한다. [문화예술교육지원법] 제3조에서는 우리나라 국민의 문화예술 향유와 창조적 함양을 위한 교육을 신체, 나이, 성별, 장애, 사회적 신분, 경제적 여건, 신체적 조건, 거주지역과 관계없이 자신의 관심과 적성에 따라 평생에 걸쳐 체계적으로 학습하고 교육 받을 수 있는 기회를 균등하게 보장한다고 규정하였다. 문화예술교육시설로는 [문화예술교육지원법] 제2조 제3호에서 규정하고 있는데, [문화예술진흥법]에 따른 문화시설, [청소년활동진흥법]에 따른 청소년활동시설, [평생교육법]에 따른 평생교육기관 중 문화예술을 실시하는 시설 등이 있다.

(1) 청소년 관련 문화정책 - 여성가족부

청소년정책은 1984년 시작된 청소년문제개선종합대책 이후로 1991년 6월 한국청소년 기본계획(1992~2001), 제1차 청소년육성 5개년 계획(1993~1997), 제2차 청소년육성 5개년 계획(1998~2002), 제3차 청소년육성 5개년 계획(2003~2007), 제4차 청소년정책기본계획(2008~2012), 제5차 청소년정책기본계획(2013~2017), 제6차 청소년정책기본계획(2018~2022) 등으로 수립하여 운영하고 있다.

현재 시행중인 제6차 청소년정책기본계획을 살펴보면, 공정하고 안전한 사회환경에서 청소년이 주도적으로 참여하고 활동을 통해 현재를 즐기며, 미래 사회에 필요한 역량을 갖추고자 하는 방향성을 강조하였다. 청소년문화를 포함한 활동 전반적으로 청소년이 기획하고 도전하는 청소년 주도적 활동으로 프로그램을 개편하고 인프라를 구축하고자 하였으며, 관련 목표와 실행과제를 살펴보면 다음과 같다.

① 청소년 참여 및 권리 증진

- 청소년 참여확대
  청소년 동아리, 자원봉사활동을 통한 사회참여 활성화
- 아동, 청소년의 여가권 신장
  아동, 청소년의 놀이, 여가시간 확보 및 문화 확산
  청소년들을 위한 놀이, 여가 유형 다양화 및 공간 제공
- 청소년 인성 함양을 위한 지원 강화
  청소년 언어문화 향상을 위한 노력

② 청소년 주도의 활동

  − 청소년활동 및 성장지원 체계 확신

    지역사회 기반 청소년 활동 연계 기능 강화

    청소년 주도 프로젝트 활동 활성화

    수요자 중심의 청소년 활동 인프라 재구조화

  − 청소년체험활동 활성화

    청소년문화예술활동 지원

    청소년스포츠활동 지원

  − 청소년 진로교육 지원 체계 강화

    대상별 맞춤형 진로활동 내실화

③ 청소년 자립 및 보호지원 강화

  − 청소년사회 안전망 구축

  − 대상별 맞춤형 지원

  − 청소년 유해환경 개선 및 보호지원 강화

(2) 청소년 관련 문화정책 – 교육부

교육부에서는 2014년부터 매년 '학교예술교육 활성화 기본계획'을 발표하고 있으며, '2021 학교예술교육 활성화 기본계획'을 살펴보면 보편교육으로서의 학교예술교육 강화를 목표로 내세우고 있다. 비전으로는 예술적 감수성을 토대로 공감, 소통하는 민주시민 양성이며, 추진 배경은 다음과 같다(교육부, 2021).

첫째, 역량 높은 미래인재 양성을 위해 청소년(학생)이 스스로 주도하는 예술 활동을 확대해야 한다는 것이다. 4차 산업혁명 시대가 도래하여 청소년이 살아갈 미래는 급격한 변화를 맞이하게 될 것이다. 이러한 시대를 살아가기 위해서는 청소년(학생)의 자기주도적 예술체험, 표현활동을 활성화하여 창의성, 심미적 감성 공동체 의식을 함양할 수 있도록 한다.

둘째, 코로나−19 시대를 겪어냈던 경험을 살려 학교예술교육의 확산이 필요하다. 코로나-19를 맞이하였던 지난 시간 동안에도 교육청과 교사들이 중심으로 온라인과 오프라인을 넘나들면서 학교예술교육은 지속되었다. 다양한 예술활동을 통하여 코로나-19로 인한 정서적 어려움을 겪는 학생들을 지원하고 회복탄력성을 증진시킬 필요성이 있다.

셋째, 청소년(학생)과 부모님들의 인식이 변화함에 따라 유연하게 대처할 필요성이 있다. 사회적으로 저출산이 심화되고 자녀에 대한 관심과 기대치가 증가하며 예술교육에 대한 관심도 함께 증가하는 추세이다. 청소년과 부모님의 다양한 수요를 충족시킬 수 있도록 학교, 교사, 지역사회가 협력해야 한다.

다양한 추진 배경을 바탕으로 운영된 '2021 학교예술교육 활성화 기본계획'의 정책 목표와 실행과제는 다음과 같다.

① 체험과 실기 중심의 등교, 원격수업 지원

− 학교 적합성, 활용도 높은 콘텐츠 개발 및 보급

− 등교, 원격수업 우수사례발굴 및 공유

− 대상별 맞춤형 역량강화 연수 운영

② 학생 맞춤형 예술활동 기회 확대

− 모든 학생의 예술활동 지원

− 예술심화교육 기회 확대

− 문화소외계층 학생의 예술활동 지원

③ 학교가 중심이 되는 지역연계 강화

− 학교 밖 자원의 유기적 연계

− 학교와 학생 중심의 외부 인적자원 활용

− 지역예술자원 연계, 협력 네트워크 구축

④ 지속가능한 학교예술교육 지원체계 구축

− 학교예술교육 모니터링 및 지원 내실화

− 시, 도교육청 학교예술교육 지원체계 정비

– 관계기관 협업체계 강화

(3) 청소년문화활동 프로그램

청소년활동분야에서 문화와 관련된 프로그램 중 대표적인 내용을 살펴보면, 청소년어울림마당, 청소년동아리활동, 방과후 아카데미, 청소년 프로그램 공모전 등이 있다. 청소년문화활동은 청소년활동시설에서 운영이 되고 있으며, 지자체와의 연계가 필수적이라 할 수 있다.

① 청소년동아리활동

청소년동아리활동은 [청소년활동진흥법] 제64조에서 규정하는 청소년동아리활동의 활성화에 근거하고 있으며, 청소년들이 문화, 예술, 과학, 스포츠 등의 다양한 문화활동을 통해 건강한 또래 관계를 형성하고 소질을 개발할 수 있도록 하는 데 있다.

(단위: 개)

구분	동아리 지원 수	구분	동아리 지원 수
서울	440	강원	158
부산	140	충북	77
대구	122	충남	98
인천	94	전북	115
광주	70	전남	75
대전	117	경북	162
울산	50	경남	146
세종	16	제주	84
경기	536	합계	2,500

자료: 여성가족부(2021).

② 청소년어울림마당

2004년 문화 관광부에서 지역의 공간을 활용하여 청소년들이 다양한 문화 체험의 기회를 갖고 새로운 문화를 창조할 수 있도록 하기 위해 일정 공간을 문화적 공간으로 지정하고 청소년들의 문화 체험 활동을 지원하기 위해 '청소년문화존'이라는 이름으로 시작되었다. 청소년문화존은 청소년들이 쉽게 찾아올 수 있고, 지역적, 문화적으로 의미 있는 공간을 활용하여, 기관, 단체, 지역사회에서 적극적인 협력을 통하여 체험의 기회를 제공하고자 하는 것이다. 청소년문화존은 2014년 '청소년어울림마당'으로 명칭이 변경되었지만, 청소년들의 문화활동을 활성화시키고 동시에 자발적으로 기획, 준비, 운영, 평가에 참여하여 문화적 역량을 향상시키는 데 목적을 두고 있다.

2) 청소년문화정책의 과제

청소년문화정책이 발전해 나가기 위해서는 몇 가지 거쳐야 할 과제가 있다.

① 청소년문화가 활성화될 수 있는 공간이 필요하다.

우리나라에서 청소년문화를 위한 시설로 청소년수련관, 청소년수련원, 청소년문화의 집이 지역별로 설치, 운영할 수 있도록 되어 있다. 하지만 지역마다 설치되어 있는 기관의 수도 차이가 날 뿐만 아니라 청소년이 이용하기 위한 접근성이 떨어지기도 하고, 홍보가 제대로 이루어지지 않아 청소년을 위한 공간이 있는지조차 모르는 경우도 많다. 또한 지역주민들을 위한 프로그램이 함께 운영되다 보니 청소년들이 찾아오기 꺼리는 경우도 종종 확인할 수 있다.

또한, 공간이 갖추어진 경우라도 노후되거나 안전성이 떨어지는 경우도 존재하고, 공간만 있을 뿐 전문성을 가진 청소년지도자가 없거나 다른 업무가 과중하게 있어 청소년문화 프로그램을 다양하게 개발하기 어려운 경우도 많다.

② 청소년 문화활동 참여기회를 확대해야 한다.

청소년들이 문화를 충분히 즐기고 누릴 수 있으며 창조해 나가기 위해서는 충분한 참여기회가 보장되어야 한다. 그러기 위해서는 1번에 언급된 것처럼 청소년 시설에 대한 확충과 전문 지도자 배치와 더불어 참여할 수 있는 기회의 확대가 이루어져야 할 것이다. 지역 내에서 청소년과 관련된 문화지구를 형성하여 청소년이 참여할 수 있는 주말에 상설로 참여할 수 있는 기회를 제공하거나 청소년이 참여할 수 있는 단체, 기관 등의 컨소시엄을 통하여 다양한 기회를 확대할 수 있어야 한다.

③ 청소년의 욕구가 반영된 프로그램이 다양하게 개발되어야 한다.

각 지역에서 운영하고 있는 청소년수련관과 청소년수련원, 청소년문화의 집에서 운영하고 있는 프로그램을 살펴보면, 지역적 특색을 제외하고 매우 유사한 프로그램들이 운영되고 있는 현실을 알 수 있다. 과연 청소년들이 다 비슷한 생각과 욕구를 가지고 있어서일까?

당장 나부터도 청소년 문화와 관련된 프로그램을 떠올리게 되면 댄스동아리, 노래, 미술, 체육 등 매우 보편적이고 국한된 프로그램을 구상하게 된다. 이는 청소년들의 욕구가 제대로 반영되지 않고 기성세대의 시각에서 만들어지기 때문이라는 것을 알 수 있다.

3. 청소년문화 발전을 위한 이상향

바림직한 청소년상을 언급하는 것이 과연 옳은 일인가에 대한 의문이 들 때가 있었다. 모든 청소년이 개별로 소중한 존재라고 이야기하면서 다시 틀에 가둔다는 생각을 했었다. 하지만 청소년이 바른 길로 나아갈 수 있도록 방향을 제시해 주는 것도 청소년지도자로서의 역할이라는 생각을 하게 되었다.

마찬가지로 청소년문화가 발전하기 위한 이상향에 대해 이야기하고자 한다. 청소년을 이해하고 지도하는 관점에서 어떠한 청소년문화가 바람직한지 이야기해보고자 한다.

① 스스로를 존중할 수 있는 청소년문화가 형성되어야 한다.

청소년기에 놓여 있는 청소년은 '질풍노도의 시기'를 겪고 있다고 할 만큼 신체적, 정신적, 정서적 변화가 극심한 시기이다. 또한 주변 환경, 성장의 개인차, 부모님의 관심, 경제적 여건 등의 이유로 스스로에 대해 긍정적 또는 부정적인 가치관이 형성되는 시기이기도 하다. 이러한 가치관은 청소년이 성장하는 데 있어 많은 영향을 미치는 것이 분명하기 때문에 긍정적인 가치관이 형성될 수 있도록 청소년문화의 역할이 중요할 것이다.

② 함께 하는 삶을 위한 청소년문화가 형성되어야 한다.

현대사회에서는 개인주의와 이기주의가 만연한 사회가 되어가고 있다. 이는 다시 말해 함께라는 의미를 배우기 어려워지고 다른 사람에 대한 배려나 봉사도 점차 사라진다는 것과 같다. 인간은 살아가면서 사회가 없으면 살아가기 어렵다고 언급한 것처럼 개인이 혼자서 살아가기에는 매우 어렵다. 그렇기 때문에 건강한 청소년문화 형성에는 공동체 의식 함양과 더불어 타인에 대한 봉사활동을 통해 배울 수 있는 가치관 형성이 중요할 것이다.

③ 민주주의 실현을 위한 청소년문화가 형성되어야 한다.

민주주의는 현대 사회를 살아가는 최고의 가치이다. 개인의 개성과 존엄성, 가치, 자유와 평등을 존중하는 가치관이 민주주의라고 표현할 수 있다. 다른 사람의 의견을 존중하면서도 다수결의 원칙을 따르며, 한편으로는 소수의 의견을 조금이나마 반영해주기 위해 노력하는 것이 민주주의라고 할 수 있다. 위에서 제시한 공동체 의식 함양과 더불어 민주주의 실현을 함께 이루어야 한다.

④ 우리나라에 대한 사랑과 긍지를 가질 수 있는 청소년문화가 형성되어야 한다.

언제부터인가 '헬조선', '한남', '한녀', '맘충' 등 우리나라 자체와 특정 계층을 혐오하는 단어들이 사이버상에 난무하기 시작했다. 그러한 모습을 바라보면서 한국인으로서의 정체성 없이 우리나라에 대한 미움과 특정 계층에 대한 혐오를 가지고 과연 자신의 삶이나 정보화 사회에서 살아갈 수 있을지 걱정이 되기 시작하였다. 위에 제시된 내용처럼 청소년뿐 아니라 각계각층에서 공동체 의식을 함양하고, 민주주의에 대한 인식을 다시 하는 기회를 가지며, 우리나라에 대해 다시 돌아보는 시간을 가질 수 있도록 했으면 한다.

우리나라가 가지고 있는 훌륭한 전통과 유산을 바탕으로 한국인으로서의 뿌리를 확인하고, 우리나라에 대한 자랑스러운 긍지를 가질 때, 현대사회를 주도할 수 있는 역량과 정신을 갖출 수 있다고 본다.

⑤ 건전한 성장을 위한 청소년문화가 형성되어야 한다.

과학기술이 끊임없이 발전함에 따라 우리는 끊임없이 학습하고 노력해야 하는 시대에 이르렀다. 이를 비관적으로 바라보는 것보다는 건전한 정신과 성장을 통하여 성실함에 대한 가치관을 갖추어야 할 것이다. 또한 옳은 것과 옳지 않은 것, 물질적인 것보다는 정신적인 것을 높이 평가할 수 있는 청소년문화 형성이 필요하다.

4. 청소년문화를 발전시키기 위한 제안

청소년문화는 삶의 방식을 표현하는 것을 넘어 청소년의 자아정체성 개발, 창의성 개발, 정서의 개발, 문제에 대한 해결방안을 모색하는 것 등을 향상시킬 수 있어야 한다. 그러나 우리나라의 청소년들은 충분히 청소년문화에서 이러한 능력을 향상시켜왔는지는 의문을 가지게 된다. 특히, 청소년 문화를 위한 공간을 조성해도, 관련 프로그램을 개발해도 청소년의 욕구를 반영하지 못하거나 혹은 홍보 부족으로 참여가 다소 낮은 것으로 보인다.

그렇다면 청소년문화를 활성화시키고, 청소년문화의 주체로 청소년이 주도하기 위해서는 어떤 방안이 있는지 살펴보고자 한다. 먼저, 청소년이 원하는 청소년문화 공간을 만들어 주어야 한다. 지금까지의 청소년 시설은 늘 다양한 문제로 공간을 구성한 이후 청소년 문화공간으로 명명하고 이용하도록 해왔다. 이를 탈피하기 위해서 지방자치 단체나 국가에서는 청소년 시설을 구축하고자 할 때 청소년들의 의견을 반영하는 단계가 필요하다. 위치나 층수 등의 현실적 여건은 차치하고라도 내부의 구성을 청소년이 생각하는 배치도를 설문해보는 것을 제안한다. 또한, 노후되거나 안전성이 떨어지는 시설에 대한 예산 배정과 더불어 전문성을 지닌 청소년지도자들의 배치로 다양한 프로그램과 공간 구성을 도모하도록 한다.

다음으로는 청소년문화 프로그램이 더욱 다양화되고 연계되어야 한다. 지금까지 청소년이 청소년문화 프로그램에 참여하고 싶어도 시간이 없거나 입시 위주의 교육제도 때문에 참여하지 못하는 경우가 많았다. 현재의 교육제도를 유지하면서 시간을 내어 청소년문화를 누리라고 하는 것은 청소년들에게 문화를 배우지 못하도록 하는 것과 같다. 이러한 현실을 고려하여 청소년문화 프로그램을 시간의 제약 없이 참여할 수 있거나 주말, 학교현장과 연계하여 참여할 수 있는 프로그램 등 더 다양하게 구성하고, 청소년이 참여할 수 있도록 관련 기관의 연계가 필요하다.

마지막으로 청소년의 욕구가 반영된 문화예술교육 프로그램이 필요하다. 청소년 대상 프로그램을 기획하는 데 있어 청소년의 의견이나 욕구를 반영하는 기관은 그렇게 많지 않았다. 그러나 코로나 시대를 겪으면서 다양한 온라인 공간이 생겨나고, 참여의 기회가 확장됨에 따라 청소년들이 바라는 문화예술교육 프로그램에 대한 욕구를 확인하고, 함께 기획하며, 운영할 수 있는 여건이 갖추어졌다고 생각한다. 따라서 다양한 소통 창구를 통하여 청소년의 다양하고 독특한 욕구들이 반영된 프로그램이 더 많이 생겨나길 바란다.

청소년문화는 어른의 관점에서 바라보기에는 어려운 점이 많이 있다. 그럼에도 불구하고 기성세대들은 청소년들이 문화를 누리고, 기획하고, 발전시켜나갈 수 있도록 공간과 정책 등을 지속적으로 개발해 나가야 한다. 지금까지는 기성세대들이 온전히 만들어주는 공간과 정책이었다면, 지금부터라도 조금씩 청소년이 스스로 자신들이 원하는 문화공간을 기획하고, 스스로에게 필요한 정책을 주체적으로 만들어 나갈 수 있는 사회를 만들어주는 것이 필요하다고 생각한다.

청소년활동 진흥법(약칭: 청소년활동법)

제1장 총칙

제1조(목적) 이 법은 「청소년기본법」 제47조제2항에 따라 다양한 청소년활동을 적극적으로 진흥하기 위하여 필요한 사항을 정함을 목적으로 한다.

　[전문개정 2014. 1. 21.]

제2조(정의) 이 법에서 사용하는 용어의 뜻은 다음과 같다.

　1. "청소년활동"이란 「청소년기본법」 제3조제3호에 따른 청소년활동을 말한다.

　2. "청소년활동시설"이란 청소년수련활동, 청소년교류활동, 청소년문화활동 등 청소년활동에 제공되는 시설로서 제10조에 따른 시설을 말한다.

　3. "청소년수련활동"이란 청소년이 청소년활동에 자발적으로 참여하여 청소년 시기에 필요한 기량과 품성을 함양하는 교육적 활동으로서 「청소년기본법」 제3조제7호에 따른 청소년지도자(이하 "청소년지도자"라 한다)와 함께 청소년수련거리에 참여하여 배움을 실천하는 체험활동을 말한다.

　4. "청소년교류활동"이란 청소년이 지역 간, 남북 간, 국가 간의 다양한 교류를 통하여 공동체의식 등을 함양하는 체험활동을 말한다.

　5. "청소년문화활동"이란 청소년이 예술활동, 스포츠활동, 동아리활동, 봉사활동 등을 통하여 문화적 감성과 더불어 살아가는 능력을 함양하는 체험활동을 말한다.

　6. "청소년수련거리"란 청소년수련활동에 필요한 프로그램과 이와 관련되는 사업을 말한다.

　7. "숙박형 청소년수련활동"이란 19세 미만의 청소년(19세가 되는 해의 1월 1일을 맞이한 사람은 제외한다. 이하 같다)을 대상으로 청소년이 자신의 주거지에서 떠나 제10조제1호의 청소년수련시설 또는 그 외의 다른 장소에서 숙박·야영하거나 제10조제1호의 청소년수련시설 또는 그 외의 다른 장소로 이동하면서 숙박·야영하는 청소년수련활동을 말한다.

　8. "비숙박형 청소년수련활동"이란 19세 미만의 청소년을 대상으로 제10조제1호의 청소년수련시설 또는 그 외의 다른 장소에서 실시하는 청소년수련활동으로서 실시하는 날에 끝나거나 숙박 없이 2회 이상 정기적으로 실시하는 청소년수련활동을 말한다.

　[전문개정 2014. 1. 21.]

제3조(관계 기관의 협조) ① 여성가족부장관 및 지방자치단체의 장은 학생인 청소년의 청소년활동 진흥을 위하여 필요하면 「청소년기본법」 제48조에 따라 교육부, 특별시·광역시·특별자치시·도·특별자치도 교육청 및 지역교육청(이하 "교육청"이라 한다)과 협의를 할 수 있다.

② 제1항에 따른 협의를 요청받은 관계 기관은 특별한 사유가 없으면 그 요청에 따라야 한다.

[전문개정 2014. 1. 21.]

제4조(청소년운영위원회) ① 제10조제1호의 청소년수련시설(이하 "수련시설"이라 한다)을 설치·운영하는 개인·법인·단체 및 제16조제3항에 따른 위탁운영단체(이하 "수련시설 운영단체"라 한다)는 청소년활동을 활성화하고 청소년의 참여를 보장하기 위하여 청소년으로 구성되는 청소년운영위원회를 운영하여야 한다. 〈개정 2017. 12. 12.〉

② 수련시설운영단체의 대표자는 청소년운영위원회의 의견을 수련시설 운영에 반영하여야 한다.

③ 제1항에 따른 청소년운영위원회의 구성·운영 등에 필요한 사항은 대통령령으로 정한다.

[전문개정 2014. 1. 21.]

제2장 청소년활동의 보장

제5조(청소년활동의 지원) ① 청소년은 다양한 청소년활동에 주체적이고 자발적으로 참여하여 자신의 꿈과 희망을 실현할 충분한 기회와 지원을 받아야 한다.

② 국가 및 지방자치단체는 청소년활동을 활성화하는 데 필요한 청소년활동시설, 청소년활동 프로그램, 청소년지도자 등을 위한 시책을 수립·시행하여야 한다.

③ 국가 및 지방자치단체는 개인·법인 또는 단체가 청소년활동을 지원하려는 경우에는 그에 필요한 행정적·재정적 지원을 할 수 있다.

[전문개정 2014. 1. 21.]

제6조(한국청소년활동진흥원의 설치) ①「청소년기본법」 제3조제2호에 따른 청소년육성(이하 "청소년육성"이라 한다)을 위한 다음 각 호의 사업을 하기 위하여 한국청소년활동진흥원(이하 "활동진흥원"이라 한다)을 설치한다. 〈개정 2016. 3. 2., 2017. 3. 21.〉

1. 청소년활동, 「청소년기본법」 제3조제4호에 따른 청소년복지, 같은 법 제3조제5호에 따른 청소년보호에 관한 종합적 안내 및 서비스 제공
2. 청소년육성에 필요한 정보 등의 종합적 관리 및 제공
3. 청소년수련활동 인증위원회 등 청소년수련활동 인증제도의 운영
4. 청소년 자원봉사활동의 활성화
5. 청소년활동 프로그램의 개발과 보급
6. 국가가 설치하는 수련시설의 유지·관리 및 운영업무의 수탁
7. 국가 및 지방자치단체가 개발한 주요 청소년수련거리의 시범운영
8. 청소년활동시설이 실시하는 국제교류 및 협력사업에 대한 지원
9. 청소년지도자의 연수

9의2. 제9조의2에 따른 숙박형등 청소년수련활동 계획의 신고 지원에 대한 컨설팅 및 교육

10. 제18조의3에 따른 수련시설 종합 안전ㆍ위생점검에 대한 지원

11. 수련시설의 안전에 관한 컨설팅 및 홍보

11의2. 제18조의2에 따른 안전교육의 지원

12. 그 밖에 여성가족부장관이 지정하거나 활동진흥원의 목적을 수행하기 위하여 필요한 사업

② 활동진흥원은 법인으로 한다.

③ 활동진흥원은 그 주된 사무소의 소재지에서 설립등기를 함으로써 성립한다.

　[전문개정 2014. 1. 21.]

제6조의2(정관) 활동진흥원의 정관에는 다음 각 호의 사항이 포함되어야 한다.

1. 목적

2. 명칭

3. 주된 사무소의 소재지

4. 사업에 관한 사항

5. 임원 및 직원에 관한 사항

6. 이사회에 관한 사항

7. 재산 및 회계에 관한 사항

8. 정관의 변경에 관한 사항

[본조신설 2010. 5. 17.]

제6조의3(임원) ① 활동진흥원에 이사장을 포함한 15명 이내의 이사와 감사 1명을 둔다.

② 이사장은 「공공기관의 운영에 관한 법률」 제29조에 따른 임원추천위원회(이하 "임원추천위원회"라 한다)가 복수로 추천한 사람 중에서 여성가족부장관이 임명한다.

③ 상임이사는 활동진흥원 이사장이 임명한다.

④ 비상임이사(활동진흥원의 정관에 따라 당연히 비상임이사로 선임되는 사람은 제외한다)는 여성가족부장관이 임명한다.

⑤ 감사는 임원추천위원회가 복수로 추천하여 「공공기관의 운영에 관한 법률」 제8조에 따른 공공기관운영위원회의 심의ㆍ의결을 거친 사람 중에서 기획재정부장관이 임명한다.

⑥ 이사장의 임기는 3년, 이사와 감사의 임기는 각각 2년으로 하되, 1년을 단위로 연임할 수 있다.

[본조신설 2010. 5. 17.]

제6조의4(사업계획서 등의 제출) ① 활동진흥원은 대통령령으로 정하는 바에 따라 사업계획서 및 예산서를 작성하여 매 사업연도 시작 전까지 여성가족부장관에게 제출하여야 한다.

② 활동진흥원은 회계연도가 종료된 때에는 지체 없이 그 회계연도의 결산서를 작성하고

감사원규칙에서 정하는 바에 따라 공인회계사나 회계법인을 선정하여 회계감사를 받아 매 회계연도 종료 후 2개월 이내에 여성가족부장관에게 제출하여야 한다.

[본조신설 2010. 5. 17.]

제6조의5(자료의 요청 등) ① 활동진흥원은 제6조제1항제2호의 사업을 수행하기 위하여 필요할 때에는 공공기관 등에 대하여 간행물이나 자료의 제공을 요청할 수 있다. 이 경우 상당한 대가를 지급하여야 한다.

② 활동진흥원은 제1항에 따라 제공된 간행물이나 자료를 제공받은 목적 외의 용도로 사용하여서는 아니 된다.

③ 제6조제1항제2호의 사업에 종사하는 임직원 및 임직원이었던 사람은 직무상 알게 된 비밀을 누설하여서는 아니 된다.

[전문개정 2014. 1. 21.]

제6조의6(보조 및 출연 등) ① 정부는 예산의 범위에서 활동진흥원의 사업 및 운영에 드는 경비의 전부 또는 일부를 출연(出捐)하거나 보조할 수 있다. 〈개정 2020. 5. 19.〉

② 개인·법인 또는 단체는 활동진흥원의 사업 또는 운영을 지원하기 위하여 금전이나 그 밖의 재산을 출연 또는 기부할 수 있다. 〈개정 2020. 5. 19.〉

[본조신설 2010. 5. 17.]

[제목개정 2020. 5. 19.]

제6조의7(「민법」의 준용) 활동진흥원에 관하여 이 법과 「공공기관의 운영에 관한 법률」에서 정한 사항 외에는 「민법」 중 재단법인에 관한 규정을 준용한다.

[본조신설 2010. 5. 17.]

제6조의8(유사명칭의 사용금지) 이 법에 따른 활동진흥원이 아닌 자는 한국청소년활동진흥원 또는 이와 유사한 명칭을 사용하지 못한다.

[본조신설 2010. 5. 17.]

제6조의9(벌칙 적용 시의 공무원 의제) 제6조제1항제2호의 사업에 종사하는 사람은 「형법」 제129조부터 제132조까지의 규정에 따른 벌칙을 적용할 때에는 공무원으로 본다.

[전문개정 2014. 1. 21.]

제7조(지방청소년활동진흥센터의 설치 등) ① 특별시·광역시·특별자치시·도·특별자치도 (이하 "시·도"라 한다) 및 시·군·구(자치구를 말한다. 이하 같다)는 해당 지역의 청소년 활동을 진흥하기 위하여 지방청소년활동진흥센터를 설치·운영할 수 있다.

② 제1항에 따른 지방청소년활동진흥센터(이하 "지방청소년활동진흥센터"라 한다)는 다음 각 호의 사업을 수행한다.

1. 지역 청소년활동의 요구에 관한 조사

2. 지역 청소년 자원봉사활동의 활성화

3. 청소년수련활동 인증제도의 지원

4. 인증받은 청소년수련활동의 홍보와 지원

5. 청소년활동 프로그램의 개발과 보급

6. 청소년활동에 대한 교육과 홍보

7. 제9조의2에 따른 숙박형등 청소년수련활동 계획의 신고에 대한 지원

8. 제9조의4에 따른 정보공개에 대한 지원

9. 그 밖에 청소년활동을 위하여 필요한 사업

③ 지방청소년활동진흥센터는 제2항에 따른 사업을 수행하는 경우 활동진흥원과 연계·협력한다.

④ 국가 및 지방자치단체는 예산의 범위에서 지방청소년활동진흥센터의 운영에 필요한 경비의 전부 또는 일부를 지원할 수 있다.

[전문개정 2014. 1. 21.]

제8조(청소년활동 정보의 제공 등) ① 활동진흥원과 지방청소년활동진흥센터는 청소년의 요구를 수용하여 청소년의 발달단계와 여건에 맞는 프로그램과 정보를 상시 안내하고 제공하여야 한다.

② 활동진흥원과 지방청소년활동진흥센터는 제1항에 따른 사업을 시행하기 위하여 해당 지역 청소년의 활동 요구를 정기적으로 조사하고, 그 결과를 그 지역의 청소년활동시설과 「청소년기본법」 제3조제8호에 따른 청소년단체(이하 "청소년단체"라 한다)에 제공하여야 한다.

[전문개정 2014. 1. 21.]

제9조(학교와의 협력 등) ① 활동진흥원과 지방청소년활동진흥센터는 「청소년기본법」 제48조에 따라 학교 및 평생교육시설과의 협력체제를 구축하여야 한다.

② 활동진흥원과 지방청소년활동진흥센터는 해당 지역 각급학교 및 평생교육시설에서 필요로 하는 청소년활동 관련 사항을 지원할 수 있다.

③ 활동진흥원과 지방청소년활동진흥센터는 제2항에 따라 매년 1회 이상 상호 협의하여 청소년수련거리를 개발하고, 해당 지역의 수련시설에 이를 보급하여야 한다.

④ 활동진흥원과 지방청소년활동진흥센터는 학생인 청소년을 위한 청소년수련거리를 개발할 때 필요하면 교육청 및 각급학교에 관련 자료를 요청할 수 있다. 이 경우 관계 기관은 특별한 사유가 없으면 그 요청에 적극 협조하여야 한다.

[전문개정 2014. 1. 21.]

제9조의2(숙박형등 청소년수련활동 계획의 신고) ① 숙박형 청소년수련활동 및 비숙박형 청소년수련활동(이하 "숙박형등 청소년수련활동"이라 한다)을 주최하려는 자는 여성가족부령으로 정하는 절차와 방법에 따라 특별자치시장·특별자치도지사·시장·군수·구청장(자

치구의 구청장을 말한다. 이하 같다)에게 그 계획을 신고하여야 한다. 다만, 다음 각 호의 경우는 제외한다.

1. 다른 법률에서 지도·감독 등을 받는 비영리 법인 또는 비영리 단체가 운영하는 경우
2. 청소년이 부모 등 보호자와 함께 참여하는 경우
3. 종교단체가 운영하는 경우
4. 비숙박형 청소년수련활동 중 제36조제2항에 따라 인증을 받아야하는 활동이 아닌 경우

② 특별자치시장·특별자치도지사·시장·군수·구청장은 제1항에 따른 신고를 받은 날부터 14일 이내에 신고수리 여부를 신고인에게 통지하여야 한다. 〈신설 2018. 3. 13.〉

③ 특별자치시장·특별자치도지사·시장·군수·구청장이 제2항에서 정한 기간 내에 신고수리 여부 또는 민원 처리 관련 법령에 따른 처리기간의 연장을 신고인에게 통지하지 아니하면 그 기간(민원 처리 관련 법령에 따라 처리기간이 연장 또는 재연장된 경우에는 해당 처리기간을 말한다)이 끝난 날의 다음 날에 신고를 수리한 것으로 본다. 〈신설 2018. 3. 13.〉

④ 숙박형등 청소년수련활동을 주최하려는 자는 제1항에 따른 신고가 수리되기 전에는 모집활동을 하여서는 아니 된다. 〈개정 2018. 3. 13.〉

⑤ 특별자치시장·특별자치도지사·시장·군수·구청장은 다음 각 호의 어느 하나에 해당하는 사람이 숙박형등 청소년수련활동을 운영 또는 보조하려는 경우에는 신고를 수리하여서는 아니 된다. 〈개정 2018. 3. 13.〉

1. 「아동복지법」 제17조 위반에 따른 같은 법 제71조제1항의 죄, 「성폭력범죄의 처벌 등에 관한 특례법」 제2조에 따른 성폭력범죄 또는 「아동·청소년의 성보호에 관한 법률」 제2조제2호에 따른 아동·청소년대상 성범죄를 범하여 형 또는 치료감호를 선고받고 그 형 또는 치료감호의 전부 또는 일부의 집행이 끝나거나 집행이 유예·면제된 날부터 10년이 지나지 아니한 사람
2. 「청소년기본법」 제21조제3항에 따라 청소년지도사가 될 수 없는 사람

⑥ 특별자치시장·특별자치도지사·시장·군수·구청장은 관계 기관의 장에게 제5항에 따른 범죄경력 등을 확인하기 위한 자료의 제공을 요청할 수 있다. 이 경우 관계 기관의 장은 정당한 사유가 없으면 그 요청에 따라야 한다. 〈개정 2018. 3. 13.〉

⑦ 특별자치시장·특별자치도지사·시장·군수·구청장은 숙박형등 청소년수련활동 계획의 신고를 수리한 때에는 그 계획을 여성가족부장관에게 통보하여야 한다. 〈개정 2018. 3. 13.〉

⑧ 여성가족부장관은 제7항에 따라 통보받은 숙박형등 청소년수련활동 계획에 보완이 필요하다고 인정될 때에는 그 계획을 통보한 특별자치시장·특별자치도지사·시장·군수

·구청장에게 보완사항을 통보하여야 한다. 〈개정 2018. 3. 13.〉

⑨ 제8항에 따라 보완사항을 통보받은 특별자치시장·특별자치도지사·시장·군수·구청장은 그 내용을 숙박형등 청소년수련활동 주최자에게 통보하여야 한다. 〈개정 2018. 3. 13.〉

[전문개정 2014. 1. 21.]

제9조의3(건강상태 확인 및 의료조치 의무 등) ① 제9조의2에 따라 신고를 한 자(이하 "신고자"라 한다)는 여성가족부령으로 정하는 방법에 따라 해당 청소년활동에 참가하려는 청소년의 건강상태를 확인하여야 한다. 이 경우 해당 청소년활동에 참가하려는 청소년 및 보호자(친권자, 법정대리인 또는 사실상 청소년을 양육하는 사람을 말한다. 이하 같다)가 해당 청소년의 건강상태를 서면으로 보증한 때에는 신고자가 건강상태를 확인한 것으로 본다.

② 신고자는 해당 청소년활동에 참가하는 청소년에게 질병·사고 또는 재해 등으로 인하여 의료조치가 필요하거나 참가자가 요청할 경우 다음 각 호의 시설에서 신속하고 적정한 치료를 받도록 하여야 한다.

1. 「응급의료에 관한 법률」 제2조제5호에 따른 응급의료기관

2. 「의료법」 제3조에 따른 의료기관

3. 「약사법」 제2조제3호에 따른 약국

[본조신설 2013. 5. 28.]

제9조의4(숙박형등 청소년수련활동 관련 정보의 공개) ① 특별자치시장·특별자치도지사·시장·군수·구청장은 제9조의2에 따라 숙박형등 청소년수련활동 계획의 신고를 수리한 경우에는 여성가족부령으로 정하는 절차와 방법에 따라 해당 내용을 인터넷 홈페이지 등을 이용하여 공개하여야 한다.

② 여성가족부장관은 제1항에 따른 공개를 위하여 온라인 종합정보제공시스템을 구축·운영하여야 한다.

③ 여성가족부장관은 제2항에 따른 종합정보제공시스템의 운영을 활동진흥원에 위탁할 수 있다.

[전문개정 2014. 1. 21.]

제9조의5(숙박형등 청소년수련활동 관련 정보의 표시·고지) 제9조의2에 따라 숙박형등 청소년수련활동 계획의 신고가 수리된 자는 모집활동 및 계약을 할 경우 여성가족부령으로 정하는 바에 따라 다음 각 호의 사항을 표시하고 고지하여야 한다.

1. 제36조에 따라 인증을 받은 청소년수련활동인지 여부

2. 이 법 또는 다른 법률에 따른 안전관리 기준의 충족 여부

3. 제25조에 따른 보험 등 관련 보험의 가입 여부 및 보험의 종류와 약관

[본조신설 2014. 1. 21.]

제9조의6(숙박형등 청소년수련활동의 제한) 이 법 또는 다른 법률에 따라 신고 · 등록 · 인가 · 허가를 받지 아니한 단체 및 개인은 숙박형 청소년수련활동, 비숙박형 청소년수련활동 중 제36조제2항에 따라 참가 인원이 일정 규모 이상이거나 위험도가 높은 청소년수련활동을 하여서는 아니 된다. 다만, 청소년이 부모 등 보호자와 함께 참여하는 경우 또는 종교단체 가 운영하는 경우에는 그러하지 아니하다.

[본조신설 2014. 1. 21.]

제9조의7(관계 기관과의 협력) ① 특별자치시장 · 특별자치도지사 · 시장 · 군수 · 구청장은 제9 조의2에 따라 숙박형등 청소년수련활동 계획의 신고를 수리한 후 필요할 경우에는 그 사실 을 관계 기관에 알려 필요한 조치를 요청하여야 한다.

② 제1항에 따라 요청을 받은 관계 기관은 특별한 사정이 없으면 다음 각 호의 조치를 위 한 준비를 하여야 한다. 〈개정 2014. 5. 20.〉

1. 내수면, 해수면 등에서 이루어지는 청소년수련활동인 경우 「수상레저안전법」 제45조 에 따른 안전점검

2. 제36조제2항 본문에 따른 청소년수련활동인 경우 「119구조 · 구급에 관한 법률」 제3 조에 따른 구조 · 구급활동

3. 제9조의2에 따라 신고 수리된 숙박형등 청소년수련활동인 경우 「경찰관 직무집행법」 제4조 및 제5조에 따른 보호조치 등과 위험발생의 방지

4. 그 밖에 다른 법률에서 정하는 안전에 관련한 조치

[본조신설 2014. 1. 21.]

제9조의7(관계 기관과의 협력) ① 특별자치시장 · 특별자치도지사 · 시장 · 군수 · 구청장은 제9 조의2에 따라 숙박형등 청소년수련활동 계획의 신고를 수리한 후 필요할 경우에는 그 사실 을 관계 기관에 알려 필요한 조치를 요청하여야 한다.

② 제1항에 따라 요청을 받은 관계 기관은 특별한 사정이 없으면 다음 각 호의 조치를 위 한 준비를 하여야 한다. 〈개정 2014. 5. 20., 2022. 6. 10.〉

1. 내수면, 해수면 등에서 이루어지는 청소년수련활동인 경우 「수상레저안전법」 제43조 에 따른 안전점검

2. 제36조제2항 본문에 따른 청소년수련활동인 경우 「119구조 · 구급에 관한 법률」 제3 조에 따른 구조 · 구급활동

3. 제9조의2에 따라 신고 수리된 숙박형등 청소년수련활동인 경우 「경찰관 직무집행법」 제4조 및 제5조에 따른 보호조치 등과 위험발생의 방지

4. 그 밖에 다른 법률에서 정하는 안전에 관련한 조치

[본조신설 2014. 1. 21.]

[시행일: 2023. 6. 11.] 제9조의7

제3장 청소년활동시설

제10조(청소년활동시설의 종류) 청소년활동시설의 종류는 다음 각 호와 같다.

1. 청소년수련시설

　가. 청소년수련관: 다양한 청소년수련거리를 실시할 수 있는 각종 시설 및 설비를 갖춘 종합수련시설

　나. 청소년수련원: 숙박기능을 갖춘 생활관과 다양한 청소년수련거리를 실시할 수 있는 각종 시설과 설비를 갖춘 종합수련시설

　다. 청소년문화의 집: 간단한 청소년수련활동을 실시할 수 있는 시설 및 설비를 갖춘 정보·문화·예술 중심의 수련시설

　라. 청소년특화시설: 청소년의 직업체험, 문화예술, 과학정보, 환경 등 특정 목적의 청소년활동을 전문적으로 실시할 수 있는 시설과 설비를 갖춘 수련시설

　마. 청소년야영장: 야영에 적합한 시설 및 설비를 갖추고, 청소년수련거리 또는 야영편의를 제공하는 수련시설

　바. 유스호스텔: 청소년의 숙박 및 체류에 적합한 시설·설비와 부대·편익시설을 갖추고, 숙식편의 제공, 여행청소년의 활동지원(청소년수련활동 지원은 제11조에 따라 허가된 시설·설비의 범위에 한정한다)을 기능으로 하는 시설

2. 청소년이용시설: 수련시설이 아닌 시설로서 그 설치 목적의 범위에서 청소년활동의 실시와 청소년의 건전한 이용 등에 제공할 수 있는 시설

[전문개정 2014. 1. 21.]

제11조(수련시설의 설치·운영 등) ① 국가 및 지방자치단체는 「청소년기본법」 제18조제1항에 따라 다음 각 호와 같은 수련시설을 설치·운영하여야 한다.

1. 국가는 둘 이상의 시·도 또는 전국의 청소년이 이용할 수 있는 국립청소년수련시설을 설치·운영하여야 한다.

2. 특별시장·광역시장·특별자치시장·도지사·특별자치도지사(이하 "시·도지사"라 한다) 및 시장·군수·구청장은 각각 제10조제1호가목에 따른 청소년수련관을 1개소 이상 설치·운영하여야 한다.

3. 시·도지사 및 시장·군수·구청장은 읍·면·동에 제10조제1호다목에 따른 청소년문화의 집을 1개소 이상 설치·운영하여야 한다.

4. 시·도지사 및 시장·군수·구청장은 제10조제1호라목부터 바목까지의 규정에 따른 청소년특화시설·청소년야영장 및 유스호스텔을 설치·운영할 수 있다.

② 국가는 제1항제2호부터 제4호까지의 규정에 따른 수련시설의 설치·운영 경비의 전부 또는 일부를 예산의 범위에서 보조할 수 있다.

③ 수련시설을 설치·운영하려는 개인·법인 또는 단체는 특별자치시장·특별자치도지사·시장·군수·구청장의 허가를 받아야 한다. 허가받은 사항 중 대규모의 부지 변경, 건축 연면적의 증감 등 대통령령으로 정하는 중요 사항을 변경하려는 경우에도 또한 같다.

④ 국가 또는 지방자치단체는 제3항에 따른 허가를 받아 수련시설을 설치·운영하는 자(이하 "수련시설 설치·운영자"라 한다)에게 예산의 범위에서 그 설치 및 운영에 필요한 경비의 일부를 보조할 수 있다.

[전문개정 2014. 1. 21.]

제12조(수련시설의 허가 요건) ① 제11조제3항에 따라 수련시설의 허가를 받으려는 자는 다음 각 호의 요건을 모두 갖추어야 한다.

1. 제17조·제18조 및 제19조에 따른 시설기준·안전기준 및 운영기준에 적합할 것
2. 해당 시설의 설치·운영에 필요한 자금을 조달할 능력이 있을 것
3. 해당 시설의 설치에 필요한 부동산을 소유하거나 사용할 수 있는 권한이 있을 것
4. 그 밖에 여성가족부령으로 정하는 기준에 적합할 것

② 특별자치시장·특별자치도지사·시장·군수·구청장은 제11조제3항에 따라 수련시설을 허가할 때 그 시설이 제1항에 따른 허가 요건 중 여성가족부령으로 정하는 경미한 사항을 충족하지 못한 경우에는 일정한 기간을 정하여 이를 보완할 것을 조건으로 허가할 수 있다.

[전문개정 2014. 1. 21.]

제13조(수련시설의 등록) ① 수련시설을 운영하려는 자는 이를 운영하기 전에 그 시설의 소재지를 관할하는 특별자치시장·특별자치도지사·시장·군수·구청장에게 등록하여야 한다. 등록한 사항 중 여성가족부령으로 정하는 중요 사항을 변경하려는 경우에도 또한 같다. 〈개정 2014. 1. 21.〉

② 삭제 〈2007. 7. 27.〉

③ 제1항에 따른 등록 등에 필요한 사항은 대통령령으로 정한다. 〈개정 2014. 1. 21.〉

제14조(수련시설의 운영대표자) ① 수련시설 설치·운영자 또는 제16조에 따른 위탁운영단체는 대통령령으로 정하는 자격을 갖춘 사람을 그 수련시설의 운영대표자로 선임하여야 한다. 다만, 대통령령으로 정하는 수련시설에 대해서는 운영대표자를 선임하지 아니할 수 있다.

② 제1항에도 불구하고 수련시설을 설치·운영하는 개인·법인 또는 단체의 대표자(이하 "수련시설의 대표자"라 한다) 또는 제16조에 따른 위탁운영단체의 대표자가 제1항에 따른 운영대표자의 자격을 갖춘 경우에는 운영대표자가 될 수 있다.

③ 국가 및 지방자치단체는 제1항 및 제2항에 따른 운영대표자에 대하여 대통령령으로 정하는 바에 따라 연수를 실시할 수 있다.

[전문개정 2014. 1. 21.]

제15조(결격사유) 다음 각 호의 어느 하나에 해당하는 사람은 수련시설의 대표자(법인의 경우에는 임원을 포함한다) 또는 운영대표자가 될 수 없다.

1. 미성년자·피성년후견인 또는 피한정후견인

2. 파산선고를 받고 복권되지 아니한 사람

3. 금고 이상의 형을 선고받고 그 집행이 끝나거나 집행을 받지 아니하기로 확정된 후 2년이 지나지 아니한 사람

4. 금고 이상의 형의 집행유예를 선고받고 그 유예기간 중에 있는 사람

5. 법원의 판결 또는 법률에 따라 자격이 상실되거나 정지된 사람

6. 제22조에 따라 허가 또는 등록이 취소된 수련시설의 대표자로서 허가 또는 등록이 취소된 날부터 2년이 지나지 아니한 사람

[전문개정 2014. 1. 21.]

제16조(수련시설 운영의 위탁) ① 국가 또는 지방자치단체, 제11조제3항에 따라 허가를 받은 수련시설 설치·운영자는 수련시설의 효율적 운영을 위하여 청소년단체에 그 운영을 위탁할 수 있다.

② 제1항에 따라 수련시설의 운영을 위탁할 때에는 위탁 업무의 내용, 위탁 계약의 기간·조건·해지 등에 관한 사항이 포함된 위탁계약서를 작성하여야 한다. 〈신설 2017. 12. 12.〉

③ 국가 또는 지방자치단체는 제1항에 따라 수련시설의 운영을 위탁받은 청소년단체(이하 "위탁운영단체"라 한다)에 예산의 범위에서 그 위탁된 수련시설의 운영에 필요한 경비를 지원할 수 있다. 〈개정 2017. 12. 12.〉

④ 위탁운영단체 및 그 대표자와 임원에 관하여는 제14조 및 제15조를 준용한다. 〈개정 2017. 12. 12.〉

[전문개정 2014. 1. 21.]

제16조의2(수련시설 운영 위탁계약의 해지) ① 국가 또는 지방자치단체는 위탁운영단체가 다음 각 호의 어느 하나에 해당하는 경우에는 위탁계약을 해지할 수 있다. 다만, 제1호에 해당하는 경우에는 위탁계약을 해지하여야 한다.

1. 거짓이나 그 밖의 부정한 방법으로 위탁계약을 체결한 경우

2. 제16조제3항에 따라 지원받은 경비를 목적 외로 사용한 경우

3. 제18조의3제1항에 따른 종합 안전·위생점검 또는 제19조의2제1항에 따른 종합평가를 정당한 사유 없이 거부·방해 또는 기피한 경우

4. 고의 또는 중대한 과실로 제20조의2제1항 각 호의 어느 하나에 해당하는 사유가 발생한 경우

② 국가 또는 지방자치단체와 위탁운영단체는 위탁계약으로 정하는 바에 따라 계약을 해

지할 수 있다.

③ 국가 또는 지방자치단체는 제1항 또는 제2항에 따라 위탁계약을 해지하려면 해당 위탁운영단체에 의견진술의 기회를 주어야 한다.

④ 국가 또는 지방자치단체는 제1항에 따라 위탁계약이 해지된 위탁운영단체에 그 해지된 날부터 2년 동안 해당 수련시설의 운영을 위탁하여서는 아니 된다.

[본조신설 2017. 12. 12.]

제17조(수련시설의 시설기준) ① 수련시설은 청소년이 다양한 활동을 통하여 기량과 품성을 함양하는 데 적합한 시설·설비를 갖추어야 한다.

② 수련시설의 종류별 시설기준에 관하여 필요한 사항은 여성가족부령으로 정한다. 〈개정 2005. 3. 24., 2007. 7. 27., 2008. 2. 29., 2010. 1. 18.〉

제18조(수련시설의 안전점검 등) ① 수련시설의 운영대표자는 시설에 대하여 정기 안전점검 및 수시 안전점검을 실시하여야 한다.

② 수련시설의 운영대표자는 제1항에 따라 정기 안전점검 및 수시 안전점검을 실시한 후 그 결과를 특별자치시장·특별자치도지사·시장·군수·구청장에게 제출하여야 한다.

③ 제2항에 따른 결과를 받은 특별자치시장·특별자치도지사·시장·군수·구청장은 필요한 경우 수련시설의 운영대표자에게 시설의 보완 또는 개수(改修)·보수(補修)를 요구할 수 있다. 이 경우 수련시설의 운영대표자는 그 요구에 따라야 한다.

④ 국가 또는 지방자치단체는 예산의 범위에서 제1항부터 제3항까지의 규정에 따른 안전점검이나 시설의 보완 및 개수·보수에 드는 비용의 전부 또는 일부를 보조할 수 있다.

⑤ 제1항 및 제2항에 따른 정기 안전점검 및 수시 안전점검을 받아야 하는 시설의 범위·시기, 안전점검기관, 안전점검 절차 및 안전기준은 대통령령으로 정한다.

[전문개정 2014. 1. 21.]

제18조의2(안전교육) 수련시설 설치·운영자 또는 위탁운영단체는 수련시설의 이용자에게 여성가족부령으로 정하는 바에 따라 해당 수련시설의 이용 및 청소년수련활동에 관한 안전교육을 실시하여야 한다.

[본조신설 2014. 1. 21.]

[종전 제18조의2는 제18조의3으로 이동 〈2014. 1. 21.〉]

제18조의3(감독기관의 종합 안전·위생점검) ① 여성가족부장관 또는 특별자치시장·특별자치도지사·시장·군수·구청장은 수련시설의 안전과 위생관리를 위하여 정기적으로 수련시설에 대한 종합 안전·위생점검을 실시하고 그 결과를 공개하여야 한다. 〈개정 2015. 2. 3., 2017. 3. 21.〉

② 여성가족부장관 또는 특별자치시장·특별자치도지사·시장·군수·구청장은 제1항에 따른 종합 안전·위생점검을 실시하려면 미리 수련시설의 운영대표자에게 그 종합 안전

· 위생점검의 절차, 방법 및 기간을 통보하여야 한다. 〈신설 2017. 12. 12.〉

③ 여성가족부장관 또는 특별자치시장·특별자치도지사·시장·군수·구청장은 제2항에 따른 통보를 할 때 또는 그 통보 후에 수련시설의 운영대표자에게 제1항에 따른 종합 안전·위생점검에 필요한 자료의 제출을 요구할 수 있다. 이 경우 수련시설의 운영대표자는 정당한 사유가 없으면 그 요구에 따라야 한다. 〈신설 2017. 12. 12.〉

④ 국가 및 지방자치단체는 제1항에 따른 종합 안전·위생점검 결과에 따라 수련시설의 운영대표자에게 시설의 보완 또는 개수·보수, 위생상태의 개선을 요구할 수 있다. 이 경우 운영대표자는 특별한 사정이 없으면 그 요구에 따라야 한다. 〈개정 2017. 3. 21., 2017. 12. 12.〉

⑤ 제1항에 따른 종합 안전·위생점검의 주기, 절차, 방법 및 점검결과의 공개 등에 필요한 사항은 대통령령으로 정한다. 〈개정 2015. 2. 3., 2017. 3. 21., 2017. 12. 12.〉

[전문개정 2014. 1. 21.]

[제목개정 2017. 3. 21.]

[제18조의2에서 이동 〈2014. 1. 21.〉]

제18조의4(수련시설의 종사자 등에 대한 안전교육) ① 여성가족부장관은 수련시설의 운영대표자 및 종사자의 안전관리 역량을 강화하고 수련시설에서의 안전사고를 예방하기 위하여 수련시설의 운영대표자와 그 종사자를 대상으로 안전교육을 실시할 수 있다.

② 제1항에 따른 안전교육의 내용·방법·횟수 등에 필요한 사항은 여성가족부령으로 정한다.

[본조신설 2016. 3. 2.]

제19조(수련시설의 운영기준) ① 수련시설의 운영대표자는 그 종사자에 대하여 연 1회 이상 수련시설의 운영·안전·위생 등에 관한 교육을 실시하여야 한다.

② 수련시설의 운영대표자는 제1항에 따라 교육을 실시한 후 그 결과를 여성가족부장관 및 특별자치시장·특별자치도지사·시장·군수·구청장에게 제출하여야 한다.

③ 수련시설의 청소년수련거리 운영, 생활지도, 시설의 관리 및 운영, 종사자교육 등 운영기준은 수련시설 종류별로 여성가족부령으로 정한다.

[전문개정 2014. 1. 21.]

제19조의2(수련시설의 종합평가 등) ① 여성가족부장관은 수련시설의 전문성 강화와 운영의 개선 등을 위하여 시설 운영 및 관리 체계, 활동프로그램 운영 등 수련시설 전반에 대한 종합평가를 정기적으로 실시하고 그 결과를 공개하여야 한다.

② 여성가족부장관은 제1항에 따른 종합평가를 실시하려면 미리 수련시설의 운영대표자에게 그 종합평가의 절차, 방법 및 기간을 통보하여야 한다. 〈신설 2017. 12. 12.〉

③ 여성가족부장관은 제2항에 따른 통보를 할 때 또는 그 통보 후에 수련시설의 운영대표자에게 제1항에 따른 종합평가에 필요한 자료의 제출을 요구할 수 있다. 이 경우 수련시설의 대표자는 정당한 사유가 없으면 그 요구에 따라야 한다. 〈신설 2017. 12. 12.〉

④ 국가 및 지방자치단체는 제1항에 따른 종합평가의 결과 우수한 수련시설에 대하여 포상 등을 실시할 수 있다. 〈개정 2017. 12. 12.〉

⑤ 여성가족부장관은 제1항에 따른 종합평가의 결과에 따라 수련시설의 운영대표자에게 미흡사항에 대한 개선이나 그 밖의 필요한 조치를 하도록 요구할 수 있다. 〈개정 2017. 12. 12.〉

⑥ 여성가족부장관은 제1항에 따른 종합평가의 결과를 교육부장관 등 관계 기관의 장에게 알려야 한다. 〈개정 2017. 12. 12.〉

⑦ 제1항에 따른 종합평가의 주기·방법·절차 및 평가결과의 공개 등에 필요한 사항은 여성가족부령으로 정한다. 〈개정 2017. 12. 12.〉

[본조신설 2014. 1. 21.]

제20조(시정명령) 특별자치시장·특별자치도지사·시장·군수·구청장은 수련시설 설치·운영자 또는 위탁운영단체가 다음 각 호의 어느 하나에 해당하는 경우 그 시정을 명할 수 있다.

1. 제17조의 시설기준을 위반한 경우
2. 제18조의 안전기준을 위반한 경우
3. 제18조의3제4항에 따른 시설의 보완 또는 개수·보수, 위생상태의 개선 요구에 따르지 아니한 경우
4. 제19조의 운영기준을 위반한 경우
5. 제19조의2제5항에 따른 미흡사항에 대한 개선이나 그 밖의 조치 요구에 따르지 아니한 경우

[전문개정 2020. 5. 19.]

제20조의2(운영 중지 명령) ① 특별자치시장·특별자치도지사·시장·군수·구청장은 수련시설의 운영 또는 청소년활동 중에 다음 각 호의 어느 하나에 해당하는 사유가 발생한 경우에는 수련시설 설치·운영자 또는 위탁운영단체, 숙박형등 청소년수련활동 주최자에게 3개월 이내의 기간을 정하여 시설 운영 또는 활동의 중지를 명할 수 있다.

1. 시설이 붕괴되거나 붕괴할 우려가 있는 등 안전 확보가 현저히 미흡한 경우
2. 숙박형등 청소년수련활동의 실시 중 참가자 또는 이용자의 생명 또는 신체에 심각한 피해를 입히는 사고가 발생한 경우
3. 「성폭력범죄의 처벌 등에 관한 특례법」 제2조의 성폭력범죄 또는 「아동·청소년의 성보호에 관한 법률」 제2조제2호 및 제3호의 아동·청소년대상 성범죄 및 아동·청소년

대상 성폭력범죄가 발생한 경우

4. 「아동복지법」 제17조의 금지행위가 발생한 경우

② 제1항에 따른 행정처분의 자세한 기준은 그 위반행위의 유형과 정도 등을 고려하여 여성가족부령으로 정한다.

[본조신설 2014. 1. 21.]

제21조(금지행위) 수련시설 설치·운영자 또는 위탁운영단체는 다음 각 호의 행위를 하여서는 아니 된다.

1. 정당한 사유 없이 청소년의 수련시설 이용을 제한하는 행위

2. 청소년활동이 아닌 용도로 수련시설을 이용하는 행위. 다만, 대통령령으로 정하는 용도로 이용하는 경우는 제외한다.

3. 청소년단체가 아닌 자에게 수련시설을 위탁하여 운영하게 하는 행위

[전문개정 2014. 1. 21.]

제22조(허가 또는 등록의 취소) 특별자치시장·특별자치도지사·시장·군수·구청장은 수련시설 설치·운영자가 다음 각 호의 어느 하나에 해당하는 경우에는 그 수련시설의 허가 또는 는 등록을 취소할 수 있다. 다만, 제1호 또는 제2호에 해당하는 경우에는 허가 또는 등록을 취소하여야 한다. 〈개정 2016. 5. 29.〉

1. 거짓이나 그 밖의 부정한 방법으로 허가를 받거나 등록을 한 경우

2. 최근 2년 이내에 제72조제2항제8호에 따른 과태료처분을 2회 이상 받고 다시 같은 호에 따른 위반행위를 한 경우

3. 정당한 사유 없이 수련시설의 허가를 받거나 등록을 한 후 1년 이내에 그 수련시설의 설치 착수 또는 운영을 시작하지 아니하거나 특별자치시장·특별자치도지사·시장·군수·구청장이 정하는 기간에 수련시설의 등록을 하지 아니한 경우

4. 고의 또는 중대한 과실로 제20조의2제1항 각 호의 사유가 발생한 경우

5. 제19조의2에 따른 종합평가에서 가장 낮은 등급을 연속하여 3회 이상 받은 경우

[전문개정 2014. 1. 21.]

제23조(청문) 특별자치시장·특별자치도지사·시장·군수·구청장은 제22조에 따른 허가 또는 는 등록을 취소하려면 청문을 하여야 한다.

[전문개정 2014. 1. 21.]

제24조(이용료 및 수련비용) ① 수련시설 설치·운영자 및 위탁운영단체는 수련시설을 이용하는 자로부터 이용료를 받을 수 있다.

② 제36조제1항부터 제3항까지의 규정에 따라 인증받은 청소년수련활동을 실시하는 자는 그 청소년수련활동에 참여하는 청소년으로부터 수련비용을 받을 수 있다.

[전문개정 2014. 1. 21.]

제25조(보험 가입) ① 제9조의2에 따라 숙박형등 청소년수련활동 계획을 신고하려는 자, 수련시설 설치 · 운영자 또는 위탁운영단체는 청소년활동의 운영 또는 수련시설의 설치 · 운영과 관련하여 청소년활동 참가자 및 수련시설의 이용자에게 발생한 생명 · 신체 등의 손해를 배상하기 위하여 보험에 가입하여야 한다.

② 제1항에 따른 보험에 가입하여야 할 수련시설의 종류 및 보험금액 등은 대통령령으로 정한다.

[전문개정 2014. 1. 21.]

제26조(수련시설의 승계) ① 제11조제3항에 따라 허가받은 수련시설이 양도 · 양수, 상속 또는 증여되거나 수련시설을 설치한 법인이 합병되었을 때에는 그 양수인, 상속인, 증여를 받은 자, 합병 후 존속하는 법인 또는 합병으로 설립되는 법인은 수련시설의 허가 및 등록에 따른 권리 · 의무를 승계한다.

② 다음 각 호의 어느 하나에 해당하는 절차에 따라 여성가족부령으로 정하는 수련시설의 주요 부분을 인수한 자는 수련시설의 허가 또는 등록에 따른 권리 · 의무를 승계한다. 〈개정 2016. 12. 27.〉

1. 「민사집행법」에 따른 경매
2. 「채무자 회생 및 파산에 관한 법률」에 따른 환가(換價)
3. 「국세징수법」 · 「관세법」 또는 「지방세징수법」에 따른 압류재산의 매각
4. 그 밖에 제1호부터 제3호까지의 어느 하나에 준하는 절차

[전문개정 2014. 1. 21.]

제27조(수련시설운영의 휴지 · 폐지 등) ① 수련시설 설치 · 운영자가 시설의 운영을 휴지(休止), 재개(再開), 폐지(閉止)하려는 경우에는 여성가족부령으로 정하는 바에 따라 특별자치시장 · 특별자치도지사 · 시장 · 군수 · 구청장에게 신고하여야 한다.

② 특별자치시장 · 특별자치도지사 · 시장 · 군수 · 구청장은 국가 또는 지방자치단체의 특별한 지원을 받은 수련시설로서 대통령령으로 정하는 시설에 대해서는 시설운영의 휴지 또는 폐지를 제한할 수 있다.

③ 특별자치시장 · 특별자치도지사 · 시장 · 군수 · 구청장은 제1항에 따른 휴지 또는 폐지 신고를 받은 날부터 7일 이내에 신고수리 여부를 신고인에게 통지하여야 한다. 〈신설 2018. 3. 13.〉

④ 특별자치시장 · 특별자치도지사 · 시장 · 군수 · 구청장이 제3항에서 정한 기간 내에 신고수리 여부 또는 민원 처리 관련 법령에 따른 처리기간의 연장을 신고인에게 통지하지 아니하면 그 기간(민원 처리 관련 법령에 따라 처리기간이 연장 또는 재연장된 경우에는 해당 처리기간을 말한다)이 끝난 날의 다음 날에 신고를 수리한 것으로 본다. 〈신설 2018. 3. 13.〉

[전문개정 2014. 1. 21.]

제28조(수련시설 건립 시 타당성의 사전 검토) ① 국가 및 지방자치단체는 제11조제1항에 따라 설치되는 수련시설이 청소년활동에 적합하도록 하기 위하여 입지 조건, 내부 구조, 그 밖의 설계사항 등 건립의 타당성에 관한 사항을 포함한 기본계획을 수립하고, 관련 설계사항을 사전에 심의한 후 시행하여야 한다.

② 제1항에 따른 기본계획 및 관련 설계사항의 심의 과정에는 청소년 관련 전문가 및 청소년이 참여할 수 있다.

③ 제1항 및 제2항의 심의 과정에 관하여 필요한 사항은 대통령령으로 정한다.

[전문개정 2014. 1. 21.]

제29조 삭제 〈2016. 5. 29.〉

제30조(민간인의 참여 유도) ① 국가 및 지방자치단체는 개인·법인 또는 단체가 수련시설을 쉽게 설치할 수 있도록 토지·금융·세제 또는 그 밖의 행정절차상의 지원을 할 수 있다.

② 개인·법인 또는 단체는 국가 및 지방자치단체가 설치하는 수련시설에 대하여 토지·금전 등을 출연할 수 있다. 이 경우 출연자의 성명 등을 그 수련시설의 명칭으로 할 수 있다.

[전문개정 2014. 1. 21.]

제31조(수련시설의 이용) ① 수련시설을 운영하는 자는 청소년단체가 청소년활동을 위하여 시설 이용을 요청할 때에는 특별한 사유가 없으면 그 요청에 따라야 한다.

② 수련시설을 운영하는 자는 청소년활동에 지장을 주지 아니하는 범위에서 다음 각 호의 용도로 수련시설을 제공할 수 있다. 〈개정 2020. 5. 19.〉

1. 법인·단체 또는 직장 등에서 실시하는 단체연수활동 등에 제공하는 경우

2. 「평생교육법」에 따른 평생교육의 실시를 위하여 제공하는 경우

3. 청소년수련원, 유스호스텔 및 청소년야영장에서 개별적인 숙박·야영 편의 등을 제공하는 경우

4. 해당 수련시설에 설치된 관리실·사무실 등을 청소년단체의 활동공간으로 제공하는 경우

5. 그 밖에 여성가족부령으로 정하는 용도로 이용하는 경우

③ 제2항제1호부터 제3호까지에 따른 이용은 여성가족부령으로 정하는 이용 범위를 초과할 수 없다. 〈개정 2020. 5. 19.〉

[전문개정 2014. 1. 21.]

제32조(청소년이용시설) ① 제10조제2호의 청소년이용시설을 설치·운영하는 국가·지방자치단체 또는 그 밖의 공공기관 등은 그가 설치·운영하는 시설을 그 시설의 운영에 지장을 주지 아니하는 범위에서 청소년활동에 제공하여야 한다.

② 국가 또는 지방자치단체는 청소년이용시설을 설치·운영하는 개인·법인 또는 단체에 청소년활동 프로그램을 제공하거나 그 밖에 필요한 지원을 할 수 있다.

③ 국가 또는 지방자치단체는 예산의 범위에서 청소년이용시설의 운영에 필요한 경비의 일부를 보조할 수 있다.

④ 청소년이용시설의 종류 등에 관하여 필요한 사항은 대통령령으로 정한다.

[전문개정 2014. 1. 21.]

제33조(다른 법률에 따른 인·허가 등의 의제) ① 제11조제3항에 따라 수련시설의 허가를 받은 경우에는 다음 각 호의 허가·인가·해제·지정 또는 신고를 받은 것으로 본다.

1. 「국토의 계획 및 이용에 관한 법률」 제56조·제86조 및 제88조에 따른 개발행위의 허가, 도시·군계획시설사업 시행자의 지정 및 실시계획의 인가

2. 「자연공원법」 제20조 및 제23조에 따른 공원사업 시행의 허가, 공원구역에서의 행위의 허가

3. 「농지법」 제34조에 따른 농지전용허가

4. 「초지법」 제23조제2항 및 제3항에 따른 초지전용의 허가 및 신고

5. 「산지관리법」 제14조 및 제15조에 따른 산지전용허가 및 산지전용신고, 같은 법 제15조의2에 따른 산지일시사용허가·신고

6. 「산림보호법」 제9조제1항 및 같은 조 제2항제1호에 따른 산림보호구역(산림유전자원보호구역은 제외한다)에서의 행위의 허가

7. 「사방사업법」 제14조 및 제20조에 따른 사방지에서의 입목·죽의 벌채 등의 허가 및 사방지 지정의 해제

8. 「수도법」 제52조에 따른 전용상수도 설치의 인가

9. 「사도법」 제4조에 따른 사도의 개설허가

② 제13조에 따라 수련시설을 등록한 경우에는 그 수련시설에 대한 다음 각 호의 신고 또는 통보를 한 것으로 본다.

1. 「체육시설의 설치·이용에 관한 법률」 제20조에 따른 체육시설업의 신고

2. 「공중위생관리법」 제3조에 따른 공중위생영업 중 이용업 및 미용업의 신고

3. 「식품위생법」 제37조 및 제88조에 따른 식품접객업 중 휴게음식점영업·일반음식점영업의 신고 및 집단급식소의 설치·운영의 신고

③ 특별자치시장·특별자치도지사·시장·군수·구청장은 제11조제3항에 따라 수련시설의 허가를 하거나 제13조에 따라 수련시설의 등록을 할 때에는 제1항 각 호 및 제2항 각 호에 따른 관계 법령에의 적합 여부에 관하여 미리 소관 행정기관의 장과 협의하여야 한다. 다만, 제52조제2항에 따라 협의된 사항에 대해서는 그러하지 아니하다.

④ 소관 행정기관의 장은 제3항에 따른 협의를 요청받은 날부터 다음 각 호의 기간 내에

의견을 제출하여야 한다. 〈신설 2017. 3. 21.〉

1. 제1항에 따른 협의 기간: 20일

2. 제2항에 따른 협의 기간: 10일

⑤ 소관 행정기관의 장이 제4항에서 정한 기간 내에 의견을 제출하지 아니하면 의견이 없는 것으로 본다. 〈신설 2017. 3. 21.〉

⑥ 특별자치시장·특별자치도지사·시장·군수·구청장은 제13조에 따라 수련시설의 등록증을 발급하였을 때에는 등록증을 발급한 날부터 15일 이내에 제3항에 따라 협의한 행정기관의 장에게 이를 통보하여야 한다. 〈개정 2017. 3. 21.〉

[전문개정 2014. 1. 21.]

제33조의2(보고 등) ① 특별자치시장·특별자치도지사·시장·군수·구청장은 다음 각 호의 사항을 여성가족부령으로 정하는 바에 따라 여성가족부장관에게 보고하여야 한다.

1. 제11조제1항에 따라 지방자치단체가 설치·운영하는 수련시설의 현황

2. 제12조 및 제13조제1항에 따른 허가 및 등록의 현황

3. 제9조의2에 따른 숙박형등 청소년수련활동 계획의 신고 현황

4. 제18조에 따른 수련시설의 정기 및 수시 안전점검 결과

② 여성가족부장관은 수련시설 설치·운영자, 청소년이용시설을 설치·운영하는 자 및 숙박형등 청소년수련활동 운영자에게 청소년 이용률 현황, 운영프로그램 현황, 그 밖에 여성가족부령으로 정하는 자료의 제출을 요청할 수 있다.

[전문개정 2014. 1. 21.]

제4장 청소년수련활동의 지원

제34조(청소년수련거리의 개발·보급) ① 국가 및 지방자치단체는 청소년수련활동에 필요한 청소년수련거리를 그 이용대상·나이·이용장소 등을 종합적으로 고려하여 유형별로 균형 있게 개발·보급하여야 한다.

② 국가 및 지방자치단체는 청소년의 발달원리와 선호도에 근거하여 청소년수련거리를 전문적으로 개발하여야 한다.

[전문개정 2014. 1. 21.]

제35조(청소년수련활동 인증제도의 운영) ① 국가는 청소년수련활동이 청소년의 균형 있는 성장에 기여할 수 있도록 그 내용과 수준을 향상시키기 위하여 청소년수련활동 인증제도를 운영하여야 한다.

② 국가는 청소년수련활동 인증제도를 운영하기 위하여 청소년수련활동 인증위원회(이하 "인증위원회"라 한다)를 활동진흥원에 설치·운영하여야 한다.

③ 인증위원회는 위원장과 부위원장 각 1명을 포함한 15명 이내의 위원으로 구성한다.

〈신설 2015. 2. 3.〉

④ 인증위원회의 위원은 다음 각 호에 해당하는 사람으로 한다. 이 경우 제3호에 해당하는 사람이 1명 이상 포함되어야 한다. 〈신설 2015. 2. 3.〉

1. 여성가족부와 교육부의 고위공무원단에 속하는 일반직공무원 또는 이에 상당하는 특정직공무원 중에서 해당 기관의 장이 각각 지명하는 사람

2. 활동진흥원의 이사장

3. 청소년활동의 안전에 관한 전문자격이나 전문지식을 가진 사람 중에서 여성가족부장관이 위촉하는 사람

4. 그 밖에 청소년활동에 관한 지식과 경험이 풍부한 사람 중에서 여성가족부장관이 위촉하는 사람

⑤ 국가는 제36조에 따라 인증을 받은 청소년수련활동(이하 "인증수련활동"이라 한다)을 공개하여야 하며, 인증수련활동에 참여한 청소년의 활동기록을 유지·관리하고, 청소년이 요청하는 경우에는 이를 제공하여야 한다. 〈개정 2015. 2. 3.〉

⑥ 인증위원회의 구성·운영, 청소년의 활동기록의 유지 및 관리 등에 필요한 사항은 대통령령으로 정한다. 〈개정 2015. 2. 3.〉

[전문개정 2014. 1. 21.]

제36조(청소년수련활동의 인증 절차) ① 국가와 지방자치단체 또는 개인·법인·단체 등은 청소년수련활동에 필요한 프로그램을 개발하여 실시하려는 경우에는 인증위원회에 그 인증을 신청할 수 있다.

② 제1항에도 불구하고 위탁·재위탁을 포함하여 여성가족부령으로 정하는 바에 따라 참가 인원이 일정 규모 이상이거나 위험도가 높은 청소년수련활동을 주최하려는 자는 그 청소년수련활동에 대하여 미리 인증위원회의 인증을 받아야 한다. 다만, 다음 각 호의 어느 하나에 해당하는 단체가 회원을 대상으로 수련활동을 실시하는 경우에는 그러하지 아니하다.

1. 「스카우트활동 육성에 관한 법률」에 따른 스카우트주관단체

2. 「스카우트활동 육성에 관한 법률」에 따른 걸스카우트주관단체

3. 「한국청소년연맹 육성에 관한 법률」에 따라 운영되는 한국청소년연맹

4. 「한국해양소년단연맹육성에관한법률」에 따라 운영되는 한국해양소년단연맹

5. 「한국4에이치활동 지원법」에 따라 운영되는 4에이치활동 주관단체

6. 「대한적십자사 조직법」에 따라 운영되는 청소년적십자

7. 그 밖에 여성가족부령으로 정하는 단체

③ 제1항 및 제2항에 따라 인증을 신청하려는 자는 청소년지도자와 다음 각 호의 어느 하나에 해당하는 인력(이하 "전문인력"이라 한다)을 갖추어야 한다. 다만, 청소년지도자가

전문인력에 해당하는 경우에는 전문인력을 갖춘 것으로 본다.

1. 여성가족부령으로 정하는 응급처치에 관한 교육을 이수한 사람
2. 청소년활동의 안전에 필요한 전문자격이나 전문지식을 가진 사람으로서 여성가족부령으로 정하는 사람

④ 제1항 및 제2항에 따라 인증을 신청하려는 자는 청소년수련활동에 필요한 프로그램을 진행하는 활동의 장소·시기·목적·대상·내용·진행방법·평가·자원조달·청소년지도자 및 전문인력 등에 관한 사항을 작성하여 인증위원회에 제출하여야 한다.

⑤ 인증위원회는 제1항 및 제2항에 따른 인증을 할 때에는 현장방문 등 필요한 방법으로 인증신청의 내용을 확인할 수 있다.

⑥ 인증위원회는 인증신청의 내용을 확인한 결과 제4항에 따른 신청사항이 누락되거나 신청사항을 보완할 필요가 있는 경우에는 대통령령으로 정하는 바에 따라 20일 이내의 기간을 정하여 보완을 요구할 수 있다.

⑦ 제1항부터 제5항까지의 규정에 따른 청소년수련활동 인증의 절차와 방법 등에 관하여 필요한 사항은 대통령령으로 정한다.

[전문개정 2014. 1. 21.]

제36조의2(인증의 사후 관리) ① 인증위원회는 제36조에 따라 인증을 하는 경우 인증의 유효기간을 설정할 수 있다.

② 인증위원회는 인증수련활동의 실시에 대하여 인증사항의 이행 여부를 확인할 수 있다.

③ 인증위원회는 제2항에 따른 확인 결과 인증수련활동의 내용과 실제로 실시되는 청소년수련활동의 내용에 차이가 있는 경우에는 이를 시정하도록 요구할 수 있다.

④ 제1항부터 제3항까지의 규정에 따른 인증의 유효기간, 이행 여부 확인 및 시정 요구에 관하여 필요한 사항은 여성가족부령으로 정한다.

[전문개정 2014. 1. 21.]

제36조의3(인증의 취소 등) ① 인증위원회는 청소년수련활동을 인증받은 자가 다음 각 호의 어느 하나에 해당하는 경우에는 그 인증을 취소하거나 6개월 이내의 기간을 정하여 그 인증의 정지를 명할 수 있다. 다만, 제1호의 경우에는 그 인증을 취소하여야 한다.

1. 거짓이나 그 밖의 부정한 방법으로 인증을 받은 경우
2. 인증을 받은 후 정당한 사유 없이 1년 이상 계속하여 인증수련활동을 실시하지 아니한 경우
3. 인증수련활동의 내용과 실제로 실시되는 청소년수련활동의 내용에 중요한 차이가 있는 경우로서 그 원인이 인증받은 자의 고의나 중대한 과실로 인한 경우

② 인증위원회는 인증을 받은 자가 제1항에 따른 정지명령을 위반하여 정지기간 중 인증수련활동을 실시하였을 때에는 그 인증을 취소할 수 있다.

③ 제1항에 따른 행정처분의 세부기준은 그 위반행위의 종류와 위반 정도 등을 고려하여 여성가족부령으로 정한다.

[전문개정 2014. 1. 21.]

제37조(인증수련활동의 결과 통보 등) ① 인증수련활동을 실시한 자는 인증수련활동이 끝난 후 대통령령으로 정하는 바에 따라 인증위원회에 그 결과를 통보하여야 한다.

② 제1항에 따른 통보를 받은 인증위원회는 그 결과를 활동진흥원과 지방청소년활동진흥센터에서 기록으로 유지·관리될 수 있도록 조치하여야 한다.

③ 청소년이용시설을 설치·운영하여 인증수련활동을 실시하는 개인·법인·단체 등은 다음 각 호의 어느 하나에 해당하는 경우에는 5년 이내에 청소년수련활동의 인증을 인증위원회에 신청할 수 없다.

1. 제1항에 따른 인증수련활동 실시 결과를 거짓으로 통보한 경우

2. 제36조의3에 따라 인증이 취소된 경우

3. 인증을 받은 사항이 아닌 다른 청소년수련활동을 실시한 경우

[전문개정 2014. 1. 21.]

제38조(유사명칭의 사용 금지) 제36조의3에 따라 인증이 취소되거나 인증위원회의 인증을 받지 아니한 경우에는 인증수련활동이나 청소년수련활동의 인증 등 인증을 받았음을 나타내는 표시를 하거나 이와 유사한 표시를 하여서는 아니 된다.

[전문개정 2014. 1. 21.]

제39조(청소년수련활동의 위탁 제한) ① 청소년수련활동을 실시하는 자(청소년수련활동의 일부를 수탁 받은 자도 포함한다)가 청소년수련활동을 위탁하려는 경우에는 이 법 또는 다른 법률에 따라 신고·등록·인가·허가를 받은 법인·단체 및 개인에게만 위탁하여야 한다.

② 제1항에 따라 청소년수련활동을 위탁하는 경우에도 해당 청소년수련활동의 전부 또는 여성가족부령으로 정하는 중요 프로그램을 위탁하여서는 아니 된다.

[본조신설 2014. 1. 21.]

[종전 제39조는 제40조로 이동 〈2014. 1. 21.〉]

제40조(한국청소년수련시설협회) ① 수련시설 설치·운영자 및 위탁운영단체는 수련시설의 운영·발전을 위하여 여성가족부장관의 인가를 받아 다음 각 호의 사업을 하는 한국청소년수련시설협회(이하 "시설협회"라 한다)를 설립할 수 있다.

1. 시설협회의 회원인 수련시설 설치·운영자 및 위탁운영단체가 실시하는 사업과 활동에 대한 협력 및 지원

2. 청소년지도자의 연수·권익증진 및 교류사업

3. 청소년수련활동의 활성화 및 수련시설의 안전에 관한 홍보 및 실천운동

4. 청소년수련활동에 대한 조사·연구·지원사업

5. 제41조에 따른 지방청소년수련시설협회에 대한 지원

6. 그 밖에 수련시설의 운영·발전을 위하여 필요하다고 여성가족부장관이 인정하는 사업

② 시설협회는 법인으로 한다.

③ 시설협회는 그 주된 사무소의 소재지에서 설립등기를 함으로써 성립한다.

④ 국가는 예산의 범위에서 시설협회의 운영경비의 전부 또는 일부를 지원할 수 있다.

⑤ 시설협회는 제1항에 따른 사업의 일부를 대통령령으로 정하는 바에 따라 제41조에 따른 지방청소년수련시설협회에 위탁할 수 있다.

⑥ 시설협회에 관하여는 이 법에서 규정한 것을 제외하고는 「민법」 중 사단법인에 관한 규정을 준용한다.

[전문개정 2014. 1. 21.]

[제39조에서 이동 〈2014. 1. 21.〉]

제41조(지방청소년수련시설협회) ① 특정 지역을 활동범위로 하는 수련시설은 시설의 효율적인 운영·발전을 위하여 그 지역을 관할하는 시·도의 조례로 정하는 바에 따라 시·도지사의 승인을 받아 지방청소년수련시설협회를 설치할 수 있다.

② 지방자치단체는 예산의 범위에서 해당 지방청소년수련시설협회의 운영경비의 일부를 지원할 수 있다.

[전문개정 2014. 1. 21.]

[제40조에서 이동 〈2014. 1. 21.〉]

제42조 삭제 〈2010. 5. 17.〉

제43조 삭제 〈2010. 5. 17.〉

제44조 삭제 〈2010. 5. 17.〉

제45조 삭제 〈2010. 5. 17.〉

제46조 삭제 〈2010. 5. 17.〉

제47조(청소년수련지구의 지정 등) ① 특별자치시장·특별자치도지사·시장·군수·구청장은 청소년활동을 지원하기 위하여 필요한 경우 명승고적지, 역사유적지 또는 자연경관이 수려한 지역으로서 청소년활동에 적합하고 이용이 편리한 지역을 청소년수련지구(이하 "수련지구"라 한다)로 지정할 수 있다.

② 특별자치시장·특별자치도지사·시장·군수·구청장은 제1항에 따라 수련지구를 지정하거나 그 지정 내용을 변경하려면 관계 행정기관의 장과 협의하여야 한다. 다만, 대통령령으로 정하는 경미한 사항을 변경하는 경우에는 그러하지 아니하다.

③ 특별자치시장·특별자치도지사·시장·군수·구청장은 제1항에 따라 수련지구를 지정하였을 때에는 수련지구의 구역, 면적, 지정 연월일, 그 밖에 필요한 사항을 고시하여야 한다.

④ 수련지구의 지정 절차, 수련지구에 설치하여야 하는 시설의 종류·범위 및 면적, 수련지구에 설치할 수 없는 시설 등에 관하여 필요한 사항은 대통령령으로 정한다.

[전문개정 2014. 1. 21.]

제48조(수련지구조성계획) ① 특별자치시장·특별자치도지사·시장·군수·구청장은 제47조제1항에 따라 수련지구를 지정한 경우에는 수련지구조성계획(이하 "조성계획"이라 한다)을 수립·시행하여야 한다.

② 법인 또는 단체는 수련지구를 지정한 특별자치시장·특별자치도지사·시장·군수·구청장의 승인을 받아 대통령령으로 정하는 규모 이하의 조성계획을 수립·시행할 수 있다.

③ 제1항 및 제2항에 따른 조성계획은 자연 상태를 최대한 보존할 수 있도록 수립하여야 한다.

④ 특별자치시장·특별자치도지사·시장·군수·구청장은 제1항 및 제2항에 따라 조성계획을 수립하거나 승인하였을 때에는 그 조성계획을 대통령령으로 정하는 바에 따라 고시하여야 한다.

⑤ 국가는 제1항 및 제2항에 따른 조성계획의 시행에 필요한 비용의 일부를 보조할 수 있다.

[전문개정 2014. 1. 21.]

제49조(둘 이상의 시·군·구에 걸치는 수련지구의 지정 등) 특별자치시장·특별자치도지사·시장·군수·구청장은 관할지역이 아닌 인근지역을 포함하여 수련지구로 지정하거나 조성계획을 수립 또는 승인하려는 경우에는 해당 인근지역을 관할하는 특별자치시장·특별자치도지사·시장·군수·구청장과 협의하여야 한다.

[전문개정 2014. 1. 21.]

제50조(수용 및 사용) ① 제11조제1항에 따라 수련시설을 설치하는 국가와 지방자치단체 또는 조성계획의 시행자는 조성계획 시행에 필요한 토지·건축물 또는 그 밖의 토지 정착물이나 이에 대한 소유권 외의 권리를 수용하거나 사용할 수 있다.

② 제1항에 따른 수용 및 사용에 관하여는 「공익사업을 위한 토지 등의 취득 및 보상에 관한 법률」을 적용한다.

[전문개정 2014. 1. 21.]

제51조(조성계획에 따른 시설 설치 등) ① 수련지구에 설치하는 수련시설이나 그 밖의 시설은 제48조제1항 및 제2항에 따라 조성계획을 수립한 자가 설치한다. 다만, 조성계획을 수립한 자 외의 자가 그 조성계획을 수립한 자의 승낙을 받은 경우에는 수련지구에 수련시설이나 그 밖의 시설을 설치할 수 있다.

② 제1항에 따라 수련시설이나 그 밖의 시설을 설치하는 자(특별자치시장·특별자치도지사·시장·군수·구청장은 제외한다)는 제11조제3항에 따른 수련시설의 허가를 받은

것으로 본다.

[전문개정 2014. 1. 21.]

제52조(다른 법률에 따른 인·허가 등의 의제) ① 제48조제1항 및 제2항에 따라 조성계획을 수립하거나 조성계획의 승인을 받은 경우에는 다음 각 호의 허가·인가·면허·해제·신고 또는 지정을 받은 것으로 본다. 〈개정 2020. 1. 29.〉

1. 「국토의 계획 및 이용에 관한 법률」 제86조 및 제88조에 따른 도시·군계획시설사업 시행자의 지정 및 실시계획의 인가

2. 「수도법」 제52조에 따른 전용상수도 설치의 인가

3. 「하수도법」 제16조에 따른 공공하수도의 공사시행 또는 유지의 허가

4. 「공유수면 관리 및 매립에 관한 법률」 제8조에 따른 공유수면의 점용·사용허가, 같은 법 제17조에 따른 점용·사용 실시계획의 승인 또는 신고, 같은 법 제28조에 따른 공유수면의 매립면허

5. 「하천법」 제30조에 따른 하천의 공사시행 또는 유지·보수의 허가, 같은 법 제33조에 따른 하천의 점용허가, 같은 법 제50조에 따른 하천수의 사용허가

6. 「도로법」 제36조에 따른 도로의 공사시행 또는 유지의 허가, 같은 법 제61조에 따른 도로의 점용허가

7. 「항만법」 제9조제2항에 따른 항만개발사업 시행의 허가

8. 「사도법」 제4조에 따른 사도의 개설허가

9. 「산지관리법」 제14조 및 제15조에 따른 산지전용허가 및 산지전용신고, 같은 법 제15조의2에 따른 산지일시사용허가·신고

10. 「산림보호법」 제9조제1항 및 같은 조 제2항제1호에 따른 산림보호구역(산림유전자원보호구역은 제외한다)에서의 행위의 허가

11. 「농지법」 제34조에 따른 농지전용허가

12. 「초지법」 제23조제2항 및 제3항에 따른 초지전용의 허가 및 신고

13. 「사방사업법」 제14조 및 제20조에 따른 사방지에서의 입목·죽의 벌채 등의 허가 및 사방지 지정의 해제

14. 「자연공원법」 제20조 및 제23조에 따른 공원사업 시행 및 공원시설 관리의 허가, 공원구역에서의 행위의 허가

② 특별자치시장·특별자치도지사·시장·군수·구청장은 제48조제1항 및 제2항에 따라 조성계획을 수립하거나 승인할 때에는 제1항 각 호에 따른 관계 법령에의 적합 여부에 관하여 미리 소관 행정기관의 장과 협의하여야 한다.

③ 소관 행정기관의 장은 제2항에 따른 협의를 요청받은 날부터 20일 이내에 의견을 제출하여야 한다. 〈신설 2017. 3. 21.〉

④ 소관 행정기관의 장이 제3항에서 정한 기간 내에 의견을 제출하지 아니하면 의견이 없는 것으로 본다. 〈신설 2017. 3. 21.〉

[전문개정 2014. 1. 21.]

제5장 청소년교류활동의 지원

제53조(청소년교류활동의 진흥) ① 국가 및 지방자치단체는 청소년교류활동 진흥시책을 개발·시행하여야 한다.

② 국가 및 지방자치단체는 청소년활동시설과 청소년단체 등에 대하여 청소년교류활동을 장려하기 위한 다양한 형태의 청소년교류활동 프로그램을 개발하여 운영하게 할 수 있다.

③ 국가 및 지방자치단체는 예산의 범위에서 제2항에 따른 청소년교류활동 프로그램의 개발·운영에 필요한 경비의 전부 또는 일부를 지원할 수 있다.

[전문개정 2014. 1. 21.]

제54조(국제청소년교류활동의 지원) ① 국가 및 지방자치단체는 정부·지방자치단체·국제기구 또는 민간 등이 주관하는 국제청소년교류활동을 지원하기 위한 시행계획을 수립하고 이를 추진하여야 한다.

② 국가는 다른 국가와 청소년교류협정을 체결하여 국제청소년교류활동이 지속적으로 발전할 수 있는 기반을 조성하여야 한다.

③ 국가 및 지방자치단체는 민간기구가 국제청소년교류활동을 시행할 때에는 이를 지원할 수 있다.

제55조(지방자치단체의 자매도시협정 등) ① 지방자치단체는 자매도시협정을 체결할 때에는 청소년교류활동에 관한 사항을 포함하도록 노력하여야 한다.

② 지방자치단체는 청소년 교류를 위하여 청소년단체 등 민간기구의 활동을 지원할 수 있다.

[전문개정 2014. 1. 21.]

제56조(교포청소년교류활동의 지원) ① 국가 및 지방자치단체는 교포청소년의 모국방문·문화체험 및 국내 청소년과의 청소년교류활동을 지원하고 장려하여야 한다.

② 국가는 청소년단체 또는 「청소년기본법」 제3조제6호에 따른 청소년시설이 주관하는 교포청소년교류활동의 확대·발전을 위하여 행정적·재정적 지원을 할 수 있다.

[전문개정 2014. 1. 21.]

제57조(청소년교류활동의 사후 지원) 국가 및 지방자치단체는 청소년교류활동을 통한 성과가 지속되고 발전·향상되기 위한 시책을 마련하여야 한다.

[전문개정 2014. 1. 21.]

제58조(청소년교류센터의 설치·운영) ① 국가는 제53조부터 제57조까지의 업무를 효율적으

로 지원하기 위하여 청소년교류센터를 설치·운영할 수 있다.

② 청소년교류센터의 운영은 대통령령으로 정하는 바에 따라 청소년단체 등에 위탁할 수 있으며, 이 경우 운영에 필요한 경비를 지원할 수 있다.

[전문개정 2014. 1. 21.]

제59조(남·북청소년교류활동의 제도적 지원) ① 국가는 남·북청소년 교류에 관한 기본계획을 수립하고, 남·북청소년이 교류할 수 있는 제도적 여건을 조성하여야 한다.

② 국가는 남·북청소년 교류를 위한 기반을 조성하기 위하여 필요한 체계적인 통일교육을 실시할 수 있다.

[전문개정 2014. 1. 21.]

제6장 청소년문화활동의 지원

제60조(청소년문화활동의 진흥) ① 국가 및 지방자치단체는 청소년문화활동 프로그램 개발, 문화시설 확충 등 청소년문화활동에 대한 청소년의 참여 기반을 조성하는 시책을 개발·시행하여야 한다.

② 국가 및 지방자치단체는 제1항에 따른 시책을 수립·시행할 때에는 문화예술 관련 단체, 청소년동아리단체, 봉사활동단체 등이 청소년문화활동 진흥에 적극적이고 자발적으로 참여할 수 있도록 하여야 한다.

③ 국가 및 지방자치단체는 제2항에 따른 자발적 참여에 대해서는 예산의 범위에서 그 경비의 전부 또는 일부를 지원할 수 있다.

[전문개정 2014. 1. 21.]

제61조(청소년문화활동의 기반 구축) ① 국가 및 지방자치단체는 다양한 영역에서 청소년문화활동이 활성화될 수 있도록 기반을 구축하여야 한다.

② 문화예술 관련 단체 등 각종 지역사회의 문화기관은 청소년문화활동의 기반 구축을 위하여 적극 협력하여야 한다.

[전문개정 2014. 1. 21.]

제62조(전통문화의 계승) 국가 및 지방자치단체는 전통문화가 청소년문화활동에 구현될 수 있도록 필요한 시책을 수립·시행하여야 한다.

[전문개정 2014. 1. 21.]

제63조(청소년축제의 발굴지원) 국가 및 지방자치단체는 청소년축제를 장려하는 시책을 수립하여 시행하여야 한다.

제64조(청소년동아리활동의 활성화) ① 국가 및 지방자치단체는 청소년이 자율적으로 참여하여 조직하고 운영하는 다양한 형태의 동아리활동을 적극 지원하여야 한다.

② 청소년활동시설은 제1항에 따른 동아리활동에 필요한 장소 및 장비 등을 제공하고 지

원할 수 있다.

[전문개정 2014. 1. 21.]

제65조(청소년의 자원봉사활동의 활성화) 국가 및 지방자치단체는 청소년의 자원봉사활동을 활성화할 수 있는 기반을 조성하여야 한다.

[전문개정 2014. 1. 21.]

1 새로운 청소년문화 정책 개발에 관한 설명으로 옳지 않은 것은?

① 청소년 문화공간을 기능적 다양성 측면에서 확대해야 한다.

② 청소년 역량개발이라는 관점에서 접근할 필요가 있다.

③ 청소년의 건전한 사회관계 형성의 장을 마련할 필요가 있다.

④ 청소년의 의견을 수렴하고, 청소년중심의 문화를 강화해야 한다.

⑤ 기성세대의 입장을 대변하는 정책을 수립해야 한다.

2 현대사회에서 올바른 청소년문화 정착에 관한 설명으로 옳지 않은 것은?

① 다양한 시각과 논리에서 상대의 문화를 이해하려고 노력해야 한다.

② 다양한 환경과 관계 속에서 형성되므로 문화의 일부로 존중해야 한다.

③ 다양성과 창조성을 배양할 수 있는 청소년문화가 정착되어야 한다.

④ 다양한 청소년문화 형성과정에서 청소년은 수동적 존재로 간주되어야 한다.

⑤ 건전한 청소년문화를 위한 다양한 문화활동이 지원되어야 한다.

3 청소년문화의 발전 방향에 관한 설명으로 옳은 것은?

① 청소년들의 인지적 역량 강화를 지원하는 문화활동에 집중한다.

② 사회적 지원이 필요한 청소년들에게만 문화혜택 서비스를 강화한다.

③ 청소년문화와 기성세대문화를 분리시킨다.

④ 기성세대가 청소년문화를 주도한다.

⑤ 다양한 문화 체험과 활동의 기회를 확대한다.

1 청소년문화 활성화를 위한 정책적 대안으로 옳지 않은 것은?

① 상업적 문화산업의 활성화   ② 학교 및 지역사회의 연계

③ 문화바우처의 활성화   ④ 청소년 동아리 활동의 활성화

⑤ 청소년중심의 시설 및 공간 구성

2 청소년문화의 발전과제로 옳지 않은 것은?

① 청소년을 바라보는 시각을 긍정적으로 바꿔야 한다.

② 글로벌 사회를 이끌어갈 청소년 역량을 강화한다.

③ 일원화된 시각으로 청소년문화 현상에 접근해야 한다.

④ 청소년문화를 생활영역별로 구분하여 문화적 특성을 파악해야 한다.

⑤ 청소년들이 사회발전과 사회문제 해결에 능동적으로 참여할 수 있는 기회를 제
공해 주어야 한다.

1 새로운 청소년문화를 창출하기 위한 방안으로 옳지 않은 것은?

① 성인주도의 청소년문화활동 확대

② 청소년문화정책의 미래지향적 비전 제시

③ 청소년의 문화 향유 기회 확대와 다양성 추구

④ 청소년문화 관련 정부 부처간 연계·협력 강화

⑤ 청소년문화 관련 시설 확대

찾아보기

📖

참고문헌

📖

책

권일남, 정명순. (2017) 청소년문화. 창지사.

김상범, 박선희, 박주현, 안명선, 천정웅. (2022). 청소년문화론. 양성원.

김신일. (1993). 청소년문화론. 한국청소년개발원.

김연서, 노미향, 백지원, 유현숙, 이자리, 장혜숙, 노병일. (2021). 청소년문화론. 양성원.

김현호, 김현경, 김형미, 윤명길, 이용환, 정명희, 한강희. (2022). 청소년문화론. 양성원.

노병일, 노대겸. (2019). 청소년복지론. 양서원.

백사인, 배양자, 박병훈, 염영미. (2015). 청소년복지론. 창지사

송선희, 김문섭, 김정일, 김진숙, 박진규, 이미애, 주은지, 최선일, 황정훈. (2018). 청소년교육론. 양서원.

오윤선, 황인숙. (2016). 청소년문화론. 양서원.

오윤선, 황인숙. (2020). 청소년문화론. 양서원.

이자영, 정경은, 하정희. (2017). 청소년 문제와 보호. 학지사.

정옥분, 정순화. (2007). 부모교육. 학지사.

조혜영, 김민, 방은령, 최원기, 박선웅, 이동연. (2005). 청소년문화론. 한국청소년개발원

천정웅, 장근영, 이채식, 김윤나. (2017). 청소년문화론. 양서원.

천정웅. (2021). 청소년 인권과 참여. 경기: 공동체.

한국청소년정책연구원. (2007). 청소년학개론. 서울: 교육과학사.

한상철. (2004). 청소년학. 학지사.

한상철. (2007). 청소년학. 학지사.

논문

김성기(2007). 개인기부자의 기부행위에 관한 실태분석. 경원대학교 석사학위논문.

김종길(2007). 사이버공간에서의 자아인식과 복합정체성 수행. 사회이론

남성희(2020). 청소년의 선거 확대가 정치적 태도에 미치는 영향: 21대 국회의원 선거를 중심으로. 서울대학교 석사학위논문.

박정자(2006). 로빈스 크루소의 사치: 소비사회를 사는 현대인의 정경. 기파랑

유진이(2008). 청소년 여가문화시설 모형개발을 위한 기초연구. 청소년시설환경학회

이호선(2001). 아동의 또래 관계가 학교 생활 적응에 미치는 영향. 충남대학교 교육대학원.

정건희(2013). 청소년참여 담론연구. 중앙대학교 박사학위논문.

정명화, 신경숙, 박성미(2005). 전문대학생의 학과적응 증진을 위한 멘토링 프로그램 효과. 교육학연구, 43(1), 1 – 24.

정유미(2003). 청소년문화복지 활성화 방안에 관한 연구. 신라대 사회정책대학원 석사학위논문.

정재민(2007). 청소년문화의 새로운 이해. 청소년문화포럼, 15호, 113 – 134.

조혜영(2009). 청소년문화의 집 이용 의미와 향후 방향성 모색에 관한 연구. 한국청소년시설환경학회.

천정웅(2011). 청소년참여의 유형화 연구. 미래 청소년 학회지, 8(4), 27 – 47.

최돈형(1999). 새 학교문화의 방향 정립과 창조 가능성 탐색 연구. 한국교육개발원.

최상미, 박재홍, 김한성(2015). 온라인 기부경험이 10대 청소년의 기부접근성, 시민의식, 향후 기부 의향에 미치는 영향에 대한 연구, 한국사회복지행정학, 17(4), 57 – 84.

최윤진(1992). 청소년지도자 양성방안 및 교육과정 개발에 관한 연구. 한국청소년정책연구원.

한상철(1998). 청소년지도 프로그램 평가모형개발에 관한 연구. 청소년학연구, 6(1), 133 – 159.

황매향, 최희철, 임효진(2016). 청소년기의 또래 애착, 자존감, 삶의 만족 사이의 종단적 관계. 아시아교육연구 17권 3호.

Flecher, A., & Vavrus, J. (2006). The social change led by and with young people. Olimpia, WA: Common Action

Hart, R, A. (1997). Chidren;s participation: The theroy and practice of involving young citizens in community development and environmental care. London: UNICEF.

Shier, H. (2001). Pathways to participation: Opening opportunities and obligations. Children and Society, 17, 107−117.

그 외 자료

교육부 (2021). 2021년 학교예술교육 활성화 기본계획

국제일보, 2022−10−13

http://www.kookje.co.kr/news2011/asp/newsbody.asp?code=0500&key=2022101
4.33008003473

내일신문, 2022−07−15

http://www.naeil.com/news_view/?id_art=429505

나무위키, https://namu.wiki/w/신조어

디지털인사이트 2022−04−18

https://ditoday.com/%eb%b0%88%ec%9d%84−%eb%aa%a8%eb%a5%b4%ea%b3%a
0−%eb%a7%88%ec%bc%80%ed%8c%85%ed%95%98%eb%a0%a4%eb%8a%94−%
ec%82%ac%eb%9e%8c%eb%8f%84−%ec%9e%88%eb%82%98%ec%9a%94/

시사매거진 2021−12−20

https://www.sisamagazine.co.kr/news/articleView.html?idxno=419479

보건복지부 (2018). 2018년 아동종합실태조사보고서.

여성가족부 (2022). 2021년 청소년백서.

백현옥

현 송원대학교 상담심리학과 교수
한국모래상자치료학회 이사
한국에니어그램학회 청소년위원장
한국푸드아트테라피학회 자격관리위원장
한국청소년상담학회 전문상담사
광주광역시서구청소년학교밖청소년지원센터장

청소년 문화론

초판발행	2022년 12월 30일
지은이	백현옥
펴낸이	노 현
편 집	전채린
기획/마케팅	이후근
표지디자인	BEN STORY
제 작	고철민·조영환
펴낸곳	㈜ 피와이메이트
	서울특별시 금천구 가산디지털2로 53, 210호(가산동, 한라시그마밸리)
	등록 2014. 2. 12. 제2018-000080호
전 화	02)733-6771
f a x	02)736-4818
e-mail	pys@pybook.co.kr
homepage	www.pybook.co.kr
ISBN	979-11-6519-360-7 93180

정 가   19,000원

박영스토리는 박영사와 함께하는 브랜드입니다.